古代歷史文化研究輯刊

十六編

王明蓀 主編

第30冊

桐城桂林方氏家族與明清政治及文化研究（下）

金衛國 著

國家圖書館出版品預行編目資料

桐城桂林方氏家族與明清政治及文化研究（下）／金衛國 著
— 初版 — 新北市：花木蘭文化出版社，2016〔民105〕
目 4+188 面；19×26 公分
（古代歷史文化研究輯刊 十六編；第 30 冊）
ISBN 978-986-404-775-8（精裝）
1. 方氏　2. 政治文化　3. 明清史
618　　　　　　　　　　　　　　　　　　　105014279

ISBN-978-986-404-775-8

古代歷史文化研究輯刊
十六編　第三十冊　　　　　　　ISBN：978-986-404-775-8

桐城桂林方氏家族與明清政治及文化研究（下）

作　　者　金衛國
主　　編　王明蓀
總 編 輯　杜潔祥
副總編輯　楊嘉樂
編　　輯　許郁翎、王筑　美術編輯　陳逸婷
出　　版　花木蘭文化出版社
社　　長　高小娟
聯絡地址　235 新北市中和區中安街七二號十三樓
　　　　　電話：02-2923-1455／傳眞：02-2923-1452
網　　址　http://www.huamulan.tw 信箱 hml810518@gmail.com
印　　刷　普羅文化出版廣告事業
初　　版　2016 年 9 月
全書字數　340369 字
定　　價　十六編 35 冊（精裝）台幣 68,000 元

桐城桂林方氏家族與明清政治及文化研究（下）

金衛國 著

目

次

第五章　桐城桂林方氏家族與清朝政治（中）——以康熙五十年《南山集》案爲中心

第一節　方孝標與《南山集》案

一、《南山集》案發生的歷史背景

　　方氏一家歷盡艱難從寧古塔歸來，對其家族是一個重大轉機。而此時清廷的權力中樞也發生了顯著變化。順治十八年正月，福臨去世，其年僅八歲的三子玄燁即位，清朝確立了「以太后爲中心，遺詔爲根據……以異姓舊臣當大任，而親王貝勒監之」〔註1〕的新權力核心。執掌大權的孝莊皇后和四輔臣屬於滿洲權貴中民族狹隘性較強烈的一派，對順治帝的漢化政策十分不滿，遂通過順治帝的遺詔，以福臨自責的方式列舉了順治時期「紀綱法度，用人行政，不能仰法太祖太宗謨烈，因循悠忽，苟且目前。且漸習漢俗，於淳樸舊制，日有更張」等十四個問題。〔註2〕他們祭出「率循祖制，咸復舊章」的大旗，以確保滿洲貴族的地位。爲此，除了在朝中排擠和削弱漢官勢力之外，還加強了對漢族望族和士人的控制。

〔註1〕　孟森：《明清史講義》，北京：中華書局 1981 年版，第 410 頁。
〔註2〕　《清世祖實錄》卷 144，順治十八年正月丁巳，北京：中華書局 1985 年版，第 1105～1106 頁。

　　如前所述，清軍入關後，一直有江南望族和士人加以抵抗。方氏家族中方授和方以智即屬此類。爲了對反抗力量加以打擊，清廷興起「科場」、「通海」、「哭廟」、「奏銷」等大案。之後，更是出現了莊廷鑨《明史》案，江南社會生產和人民的生活受到很大影響，望族和士人的勢力遭到很大的削弱，滿漢矛盾更趨激烈。此種情況至康熙八年玄燁親政後逐漸有所改善。然而，以吳三桂爲首的三藩勢力的惡性膨脹，終於使玄燁做出了撤藩的決定。雙方矛盾的激化導致一場八年的戰亂和動蕩，滿漢關係再度緊張。「三藩之亂」所攪起的驚濤駭浪雖最終平靜下來，但它留給年輕的康熙帝以永久的影響，以至於影響到他晚年對政治局勢的判斷。滿族貴族和漢族望族的磨合再生波瀾，變得極爲艱辛。作爲親歷其間變化的方孝標，以其特殊的經歷，用悲劇的角色見證了這段歷史。

　　如前所述，方拱乾父子因科場案而被遣戍寧古塔近三年。放歸後，他們由朝廷命官而變爲民間庶人，且背著罪人的惡名，其從政之路已經堵死。拱乾父子在謀生還貸之餘，在中國文人「三不朽」觀念的影響下，均發奮著述，爲後人留下了豐厚的精神財富，確乎實現了其「立言」的願望，無愧於士人的人生追求。然而在清初那段特殊的歷史時期，因其著述的某些內容觸犯所謂「時忌」，卻給家族帶來了又一次較之科場案更大的災難。誰也料想不到凝結著方孝標艱辛步履和充滿文人存史和紀實意識的《滇黔紀聞》，竟然引發了震驚朝野的《南山集》案。方孝標也因其生前的盛名和身後悲慘的命運，而成爲士人淪爲清代文字獄之犧牲品的一個代表。

　　然而，由於方孝標特殊的經歷以及他頗富傳奇色彩的人生，學界對孝標遭遇的認識並不一致。質言之，有兩種對立的觀點：一種認爲孝標歸自寧古塔之後，結交吳三桂，煽動吳氏造反，又在吳三桂僞政權中任職，因此，在後來《南山集》案中受到清廷的嚴厲懲處。另一種認爲，方孝標並未在吳三桂政權中任職，因此，康熙帝在《南山集》案中對方孝標的懲處是一個冤案。〔註3〕然而二者都有文獻不足的問題，目前似難以對此下一定論。但清廷僅憑《滇黔紀聞》就給方孝標定下「大逆」的罪名，顯然不足以服人。通過解讀《滇黔紀聞》並分析現存史料，筆者傾向於第二種觀點。理清這一歷史疑案

〔註3〕 前者以鄧之誠先生爲代表，見鄧之誠：《清詩紀事初編》下冊，上海：上海古籍出版社1984年版，第563頁。參見（法）戴廷傑：《戴名世年譜》，北京：中華書局2004年版，第108～109頁。後者以石鍾揚先生爲代表，見郭春萍、石鍾揚：《〈鈍齋文選〉與〈南山集〉案》，《安徽史學》2006年第2期。

的前提是對孝標撲朔迷離的活動做出細緻的考察，並借助有關史料對其心理活動和行爲動機做出推論，以在此研究上生發出一點新意。

二、方孝標歸自寧古塔後的活動、心態、動機考述

　　方孝標，名玄成（1617～1696），後因避康熙聖諱，以字行，號樓岡、樓江，萬曆四十五年出生於桐城。崇禎七年桐城民變時，方孝標隨父遷居金陵。據其本人自述：「余之隨吾二親避亂渡江而南樓乎秣陵也，在甲戌之秋」〔註4〕。明清鼎革後，他沒有爲明政權守節，而是積極入仕，於順治三年中舉〔註5〕，又三年後成進士〔註6〕，改庶吉士。他兩充會試同考官，官至內宏文院侍讀學士。其時孝標才華英發，頗受順治倚重，以至於孝標多年後仍對順治帝的垂青念念不忘。他回憶說自己當時「列宮僚，備講幄。凡講無不與，凡賜無不被。『樓岡』，臣別號也，而先帝嘗辱呼之」〔註7〕。孝標所受種種青睞已見於上一章，此處不贅。這裏依據有關史料，對孝標歸自寧古塔之後的行蹤做一考察。

　　江淮地區是拱乾父子社交網絡最爲密集的紐結，因此拱乾決定在揚州賣字謀生，而孝標則一方面照料老父，一方面四處求貸。孝標自述，自康熙元年至康熙五年，「歸留淮揚間五年」，「不幸先君背養，又三年，乃得老母返秣陵之故居，又三年，余始獲畢事，來依老母之膝」〔註8〕。這段話可以看做孝標十年活動的一個濃縮，其言之鑿鑿，有詩文爲證。如《廣陵懷古詩》序稱「康熙二年春正月在揚州石塔寺。」〔註9〕

〔註4〕　（清）方孝標撰，石鍾揚、郭春萍校點：《方孝標文集》卷4，《依園記》，合肥：黃山書社2007年版，第315頁。另：其《鈍齋詩選自序》亦提到：「未幾遭寇亂，後先君子避地金陵。……余時年十八九。」（清）方孝標撰，唐根生、李永生點校：《鈍齋詩選》，合肥：黃山書社1996年版，第7頁。

〔註5〕　（清）方孝標：《安雅堂文集序》：「迨丙戌，各舉於鄉」。見（清）方孝標撰，石鍾揚、郭春萍校點：《方孝標文集》，合肥：黃山書社2007年版，第190頁。

〔註6〕　（清）方孝標撰，石鍾揚、郭春萍校點：《方孝標文集》，《祭房師單拙庵先生文》：「余以己丑春闈受知夫子，不徒亟稱余文」。合肥：黃山書社2007年版，第436頁。

〔註7〕　（清）方孝標撰，石鍾揚、郭春萍校點：《方孝標文集・光啓堂文集》，《講章集錄序》，合肥：黃山書社2007年版，第30頁。

〔註8〕　（清）方孝標撰，石鍾揚、郭春萍校點：《方孝標文集》卷4，《依園記》，合肥：黃山書社2007年版，第315頁。

〔註9〕　（清）方孝標撰，石鍾揚、郭春萍校點：《方孝標文集》，《方孝標繫年簡表》，合肥：黃山書社2007年版，第500頁。

《林鐵崖文集序》云：「自甲辰逮今四年，余凡四至西湖，而四與林子鐵崖遇」。〔註10〕諸如此類，歷年之行蹤，皆有詩文可查，詳於附錄，茲不贅述。

拱乾去世前，孝標已把求貸的目光越出淮揚；拱乾去世後，孝標逐漸轉向客越、閩地區尋求援助。孝標記康熙六年的作品，其詩有《上靖南王四十八韻》、《贈靖南王世子四十韻》、《投贈劉開府五十韻》、《武夷七詠》、《遊武夷歸答問者》，其文則有《遊淨慈庵記》。可以看出，除了遊記之外，主要是與八閩藩府大吏的往還，因此，周退舟說孝標「頗與藩府大吏論交」〔註11〕。康熙七年春，他「送別姚子經三至崇安，乃買舟定冥搜之約，於二月初三日詣溪口」〔註12〕，不久北返。

康熙八年，孝標主要在江淮活動，期間曾到安慶遊山谷書院〔註13〕。該年所作有《祭顧松交文》、《重刻盡心錄序》、《林東甫先生文集序》、《冒母馬太恭人八十壽序》、《湯惕庵文集序》、《募修揚州北來寺疏引》等。

康熙九年庚戌，孝標客滇，且有詩作《上祝平西親王一百韻》。日後孝標的名節問題亦由此開始。周退舟先生說孝標：「然似客滇未久即行自歸，故有《滇南留別》詩四首。其後即次以由滇入湘沿途旅行之作，來去蹤跡宛然分明。至康熙十二年癸丑三桂始反，則樓岡早已去滇，不惟不受其官，並亦未與其禍」〔註14〕。周先生根據孝標由滇入湘的詩作，來判斷其行蹤，頗為準確。但未獲睹孝標文集，故其對孝標客滇的過程只能闕如。因此，有必要詳細考察孝標的行蹤，而其《滇遊紀行》等詩文恰好提供了綿密翔實的記錄。

孝標有詩《交水驛遇折臂翁》云：「我來庚戌秋，崖古何蒼涼」〔註15〕。

〔註10〕（清）方孝標撰，石鍾揚、郭春萍校點：《方孝標文集》，《林鐵崖文集序》，合肥：黃山書社2007年版，第36頁。

〔註11〕周退舟：《鈍齋詩選跋》，（清）方孝標撰，唐根生、李永生點校：《鈍齋詩選》，合肥：黃山書社1996年版，第403頁。

〔註12〕（清）方孝標撰，石鍾揚、郭春萍校點：《方孝標文集》，《遊武夷山記》，合肥：黃山書社2007年版，第71頁。

〔註13〕（清）方孝標撰，石鍾揚、郭春萍校點：《方孝標文集》，《遊山谷書院紀》：「己酉在安慶，春日雨晴，商所遊。」合肥：黃山書社2007年版，第254頁。

〔註14〕周退舟：《鈍齋詩選跋》；（清）方孝標撰，唐根生、李永生點校：《鈍齋詩選》，合肥：黃山書社1996年版，第404頁。

〔註15〕（清）方孝標撰，唐根生、李永生點校：《鈍齋詩選》卷4，《交水驛遇折臂翁》，合肥：黃山書社1996年版，第61頁。

其文有《思可堂詩集序》曰：「庚戌春，余輩將爲滇遊」。〔註16〕《滇遊紀行》記載更詳細：「庚戌之春，予與二弟亨咸爲滇南遊，自三月初九日發金陵，別老母。登舟時，六弟奕箴亦將赴江州，故人約二弟之子嵩齡侍其父與偕。是日餞者交錯，暮止江東橋。初十日早發，風迕，次芝麻河。十一日，風便，辰抵采石。而以余子雲施初贅，其妻家在采石，迎諸父及兄岸上酌酒」〔註17〕。十二日，「雲施送諸父及兄至蕪湖，別」。十三日，「次銅陵」。十四日，「次青溪」。十五日，「次樅陽鎮，故里也。弟、侄以他務留，而余以十七日抵安慶。余子嘉貞居在安慶，止其家。六日而弟、侄始來。嘉貞戀余遠涉，治裝侍遊」。「二十四日，同發安慶，晚宿露官溝」。次日，「抵新開口，是日乘風行二百七十餘里，經馬當、小孤，八里江浪疊如山，舟飛如鳥」。二十六日，「及曉，泊九江城下矣」〔註18〕，「是日移止德馨庵」。「明日買舟將發，而四弟膏茂適自荊州歸，相遇樂甚，又留二日」。「屈指留九江六日矣」。四月初三日，「冒雨別四弟、六弟，登舟」〔註19〕。「是夕泊陳子鎮」〔註20〕。次第經過鄱、蘄州、潯源鎮、巴河。初八，過黃州。初九早，過陽邏堡，午抵漢口。初十日早，放舟過武昌。十一日，「舸未具，余與余弟及嘉貞、嵩齡二子，謀探黃鶴晴川之勝」〔註21〕。兩天後，孝標一行離漢口，經金口驛，至嘉魚縣之龍口，「計程總二百四十餘里，而行六日」。十九日，「行一百一十餘里至新堤」。二十日，「又一百二十餘里，至城陵磯，自是江盡而入洞庭湖矣」〔註22〕。其後，他們從五月初一日經桃源縣，依次過辰州府、沅州、平溪衛、清浪衛、鎮遠府等主要府縣和要衝。小地方亦有詳細記錄，此不贅述。三十日早，上興隆

〔註16〕（清）方孝標撰，石鍾揚、郭春萍點校：《方孝標文集》卷1，《思可堂詩集序》，合肥：黃山書社2007年版，第198頁。

〔註17〕（清）方孝標撰，石鍾揚、郭春萍點校：《方孝標文集》卷3，《滇遊紀行》，合肥：黃山書社2007年版，第225頁。

〔註18〕以上所引均見（清）方孝標撰，石鍾揚、郭春萍校點：《方孝標文集》卷3，《滇遊紀行》，合肥：黃山書社2007年版，第226頁。

〔註19〕以上所引均見（清）方孝標撰，石鍾揚、郭春萍校點：《方孝標文集》卷3，《滇遊紀行》，合肥：黃山書社2007年版，第227頁。

〔註20〕（清）方孝標撰，石鍾揚、郭春萍校點：《方孝標文集》卷3，《滇遊紀行》，合肥：黃山書社2007年版，第228頁。

〔註21〕（清）方孝標撰，石鍾揚、郭春萍校點：《方孝標文集》卷3，《滇遊紀行》，合肥：黃山書社2007年版，第229頁。

〔註22〕以上所引均見（清）方孝標撰，石鍾揚、郭春萍校點：《方孝標文集》卷3，《滇遊紀行》，合肥：黃山書社2007年版，第230頁。

坡，「夜與余弟商，此距貴州尙二百四十餘里，欲緩，恐失滇南之期；欲速，奈僕痛何？」〔註23〕。六月一日，余輩以黎明行。初二，登平越。初三，發新添衛。初四日，發龍里衛，至貴州。初七日，發威清衛，凡四十五里而宿平壩衛。初八日，發平壩，凡六十里而宿普定衛，即安順府。初九日，發安順府，凡四十五里而宿安莊衛。十七日，天明雨細，宿平彝衛。二十四日，由駐節坊入金馬關，即可至。入雲南城，作《陸行紀》。七月二十八日，遊昆明池，作《遊昆明池紀》。康熙十年春，孝標一行經湖南回金陵。在湘期間，遊覽了嶽麓書院和岳陽樓，對此孝標記云：「二月初三日蚤……乃至書院」〔註24〕，「去夏滇道，乃由城陵磯西循入洞庭，惟從君山回望嶽陽」，「迨今歸……余始獲登之」〔註25〕。

　　當年，因老母不願回桐城，孝標只好把妻小送回老家，而在金陵爲其母買翟氏之「依園」，陪伴老母。此園「有堂、庀、樓、軒、齋、廡、除、湢之遽遠……升高而望，雖隘，而鍾山、雞籠更其南，長江、秦淮徑其北」〔註26〕。冬，作《先雪樓記》，云：

> 依園有軒三楹，南嚮，而孝標以爲堂，名之曰「高會君子堂」。堂後又一軒，北嚮，名之曰「嘉樹軒」。軒上有小樓，可四望，未有名，老母曰：昔汝父讀書龍眠山中，有樓巢羣峯之勝，其制樸小，頗類此。汝父嘗與我觀積雪其上，顏之曰「先雪樓」……汝其即以名斯樓〔註27〕。

康熙十一年，其自己選定之《鈍齋詩選》成。該詩選自序中云：該年冬與友談及選詩成集之事〔註28〕。

〔註23〕（清）方孝標撰，石鍾揚、郭春萍校點：《方孝標文集》卷3，《滇遊紀行》，合肥：黃山書社2007年版，第240頁。

〔註24〕（清）方孝標撰，石鍾揚、郭春萍校點：《方孝標文集》卷3，《遊嶽麓書院紀》，合肥：黃山書社2007年版，第259頁。

〔註25〕（清）方孝標撰，石鍾揚、郭春萍校點：《方孝標文集》卷3，《遊岳陽樓紀》，合肥：黃山書社2007年版，第264頁。

〔註26〕（清）方孝標撰，石鍾揚、郭春萍校點：《方孝標文集》卷4，《依園記》，合肥：黃山書社2007年版，第315～316頁。

〔註27〕（清）方孝標撰，石鍾揚、郭春萍校點：《方孝標文集》卷4，《先雪樓記》，合肥：黃山書社2007年版，第317頁。

〔註28〕（清）方孝標撰，唐根生、李永生點校：《鈍齋詩選》，《鈍齋詩選自序》，合肥：黃山書社1996年版，第7頁。

康熙十二年春，陪張鞠存遊覽南京〔註 29〕，該年秋，至九江〔註 30〕。作《贈宋童子詩序》、《九江府重修陽明書院碑記》等。

由於孝標本人沒有留下他的詩文，相關史料亦極端匱乏，有關他從康熙十三年開始的行蹤變得晦暗不明，現勾稽與之交往的朋友親屬的相關記錄試做考述。

康熙十九年春，孝標返故鄉，會晤友人方都秦。方都秦有《梅溪文集·鈍齋二集序》，云：「庚申春暮來里門，與余相見，各頭白矣。淑氣迎人，和平溫厚，益似程大夫子。老兄弟慰藉情深，交相茂勉，不減竹關江閣、分鐙共硯之時，而卻以《鈍齋二集》命序於余」〔註 31〕。該年初夏，遇同鄉潘江於皖，將復遊楚〔註 32〕。

康熙二十年在錢塘會唐夢賚、陸隴其〔註 33〕。康熙二十八年秋，孔尚任過南京，拜會孝標於其幽居〔註 34〕。康熙三十二年秋，張貞遊舊京，訪方孝標於其家。〔註 35〕康熙三十五年，孝標卒於南京，壽八十歲〔註 36〕。

通過以上對孝標行跡的排比，可以看出，方孝標自康熙十二年秋開始蹤跡不明，而此時正是吳三桂叛亂之時，加以此前吳三桂有邀請孝標入滇之可能及孝標有詩贈吳三桂，因而頗令人懷疑孝標任吳三桂官職。後來其幼子方登嶧供，其父「自康熙十一年二月赴黔未歸，任吳三桂的僞翰林承值官，十七年於寶慶

〔註 29〕（清）方孝標：《同張鞠存遊吳氏西園觀六朝松石紀》：「康熙癸丑仲春，余友張鞠存先生自淮陰來，欲覽秣陵之勝」，「於是偕余弟與三、敦四造之」。見（清）方孝標撰，石鍾揚、郭春萍校點：《方孝標文集》，合肥：黃山書社 2007 年版，第 267 頁。

〔註 30〕（清）方孝標：《磊齋詩選序》：「癸丑秋，余來江州。」見（清）方孝標撰，石鍾揚、郭春萍校點：《方孝標文集》，合肥：黃山書社 2007 年版，第 200 頁。

〔註 31〕（清）方孝標撰，石鍾揚、郭春萍校點：《方孝標文集》附錄，方都秦：《梅溪文集·鈍齋二集序》，合肥：黃山書社 2007 年版，第 452 頁。

〔註 32〕（清）潘江：《木厓續集》卷 5，《皖口遇方樓岡學士即送其楚遊》，四庫禁燬叢書集部第 132 冊，北京：北京出版社 2000 年版，第 321 頁。

〔註 33〕（清）唐夢賚：《辛酉同遊倡合詩餘後集》卷之上，《湖上送別方樓岡》《雨中送方樓岡學士渡江》，（清）陸隴其：《三魚堂日記》，續四庫全書史部·傳記類第 559 冊，上海：上海古籍出版社 2002 年版，第 457 頁。

〔註 34〕孔尚任：《湖海集》卷 7，《賦答方樓岡先生》卷 13，《與方樓岡先生》，四庫存目叢書集部第 257 冊，濟南：齊魯書社 1997 年版，第 659 頁。

〔註 35〕（清）張貞：《杞田集》卷 4，《遊金陵北城記》。四庫未收書輯刊編纂委員會：四庫未收書輯刊第七輯第 28 冊，北京：北京出版社 2000 年版，第 606 頁。

〔註 36〕（清）方傳理：《桐城桂林方氏家譜》卷 13。

軍前歸附」〔註37〕。其實，登嶧的供詞並非完全可信。比如，上文已經說明，孝標曾於康熙十二年春，陪張鞦存遊南京，而該年秋，則至九江。

聯繫到上文康熙十九年春方都秦所云：「（方孝標）庚申春暮來里門，與余相見」〔註38〕。「賜還以後又十餘年，放浪於山高水長間，偶遊楚、粵，再逢世難而尋雲南嶽，得遂忠貞」〔註39〕。又隱約透露出孝標曾二次遊滇，適值吳三桂叛亂之時，但孝標未與三桂同流合污，故而曰「得遂忠貞。」這就與《桐城桂林方氏家譜》和《記桐城方戴兩家書案》的所說相吻合了。按照這種說法：（孝標）有所親某官貴州貴陽府，孝標夙慕滇黔山水，乃往訪所親，藉資遊覽彼處風景。三桂反時，孝標被拘，佯狂逸去，剃髮爲僧，法號方空。間道奔衡州，輾轉歸金陵奉養老母。這樣看來，孝標確乎於再遊滇黔時面臨吳僞政權的威逼利誘，但未順從吳逆，堅守了自己的準則。

然而，相反的資料似乎也有，比如，唐夢賚有詩贈孝標云：「凝碧池頭添故事，卻嫌摩詰費吟懷」〔註40〕。似乎以王維曾仕安祿山之史事來安慰孝標。由於相關史料不足以支持孝標是否任吳三桂僞職，目前似乎只能存疑。但結合孝標的整個人生歷程和他一貫的政治態度，特別是孝標的心態和動機，筆者還是認爲，方孝標未任吳三桂僞職的可能性更大一些。下面就此展開論述。

因爲孝標對順治帝的知遇之恩始沒齒難忘。當丁酉江南科場案以莫須有的罪名斷送了孝標的前程時，他口不言冤，怡然就道。而且，即使遠在寧古塔，孝標亦經常睹物思人，深感皇恩。天氣轉涼找衣服時，他「寒挹故時裘，開箱淚暗流。褐辭宮錦色，香尙御煙浮。回想承恩日，曾逢獻壽秋。萬端臣子愧，到此益悠悠」〔註41〕。在內心深處，他還抱著有朝一日重新報效君主的希望：「謫去寧無再召恩，漫從飛鳥問銜冤」〔註42〕。然而現實畢竟未

〔註37〕 （法）戴廷傑：《戴名世年譜》，北京：中華書局2004年版，第865頁。

〔註38〕 （清）方孝標撰，石鍾揚、郭春萍校點：《方孝標文集》附錄，方都秦：《梅溪文集・鈍齋二集序》，合肥：黃山書社2007年版，第452頁。

〔註39〕 （清）方孝標撰，石鍾揚、郭春萍校點：《方孝標文集》附錄，方都秦：《梅溪文集・鈍齋二集序》，合肥：黃山書社2007年版，第451頁。

〔註40〕 （清）唐夢賚：《志壑堂詩集》後集卷1，辛酉《贈方樓岡學士》，四庫存目叢書集部第217冊，濟南：齊魯書社1997年版，第543頁。

〔註41〕 （清）方孝標撰，唐根生、李永生點校：《鈍齋詩選》卷7，《理裘》，合肥：黃山書社1996年版，第106頁。

〔註42〕 （清）方孝標撰，唐根生、李永生點校：《鈍齋詩選》卷19，《過賈誼故宅》，合肥：黃山書社1996年版，第363頁。

如他所願。順治十八年釋歸後，方孝標以感慨的心情寫道：「及蒙恩詔還，方幸得再覲天顏，而鼎湖遽升，已不可得見」〔註43〕。順治十八年正月初七，順治帝駕崩。其後，玄燁繼位。孝標之語其中既流露出對順治帝的感恩戴德，又有一種無奈。因爲小皇帝繼位，大權掌握在較爲保守的四輔臣手中。孝標還無限傷感地寫道：「曾忝先皇顧問頻，重來惟有報恩身。龍飛再紀軒轅曆，鳳閣難逢天寶臣」〔註44〕。其實，這也正是知識分子的幼稚之處。即使順治帝健在，方氏家族作爲恐嚇江南望族的靶子，是不會輕易令其有出頭之日的。於是，方孝標隨父南返，再未出仕。如此一來，他只能以蘇武自況，「歸來蘇武悲鴻雁，醒後莊生任馬牛」。而且，爲避新皇帝的名諱，方玄成改名方孝標，不意竟以此名著稱於史冊。「姓名已變人誰識，鬚鬢雖凋我未殊」〔註45〕。改變的當然不僅是名字，更有家族的命運，「鍰重名刑恩已渥，家傾卜式餉難輸」〔註46〕。爲了還清鉅額債務，他們一家不得不到處募捐。至於他那「何年聖澤容歸隱，二頃三間臥綠蕪」〔註47〕的理想實現起來可眞的異常艱難。

雖然拱乾父子有一些門生故舊和同年親友，但這種乞人施捨的日子也格外令人心酸，正如孝標所說：「皂帽雖歸憂未闌，叩門言語拙千端。似予狂尚嚴陵舊，知我貧如鮑子難。顏厚何羞乞米帖，愁多敢傲釣魚竿」〔註48〕。然而他時時感念順治帝的「沍寒屢念屬軀苦」，表示雖受屈辱，也要還清債務：「新例酬恩唯力役，東西奔走難窺屋。泠眼難甘肥馬塵，靦顏終乞朱門肉」〔註49〕。忍辱負重的除了孝標和前一章提到的拱乾，還有孝標的幾個弟弟。孝標有詩云：

〔註43〕 （清）方孝標撰，石鍾揚、郭春萍校點：《方孝標文集·光啓堂文集》，《講章集錄序》，合肥：黃山書社2007年版，第30頁。

〔註44〕 （清）方孝標撰，唐根生、李永生點校：《鈍齋詩選》卷14，《癸卯元旦》，合肥：黃山書社1996年版，第279頁。

〔註45〕 （清）方孝標撰，唐根生、李永生點校：《鈍齋詩選》卷14，《濟河道中》，合肥：黃山書社1996年版，第266頁。

〔註46〕 （清）方孝標撰，唐根生、李永生點校：《鈍齋詩選》卷14，《濟河道中》，合肥：黃山書社1996年版，第266頁。另，孝標有詩云：「萍蹤已作多年別，畫戟驚從難後逢。不爲姓名忘范叔，還將舟楫共林宗」。詩中原注：有不知予更名者，澹岩記其爲舊字，又以官舫假予。見《與盧澹岩》，同書第269～270頁。

〔註47〕 （清）方孝標撰，唐根生、李永生點校：《鈍齋詩選》卷14，《濟河道中》，合肥：黃山書社1996年版，第266頁。

〔註48〕 （清）方孝標撰，唐根生、李永生點校：《鈍齋詩選》卷14，《與盧澹岩》，合肥：黃山書社1996年版，第269～270頁。

〔註49〕 （清）方孝標撰，唐根生、李永生點校：《鈍齋詩選》卷5，《易病吟》，合肥：黃山書社1996年版，第82～83頁。

版築迫心魂，馳驅歸宿怨。

兄弟五六人，東西各風煙。

二弟三晉遊，甘受故人憐。

四弟客豫章，寂寞文章緣。

三弟黃州役，屈指時序遷。

……

昨得長安信，微求日夜傳。

五弟牙齒落，三十如衰年。

老親抱憂思，錙銖報粥饘〔註 50〕。

弟兄們見面之後往往互訴「彈鋏弟兄何太苦，叩門言語盡堪哀」〔註 51〕。雖然「心血都爲版築枯，飢寒無計慰艱虞」〔註 52〕，孝標還是豁達地表示「不掃徑由黃葉滿，忘情人任白頭生」〔註 53〕。知道父母身體健康，他說：「即此祖德深，即此君恩溥」〔註 54〕。他在寫給家人的詩中寫道：「普天悲涸轍，一家何足歎。詩書遺澤遠，生還帝德寬」〔註 55〕。而且他堅信「未有孝友門，不享詩書報」〔註 56〕。即是說，雖然家族發展目前處於低潮，但他認爲，有深厚的家族文化爲精神支撐，方氏一定能走出低谷。可貴的是，他沒有把眼光局限於個人和家庭的狹小天地，而是一如既往地憂國憂民。因此，孝標的傳世作品許多具有史家的存史意識和民本思想。例如，在瓜州，他以史家的深邃目光看出「近代養兵勝養士，中原防海似防邊」〔註 57〕。

〔註 50〕 （清）方孝標撰，唐根生、李永生點校：《鈍齋詩選》卷 2，《得三弟書》，合肥：黃山書社 1996 年版，第 24 頁。

〔註 51〕 （清）方孝標撰，唐根生、李永生點校：《鈍齋詩選》卷 14，《又遇二弟》，合肥：黃山書社 1996 年版，第 270 頁。

〔註 52〕 （清）方孝標撰，唐根生、李永生點校：《鈍齋詩選》卷 22，《寄內五首》，合肥：黃山書社 1996 年版，第 396 頁。

〔註 53〕 （清）方孝標撰，唐根生、李永生點校：《鈍齋詩選》卷 14，《早起》，合肥：黃山書社 1996 年版，第 271 頁。

〔註 54〕 （清）方孝標撰，唐根生、李永生點校：《鈍齋詩選》卷 1，《得淮陰書》，合肥：黃山書社 1996 年版，第 7 頁。

〔註 55〕 （清）方孝標撰，唐根生、李永生點校：《鈍齋詩選》卷 1，《得毗陵書》，合肥：黃山書社 1996 年版，第 6～7 頁。

〔註 56〕 （清）方孝標撰，唐根生、李永生點校：《鈍齋詩選》卷 2，《得游兒書》，合肥：黃山書社 1996 年版，第 24～25 頁。

〔註 57〕 （清）方孝標撰，唐根生、李永生點校：《鈍齋詩選》卷 14，《瓜埠開口》，合肥：黃山書社 1996 年版，第 274 頁。

三、方孝標詩文的史家意識和民本傾向

以上關於方孝標的遊蹤和活動，其心態、動機的考述，主要都源於他本人的一些詩文。這些詩文創作刊刻於康熙十二年之前，其時清廷所興文禍主要限於帶有明清之際滿洲貴族所忌諱內容的史書，還未蔓延到雍乾時期對詩文的深文周納。因此，孝標敢於放膽記錄其所見所聞所感，其存世的詩文比較眞實，以當事人的自述作爲史料，具有相當的可信度。方氏家族詩書傳家的傳統以及拱乾勤於歌詠的感染，使得孝標在奔走稱貸之餘，篤於詩文創作。其詩文特點，恰如其人品：樸素、眞實。這可以從前述《小阿稽》、《出塞送春歸》等詩作看出來。詔還後他得以深入民間，以平民之身，更加能夠直面社會和人生，因而其詩文更具歷史認識意義和價值。四輔臣執政造成的社會的動蕩不安，民生凋弊，尖銳的滿漢矛盾……諸如此類，在孝標的詩文中都有反應。鄧之誠先生謂「孝標留心史事，能爲《滇黔紀聞》，故其詩不同泛作」〔註58〕，驗之以方孝標的詩文，洵屬精到之評。試舉數例：

他在《論事詩與某友作》的詩前小序中寫道，「某友有弘光三大獄議，一謂僧大悲乃眞福王由松，而弘光乃由柏，非福王也；一謂童氏婦乃眞福王妃也；一謂王之明乃眞定王，而孟津王文安公鐸，必以爲假，媚馬、阮也」〔註59〕。小序介紹了南明時期複雜的局勢和黨爭。詩中他說自己對前二獄，不是很瞭解，「獨是假太子，知其事最明」。認定太子爲假，理由很多，比如，「時有王與劉（王鐸、劉正宗），東宮昔橫經。載詔往視之，斯人匿床櫺。」〔註60〕但更有力的證據是，他曾遇到太子定王爲李自成所殺的目擊者僧人法乘。〔註61〕明清之際北南太子案爲歷史疑案，有關史料眞僞難辨，法乘所言也未必準確無誤，但孝標的確得之於重要的歷史證人，爲諸家記載所不具備，具有獨特性。

他在滇黔之遊中，有意探尋南明史事，恰遇一位親歷者，從而有了《交

〔註58〕 鄧之誠：《清詩紀事初編》下冊，上海：上海古籍出版社 1984 年版，第 563 頁。

〔註59〕 （清）方孝標撰，唐根生、李永生點校：《鈍齋詩選》卷 2，《論事詩與某友作》，合肥：黃山書社 1996 年版，第 36 頁。

〔註60〕 （清）方孝標撰，唐根生、李永生點校：《鈍齋詩選》卷 2，《論事詩與某友作》，合肥：黃山書社 1996 年版，第 37 頁。

〔註61〕 （清）方孝標撰，唐根生、李永生點校：《鈍齋詩選》卷 2，《論事詩與某友作》，合肥：黃山書社 1996 年版，第 37～38 頁。

水驛遇折臂翁》這篇實錄。交水驛在今雲南曲靖市東北沾益鎮，爲滇黔要衝。「黝黝盤水遠，汨汨臘溪長。……我來庚戌秋，崖谷何蒼涼。興衰尋古蹟，紀載隔天荒。偶逢折臂翁，殷勤捧酒漿」〔註62〕。接著，詩歌以史家筆法簡述了從穆氏到土司沙定洲在雲南的簡況。然後把重點放在孫、李、劉、艾，號稱四強的張獻忠農民軍將領。在孝標筆下，他們是「殘暴總豺狼」，然而當時被孝標稱爲「王師」的清軍「弔伐正蒼茫」。由於孫可望與其它將領的矛盾激化，因此對立的雙方「丁酉九月望，相期此戰場」。對孫可望和李定國雙方交戰的敘述濃墨重彩，令人有身臨其境之感。關於作此詩的目的，孝標本人說得明白：「留供稗史料，採者助縹緗」〔註63〕。因此鄧之誠先生謂「是亦《滇黔紀聞》也」〔註64〕。

這兩首詩從一個側面反映了明清易代之際複雜的政治和軍事鬥爭，描繪出生動的歷史畫面，體現出孝標以詩存史的意識和苦心。而對當時戰亂頻仍、官吏橫行及民不聊生的描寫，更是孝標詩歌的重要內容。他在《空村》中寫道：「日暮步空村，老翁負牆泣」〔註65〕。詩人詢問後才知「酉戌改革初，官逃吏人匿。……朝廷豈不仁，庚癸軍呼急」〔註66〕。兩個兒子都去當差了。二兒子因爲「典衣買撲挟」，而發出「迄今半菽無，悔不早爲賊」〔註67〕的沉痛呼聲。該詩在用語、結構、立意等方面學習借鑒杜甫的《石壕吏》十分明顯。它真實生動地揭示了戰亂對人們生活的影響。

孝標的《茶市謠》更是大膽揭露時弊的難得之作，頗受後人稱道。全詩如下：

> 昔聞茶易馬，國典垂今古。
>
> 惟知市馬場，不識採茶所。

〔註62〕（清）方孝標撰，唐根生、李永生點校：《鈍齋詩選》卷4，《交水驛遇折臂翁》，合肥：黃山書社1996年版，第61頁。

〔註63〕（清）方孝標撰，唐根生、李永生點校：《鈍齋詩選》卷4，《交水驛遇折臂翁》，合肥：黃山書社1996年版，第64頁。

〔註64〕鄧之誠：《清詩紀事初編》，上海：上海古籍出版社1984年版，下冊第563頁。

〔註65〕（清）方孝標撰，唐根生、李永生點校：《鈍齋詩選》卷2，《空村》，合肥：黃山書社1996年版，第25頁。

〔註66〕（清）方孝標撰，唐根生、李永生點校：《鈍齋詩選》卷2，《空村》，合肥：黃山書社1996年版，第25～26頁。

〔註67〕（清）方孝標撰，唐根生、李永生點校：《鈍齋詩選》卷2，《空村》，合肥：黃山書社1996年版，第25～26頁。

昨來暨陽邑，兼聞父老語。

始知此山實産茶，年年夏月輸天府。

昔者商饒茶葉多，近時茶少商人苦。

明初茶市在紹興，天啓三年移此城。

商來印牒報守臣，車推舟運送金銀。

長吏撫之如子弟，主家事之如父兄。

是時産茶亦無數，旁連州縣六七處。

雨前採擷春後烘，捆載趨走如煙霧。

開秤上箱俱有時，準平鎰白言無誤。

不知何故今全改，茶山取次無精彩。

間能採焙待商來，利較昔時輸數倍。

主家持衡少作多，里胥逢怒功爲罪。

終歲辛勤不療饑，商人何飽我何餒。

商人聞言亦太息，爾道賣茶不如昔。

哪知買者今亦然，熙熙利市成憂厄。

且如去年貴戚家，宣雲一過恣誅責。

叱撥不足繼參貂，三秋居積空一啞。

又如今年提督府，下菽千斤發民宅。

欲從其奈昂價何，必違即作科條謫。

關徵國稅如牛毛，操贏計利相尋尺。

我行聞此心茫然，司農大計三端傳。

茶馬實與鹽漕連，鹽政已毀漕政亂。

何堪茶馬復更遷，財賦在國血在身。

上壅下竭疾必生，爲問王公與大吏，

疾生身敗血安存？回頭復語商與民，

勉供正稅毋怨爭。聖朝惠政如天地，

豈使爾曹歡娛反不如明季。〔註68〕

明朝茶業興盛、官民相得，清初茶市凋零、官貪民苦……孝標的詩筆深刻揭露出戰亂對茶業和人民生活的摧殘。該詩把茶馬互市與鹽政和漕運並列爲「司

〔註68〕 （清）方孝標撰，唐根生、李永生點校：《鈍齋詩選》卷6，《茶市謠》，合肥：黃山書社1996年版，第94～95頁。

農大計三端」，面對清初「鹽政已毀漕政亂。何堪茶馬復更遷」的嚴峻現實，孝標發出了「財賦在國血在身。上壅下塞疾必生」的警示。然而對於茶商和茶農，他卻勸慰說，「勉供正稅毋怨爭。聖朝惠政如天地，豈使爾曹歡娛反不如明季」。〔註69〕此句大可玩味，是反語，還是眞心站在清朝統治階級的立場上，爲維護社會穩定而說話？可謂見仁見智，但我還是傾向於後者：孝標的本意可能是隨著統治秩序的逐漸正常，茶商和茶農的生活會逐漸改善，眼前的困難是暫時的。

此外，他在《橫山玉》中寫道：「方今天下鼠，盡化爲虎而食人，空山何處有鬼神！〔註70〕」。諸如此類，孝標的許多詩作都閃耀著現實主義的光輝。

四、方孝標詩文令清廷疑忌之處

固然，孝標的詩作揭示民間疾苦，抨擊官吏的橫征暴斂，充滿批判鋒芒。這些詩作可能引清廷疑忌。但更重要的是他投贈後來挑起三藩之亂的藩府大吏的詩歌，以及他如實記錄南明史事的文字。後者莫過於著名的《滇黔紀聞》，前者如，《上靖南王四十八韻》〔註71〕、《贈靖南王世子四十韻》〔註72〕是寫給靖南王耿繼茂、世子耿精忠的，均有明顯的干謁巴結色彩。尤其是《上祝平西親王一百韻》（筆者按：此詩當作於康熙九年庚戌，而非唐根生、李永生點校本《鈍齋詩選》中所注的庚申年），乃爲當時權勢炙手可熱的吳三桂六十大壽而作，詩中對吳氏極力阿諛奉承，同時不忘敘世交戚誼，自稱晚輩：「通家曾黍竊，猶子愧趨蹌」，「先人前代末，懷廟講筵旁，獨力排簧鼓，深心保棟樑」。〔註73〕孝標意在告知吳三桂，方拱乾在崇禎朝當講官時，曾力保吳氏。並交代此次入滇是由吳三桂所招邀：「遠蒙垂語問，更感寄書望。誼實雲霄比，

〔註69〕（清）方孝標撰，唐根生、李永生點校：《鈍齋詩選》卷6，《茶市謠》，合肥：黃山書社1996年版，第94～95頁。

〔註70〕（清）方孝標撰，唐根生、李永生點校：《鈍齋詩選》卷5，《橫玉山》，合肥：黃山書社1996年版，第84頁。

〔註71〕（清）方孝標撰，唐根生、李永生點校：《鈍齋詩選》卷20，《上靖南王四十八韻》，合肥：黃山書社1996年版，第376～377頁。

〔註72〕（清）方孝標撰，唐根生、李永生點校：《鈍齋詩選》卷20，《贈靖南王世子四十韻》，合肥：黃山書社1996年版，第377～378頁。

〔註73〕（清）方孝標撰，唐根生、李永生點校：《鈍齋詩選》卷20，《上祝平西王一百韻》，合肥：黃山書社1996年版，第381頁。

恩將蒼海量」。〔註74〕因吳三桂久蓄異志，招賢納才，以方孝標的名氣及方氏家族因科場案受到清廷的打擊，定為三桂關注。而孝標兄弟及子侄也應招而來，豈不令人疑忌？

然而，孝標其實另有打算。他在詩中說得明白：「從經陵谷變，久隔雁鴻將。放逐悲萍梗，生還乏稻粱」，〔註75〕陳述了方氏家族被放逐寧古塔的悲慘遭遇及放還後的債臺高築。「誼實云甘比，恩將滄海量」，感謝吳氏的慷慨解囊。但是他說自己「才微慚阮瑀，身賤詎田郎」，似乎婉言謝絕了吳氏的挽留。他的這一想法在《滇南留別》詩中體現得更為明顯，該詩云：

曳裾何足重王門，設禮時分上賜樽。

自是陽城容杜甫，豈徒枚叟戀梁園。

梅開早雪驚鄉夢，酒報長亭寵別言。

更枉賓寮出城府，萬山千騎夕陽村。〔註76〕

足見三桂的籠絡並未使孝標留下來。試想，孝標親履滇黔，豈能不知三桂的用心？然而歷經科場案的打擊，孝標豈能不敬而遠之？因此，詩中表面看是思鄉，實則不願惹禍上身。而且似乎還含蓄地提醒吳氏要慎重。試看「世治人多壽，臣良主益康」〔註77〕，是否有這樣的味道？

其實，孝標來滇無非是借為吳氏祝壽之名來拉讚助。對此，周退舟先生的分析頗有道理：「然文人結習，挾策於時，遠託先朝，謬稱世講，敘交情之款密，奉書問以周旋，因之貢獻諛詞，干求恩澤。此不過才人落魄，豪門托缽之常」〔註78〕。

事實上，孝標《有客行》一詩對莊廷鑨《明史》案的評述，構成對清廷殘暴統治的有力揭露，但清廷當時無暇顧及於此，因此未形成文禍。中國歷史上文禍早已有之，遠的不說，北宋就有蘇軾身遭「烏臺詩案」的厄運，明

〔註74〕（清）方孝標撰，唐根生、李永生點校：《鈍齋詩選》卷20，《上祝平西王一百韻》，合肥：黃山書社1996年版，第381頁。

〔註75〕（清）方孝標撰，唐根生、李永生點校：《鈍齋詩選》卷20，《上祝平西王一百韻》，合肥：黃山書社1996年版，第381頁。

〔註76〕（清）方孝標撰，唐根生、李永生點校：《鈍齋詩選》卷19，《滇南留別詩》，合肥：黃山書社1996年版，第360～361頁。

〔註77〕（清）方孝標撰，唐根生、李永生點校：《鈍齋詩選》卷20，《上祝平西王一百韻》，合肥：黃山書社1996年版，第381頁。

〔註78〕周退舟：《鈍齋詩選跋》，（清）方孝標撰，唐根生、李永生點校：《鈍齋詩選》，合肥：黃山書社1996年版，第404頁。

初的「表箋之禍」亦眾所週知。入清以後，由於一度緊張的滿漢民族關係，清廷屢興文禍，意在從思想上震懾漢族尤其是江南士人的反清意識。順治四年，僧函可（俗名韓宗騋）所著《變紀》，因記錄了江南抗清義士的英勇行為和清兵的暴行而被查獲。函可經受種種酷刑，以「干預時政」罪流放至瀋陽。函可案拉開了清代文字獄的序幕。次年，大學士剛林發現毛重倬等為坊刻製藝所寫的序文只寫丁亥干支，而無順治年號，就認為這是「目無本朝」，毛重倬遂等被抓去法辦。康熙初，四輔臣主政時的莊廷鑨《明史》案則標誌著清朝大規模文字獄即將來臨。順治年間，浙江吳興富戶莊廷鑨出錢購得明天啟朝大學士朱國禎未竟的《明史》稿，延攬一些文人增潤刪節，並補寫崇禎朝和南明史實，定名《明史輯略》。因書中多有清廷忌諱之處，被文倀吳之榮舉報。清廷對江南士人揮起屠刀，處死七十餘人，對已故莊廷鑨施戮屍之酷法，而且大肆株連，牽連千餘人。孝標有詩記曰：「客從西湖來，必知西湖事。株連文字獄，殺戮無老稚。婦女裸且髡，連檻如鬼魅。」〔註79〕。孝標大膽使用「文字獄」一詞，在清朝可謂開了先河。人們熟知的是趙翼和龔自珍對「文字獄」一詞的使用。龔自珍所言「避席畏聞文字獄，著書都為稻粱謀」，深刻揭露了文字獄對清朝士人的壓抑，使這一警句不脛而走。但孝標對這一概念的使用無疑更早，且是對莊氏史案的界定，因而彌足珍貴。詩中對文字獄和當局的批判如此激烈，卻也未給他帶來麻煩，而構成日後他死後蒙辱、家族遭殃的「罪證」的，是他入滇黔時的遊記《滇黔紀聞》。

五、《滇黔紀聞》與《南山集》案

如上所述，方孝標於康熙九年西遊滇黔，返回金陵後追錄所見所聞，寫成《滇黔紀聞》，刊入其《鈍齋文選》中。其晚輩同鄉，桐城士人戴名世頗留心南明史事。戴氏讀孝標《滇黔紀聞》頗受啟發，在其所著《南山集》中加以提及。孝標康熙三十五年去世，誰料十五年後，這些文字竟釀成一場大禍。那麼，《滇黔紀聞》中究竟說了什麼，讓清廷如此震怒呢？

讓我們對《滇遊紀聞》略作分析。孝標在《紀聞》開篇云：

> 客有問余者，曰：「子自滇、黔來，亦能悉滇、黔鼎革間事乎？」
> 余曰：「余初至滇、黔，亦問之，無多知者。及見馮君再來之《滇考》、

〔註79〕（清）方孝標撰，唐根生、李永生點校：《鈍齋詩選》卷5，《有客行》，合肥：黃山書社1996年版，第78頁。

胡君虎庵之《雪涕錄》、《西南聞見錄》、馬君君輝之《征行紀略》、鄧君某之《也是錄》，合之所聞所傳聞，而後稍得其略。」

蓋永曆帝之始於廣東，中於廣西，終於滇、黔，大約如隋清泰之在洛，唐昭宣之在汴，宋帝昺之在崖州，其朝未可謂之僞朝，而其官則僞官，封則僞封也。何也？官皆孫可旺、李定國之官，而非永曆之官；封皆孫可旺、李定國之封，而非永曆之封也〔註80〕。

如上所述，孝標於康熙九年至滇黔。作爲一個跨越明清兩代，他雖出仕新朝，但對前朝印象仍深，尤其是其家族與明政權盤根錯節的關係，使他對明朝的命運不能不格外關心。既然親履其地，面對這一南明最後一個殘喘多年的基地，這個十年前永曆君臣尚活動於此的寄託歷史興亡的地方，他豈能無動於衷？於是，爲了消除自己內心的疑問，爲了回答他人的提問，他將胡欽華的《雪涕錄》、《西南聞見錄》等傳世文獻與他在歷史現場所得的見聞相結合，對活動於滇黔的永曆政權做出了自己的分析和評價。其寫作動機庶幾離此不遠。

然而恰恰是「其朝未可謂之僞朝」這樣的話給他本人及其家族帶來了巨大災難。其實孝標只是出於傳統的王朝意識，通過與歷史上「隋清泰之在洛，唐昭宣之在汴，宋帝昺之在崖州」的類比，認爲「其朝未可謂之僞朝」。他對永曆皇帝及其活動的滇黔地區則做出了「而況永曆非其人，滇、黔非其地」的評價。孝標的論述重點是「而其官則僞官，封則僞封也」，占全文篇幅的八成左右。

孝標該文的感情傾向十分明顯，除了對明朝世代鎮守雲南的黔國公沐氏的敘述持中性立場外，對張獻忠部將孫可旺、李定國。劉文秀、艾能奇等均稱爲「賊」。對而清朝則歌功頌德，尊稱、敬稱等隨處可見。如「蓋是時獻賊已爲我大清肅王殲於四川西充縣之鳳皇山」〔註81〕。又如，「定國至廣西，我定南王迎戰於嚴關，……文秀至四川，我兵方徇川南地，聞之急收軍還，趨保寧，迎擊文秀，大破之。文秀全軍盡覆，單騎走歸……。是歲九月，我大兵入廣西，定國在桂林迎戰，敗，復東走衡州。破之，遂掠長沙，攻岳州」〔註

〔註80〕 （清）方孝標撰，石鍾揚、郭春萍校點：《方孝標文集》卷3，《滇遊記聞》，
合肥：黃山書社2007年版，第270頁。

〔註81〕 （清）方孝標撰，石鍾揚、郭春萍校點：《方孝標文集》卷3，《滇遊記聞》，
合肥：黃山書社2007年版，第272頁。

〔註82〕 （清）方孝標撰，石鍾揚、郭春萍校點：《方孝標文集》卷3，《滇遊記聞》，
合肥：黃山書社2007年版，第276頁。

82〕。再如，「是時，我大兵已收復湖南及廣東、廣西諸郡。永曆兵屢敗，其總督何騰蛟、堵胤錫、瞿式耜、張同敞等已相繼喪沒。永曆不能支，逃桂林，逃梧州，又逃南寧」〔註83〕。

在孝標文章中，清軍可謂勇武之師，連戰連勝，而李定國等則軍紀渙散，節節敗退。在孝標看來，其因無非是「興廢雖天，豈不以人哉！迹諸賊所爲，何能有成？迹永曆諸臣所爲，何能用諸賊？」〔註84〕。就是說，南明的敗亡和清朝的興盛，是天時與人謀之合力所決定。爲此，孝標以近乎阿諛奉承的口吻爲清廷大唱讚歌：「蕩邪滌穢，我皇上及諸將相之功德，眞與天地同其廣大矣」〔註85〕。

讀孝標此文，眼前彷彿出現一個既有歷史冷峻感又對清廷十分忠誠的士人形象。然而，孝標的如下敘述「當是時，金陵之弘光帝、閩越之隆武帝已皆敗亡」〔註86〕，日後卻被定罪爲：「尊崇弘光、隆武、永曆年號，書記刊刻遺留，大逆已極」〔註87〕。以當時的歷史環境而言，不但孝標本人難以預測弘光、隆武、永曆年號日後會成爲清廷大忌，而且今人對此亦感不可理喻。平心而論，記錄那段清政權、南明政權與農民軍政權三雄角逐的歷史，弘光、隆武、永曆等年號又如何能夠棄而不用？然而，歷史就是歷史，在滿漢民族處於磨合期的那段歷史過程中，一旦滿漢矛盾在一定歷史條件下有所激化，前明的問題就會像幽靈一樣冒出來，因而，《南山集》案就在號稱「盛世」之時，由趙申喬的一個參奏引發了。

趙申喬，字愼旃，江蘇武進人。康熙九年進士。爲官清介直言，由縣令累遷至偏沅巡撫。康熙四十九年十二月，升爲都察院左都御史。次年十月十二日，申喬即參劾戴名世，其疏云：

> （戴名世）妄竊文名，恃才放蕩。前爲諸生時，私刻文集，肆

〔註83〕（清）方孝標撰，石鍾揚、郭春萍校點：《方孝標文集》卷3，《滇遊記聞》，合肥：黃山書社2007年版，第275頁。

〔註84〕（清）方孝標撰，石鍾揚、郭春萍校點：《方孝標文集》卷3，《滇遊記聞》，合肥：黃山書社2007年版，第282頁。

〔註85〕（清）方孝標撰，石鍾揚、郭春萍校點：《方孝標文集》卷3，《滇遊記聞》，合肥：黃山書社2007年版，第282頁。

〔註86〕（清）方孝標撰，石鍾揚、郭春萍校點：《方孝標文集》卷3，《滇遊記聞》，合肥：黃山書社2007年版，第273頁。

〔註87〕中國第一歷史檔案館：《戴名世〈南山集〉案史料》，《歷史檔案》2001年第2期，第22頁。

口遊談，倒置是非，語多狂悖。今身膺恩遇，叨列巍科，猶不追悔

前非，焚削書板，似此狂誕之徒，豈容濫廁清華？祈敕部嚴加議處，

以爲狂妄不謹之戒〔註88〕。

讀申喬此疏，其意無非是揭露戴氏以前的狂悖之語，以儌效尤〔註89〕。康熙帝對此參奏的批覆是：「這所參事情，該部嚴察，審明具奏」〔註90〕。此參奏和批覆均屬平常，但誰也料不到竟由此揭開了《南山集》案的序幕，給戴名世等人帶來了滅頂之災。戴名世（1653～1673），字田有，安徽桐城人。「生而才辨雋逸，課徒自給。以制舉業發名廩生，考得貢，補正藍旗教習。授知縣，棄去。自是往來燕、趙、齊、魯、河、洛、吳、趙之間，賣文爲活。喜讀《太史公書》，考求前代奇節瑋行。時時著文以自抒湮鬱，氣逸發不可控御。諸公貴人畏其口，尤忌嫉之。……康熙四十八年，年五十七，始中式會試第一，殿試一甲二名及第，授編修」〔註91〕。戴氏喜好史學，尤其留意於南明史，以修《明史》自任。爲此，他遍訪遺書，網羅故老傳聞，欲成一家之言。他自謂「二十年來，蒐求遺編，討論掌故，胸中覺有百卷書，怪怪奇奇、淊淊汨汨，欲觸喉而出……將欲入名山中，洗滌心神，餐吸沆瀣，息慮屏氣，久之乃敢發凡起例，次第命筆」〔註92〕。康熙四十年，戴氏門人尤雲鶚將其師古文百餘篇刊刻行世，名之曰《南山集偶抄》，即著名的《南山集》。該書流傳於士林，頗有影響。戴氏早年讀過孝標的《滇黔紀聞》，後來其門人余湛結識了一個叫犁支的和尚。犁支做過永曆朝的太監，對永曆朝的掌故頗爲瞭解。戴名世極爲興奮，急於與犁支一晤。與犁支會晤未果，戴氏給余湛寫了一封書信，收入《南山集》中，此即戴氏獲罪六文之一的《與余生書》。他在該書中說：

〔註88〕《清聖祖實錄》卷248，康熙五十年十月丁卯，北京：中華書局1985年版，
　　　　第455頁。

〔註89〕有學者對趙申喬的參奏做出推測，比如來新夏先生推測：當時的北闈與趙申
　　　　喬有關，故「趙申喬不僅急於洗刷自己，而且要立新功，而如戴名世的「狂
　　　　悖」言論文字爲他人舉發，可能會牽連兒子掛上結黨之嫌，更有可能牽出前
　　　　科掄材不當的另一科場案，所以不如先發制人，糾參戴名世，摘清干係」。參
　　　　見來新夏：《法國學者筆下的〈南山集〉案》，《北京日報》2004年11月1日。

〔註90〕《清聖祖實錄》卷248，康熙五十年十月丁卯，北京：中華書局1985年版，
　　　　第455頁。

〔註91〕（清）趙爾巽：《清史稿》卷484，《戴名世傳》，北京：中華書局1998年版，
　　　　第13370頁。

〔註92〕（清）戴名世撰，王樹民編校：《戴名世集》卷1，《與劉大山書》，北京：中
　　　　華書局1986年版，第11頁。

余聞之，載筆往問焉。余至而犁支已去，因教足下爲我書其語來，去年冬乃得讀之，稍稍識其大略。而吾鄉方學士有《滇黔紀聞》一編，余六七年前嘗見之，及是而余購得此書，取犁支所言考之，以證其同異。蓋兩人之言各有詳有略，而亦不無大相懸殊者，傳聞之間，必有訛焉。然而學士考據頗爲確核，而犁支又得於耳目之所覩記，二者將何所取信哉？〔註93〕

按：戴名世信中提到的方學士即方孝標。爲了獲得有關永曆朝的歷史眞相，戴名世用心揣摩孝標的記錄，相信方氏學識淵博、考據嚴謹。但孝標之書與親歷永曆朝的犁支的說法有相差懸殊之處，令其難以取捨。可見，戴氏具有史家強烈的求眞意識。而且，戴氏以元、明以來史論正統之標準評價道：

昔者宋之亡也，區區海島一隅如彈丸黑子，不踰時而又已滅亡，而史猶得以備書其事。今以弘光之帝南京，隆武之帝閩越，永曆之帝兩粵，帝滇黔，地方數千里，首尾十七八年，揆以《春秋》之義，豈遽不如昭烈之在蜀，帝昺之在崖州，而其事漸以滅沒〔註94〕。

戴氏此番議論，遠比孝標《滇黔紀聞》更具情感色彩。然而，他只是對清廷修《明史》而迴避南明史表示不滿，而非否定清朝。他認爲鼎革之際，修史當循此義例。而戴氏之所以敢於發表這番縱論，還因爲他寫這封書信時爲康熙二十二年，正值康熙帝以博鴻特科開明史館不久。其時名世年方三十一歲，血氣方剛，且受到「近日方寬文字之禁」〔註95〕的感召，立志要修一部信史。戴氏進而發表一番感慨，他說弘光、永曆之事，由於天下避忌諱，「使一時成敗得失，與夫孤忠效死，亂賊誤國，流離播遷之情狀，無以示於後世，豈不可嘆也哉？」〔註96〕

這篇作於二十八年前的文章可謂滿懷激情、書生意氣，既符合其三十一歲的壯年精神風貌，又與其布衣身份得以揮斥方遒吻合，也是當時由康熙帝著意改善滿漢關係而形成的寬鬆的政治氣氛的產物。自三藩之亂被平定以

〔註93〕（清）戴名世撰，王樹民編校：《戴名世集》卷1，《與余生書》，北京：中華書局1986年版，第2頁。

〔註94〕（清）戴名世撰，王樹民編校：《戴名世集》卷1，《與余生書》，北京：中華書局1986年版，第2頁。

〔註95〕（清）戴名世撰，王樹民編校：《戴名世集》卷1，《與余生書》，北京：中華書局1986年版，第2頁。

〔註96〕（清）戴名世撰，王樹民編校：《戴名世集》卷1，《與余生書》，北京：中華書局1986年版，第2頁。

來，滿漢民族的融合加速。「康熙四十六年，玄燁最後一次南巡，黃河治理告成，玄燁的承平之世表面達到極端，滿漢關係似也平穩和諧」〔註97〕。然而在表面和諧的背後，各種矛盾在積累著並漸次顯露。就在康熙四十六年，一念和尚聚眾起事，豎大明旗號，欲攻太倉劫庫。次年二月，多年與官府作對的張念一等在浙江四明山地區大嵐山被捕，而且在審訊中牽出了「朱三太子」的下落。康熙帝特別諭令：將「朱三太子」及其子等作速追拿〔註98〕。四月初三日，「朱三太子」在山東汶上縣被抓獲。〔註99〕「陰魂不散」的「朱三太子」再度出現，在康熙帝看來非同小可，原來明朝滅亡六十三年之後竟血脈未絕。「隨後三四年，便是皇太子反覆廢立，玄燁由此疑慮清朝國祚將衰。……一念和尚與朱三太子案本無直接關聯，但玄燁之所以看得嚴重，在於他確認各地民間的叛亂必以反清復明相號召」〔註100〕。

　　《南山集》案正處於一念和尚、朱三太子案與皇太子旋廢旋立之間。康熙帝或許從《南山集》案很自然地聯想到：地方叛亂之所以此起彼伏，莫不是有散佈懷念前朝、否定本朝正統的言論？聖祖遂決定，凡不利於本朝的言論和著述都要嚴查嚴懲，在此背景下，戴名世家族及方氏家族就在劫難逃了。

第二節　《南山集》案發後對方氏家族定罪之考述

　　關於《南山集》案，學界研究頗多，筆者的關注點在於從趙申喬參劾戴名世，到刑部等衙門審案，再到康熙帝定案，各方的想法和邏輯是什麼？方氏家族受牽連的族人的反應如何？戴名世家族及方氏家族之罪是如何定下來的？筆者對這些問題的解答已部分地見於上述分析中，下面從案件的處理過程再做一些闡述。

〔註97〕姚念慈：《再評「自古得天下之正莫如我朝」——〈面諭〉、歷代帝王廟與玄燁的道學心訣》，《清史論叢》2009年號，北京：中國廣播出版社2008年版，第154頁。

〔註98〕《清聖祖實錄》卷232，康熙四十七年二月丁酉，北京：中華書局1985年版，第320頁。

〔註99〕參見胡忠良：《康熙王朝》，北京：中國青年出版社2009年版，第293頁。

〔註100〕姚念慈：《再評「自古得天下之正莫如我朝」——〈面諭〉、歷代帝王廟與玄燁的道學心訣》，《清史論叢》2009年號，北京：中國廣播出版社2008年版，第154頁。

如前說述，趙申喬疏參戴名世「狂妄不謹」，「語多狂悖」，要求對其懲處「以肅官方」，「以昭法紀」。趙氏上此疏之目的，無論是上任伊始急於表現，還是像來新夏先生所推測的，「先發制人，糾參戴名世，摘清干係」。〔註101〕，都未曾想到戴氏書中居然有「大逆」的內容，並進而揪出了方孝標的「大逆」之作《滇黔紀聞》。此案性質逐步升級，牽連人員逐漸增多，乃是刑部等衙門和康熙帝合謀的結果。康熙諭旨下發後，刑部開始夾訊戴名世。戴氏此時已年屆花甲，不僅身體吃不消這夾訊之苦，而且其思想上早已不是年輕時的慷慨激昂了，也許他自己都覺得年輕時寫得文字有違礙的內容，於是，老老實實地認罪了。他說：「《南山集》、《孑遺錄》俱係我等年輕時混寫悖亂之語，並未與別人商議，亦無按我授意整編之人。《孑遺錄》係方正玉刻的，《南山集》係尤雲鶚刻的，王源批的。尤雲鶚是我門生，不通文義，我作了序，放他名字。汪灝、方苞、方正玉、朱書、王源的序是他們自己作的，劉巖不曾作序。我寄餘生等人書，伊等未曾迴文。我與余生書內有方學士名，即方孝標。他作的《滇黔紀聞》內載永曆年號，我見此書即混寫悖亂之語，罪該萬死」〔註102〕。從戴名世的供詞看，他敢作敢當，不願連累別人。但既然有這些名流為其刻書作序，那麼涉案人員的範圍勢必擴大，而且其中有些人的罪名也不是戴氏所能洗刷得清的。

趙申喬的疏參並未提到孝標的《滇黔紀聞》。但是，如上所述，面對康熙朝後期清廷對思想文化加強控制的形勢，一些士大夫開始有所察覺，尤其是族人有觸犯時忌的著述，對此更為敏感。方氏家族即是如此。在戴名世被參劾的當日，方孝標幼子方登嶧即往戴名世處過訪。日後方登嶧被逮捕後交代：「今年十月十二日，我聽說追究戴名世，便前往戴名世處。戴名世說，我書中提及方學士之書。」〔註103〕登嶧聞之，即令其姪方世樵馳書江南，使盡毀方孝標書板。〔註104〕方登嶧（1659～1728），孝標幼子，兆及嗣子。字鳧宗。

〔註101〕參見來新夏：《法國學者筆下的〈南山集〉案》，《北京日報》2004 年 11 月 1日。

〔註102〕中國第一歷史檔案館：《戴名世〈南山集〉案史料》，《歷史檔案》2001 年第 2期，第 21 頁。

〔註103〕中國第一歷史檔案館：《戴名世〈南山集〉案史料》，《歷史檔案》2001 年第 2期，第 21 頁。

〔註104〕據方登嶧交代：「我問姪兒方世樵，家中可有何書？方世樵說家中有《鈍齋文集》版，我怕被牽連，叫方世樵寄信其母燒毀。據方世樵供出：「我叔父方登嶧，叫我給母親寫信，燒毀《鈍齋文集》版。《滇黔紀聞》即《鈍齋文集》內

因方兆及仕宦山東，他自幼隨侍。康熙六年，父卒於官。登嶧隨母扶柩歸桐城。十六歲補弟子員，僑寓懷寧，旋奉母吳氏，遷居金陵。康熙二十二年，丁內艱。康熙三十三年（1694）貢生，授內閣中書舍人，升工部都水司主事。方登嶧的侄子方世樵（1688～1738），方孝標孫，方溥次子。字薪傳，號緘齋。國子監生〔註105〕。案發時，方登嶧叔侄在京城，所以很快聽到風聲。方登嶧爲官多年，有一定的政治敏感。當時他大概預感到事情不妙，當機立斷，令毀掉書板，以免受到牽連。不久，方登嶧叔侄被逮補繫獄。

　　上述戴名世中有一句供詞是「《子遺錄》係方正玉刻的」，這又引出了一本叫《子遺錄》的書，並牽連了另一位方氏族人方正玉。《子遺錄》一書其實也沒有什麼對本朝的不敬內容。主要是記述本文已經述及的戴氏家鄉桐城明末遭民變和農民軍攻擊時，當地鄉紳組織抵抗，維持社會秩序。如果說有所謂違礙之處，那可能就是把福王奔蕪湖，說成「聖安帝遁」〔註106〕。方正玉（1654～1724），字葆羽，號鶴洲，中一房方中德第三子。其曾祖巡撫方孔炤，祖父方以智，皆名顯天下，父中德，隱居不仕，能傳父業。正玉少喜讀書，曾任職江西信豐知縣，僅一年即罷官。〔註107〕方正玉妻子爲戴名世姑父姚文鼇長女〔註108〕。因此他與戴名世既是同鄉，又有姻親關係。更重要的是，戴氏所著《子遺錄》述及其曾祖方孔炤的功德，使正玉「追惟先澤，空傷往事之艱，急付梓人，欲備採風之用」〔註109〕，爲戴名世《子遺錄》作序刻板。案發後，方正玉正在山東，便投案自首。被解送到京師後，他交代：「《子遺錄》是我出銀子刻的，序文是我的名字，罪該萬死，有何辯處。我聽說在山東查獲，便在地方官處自首，解送刑部」〔註110〕。

　　的一篇。我叔父方雲旅交給地方官員，現已送部」。中國第一歷史檔案館：《戴名世〈南山集〉案史料》，《歷史檔案》2001 年第 2 期，第 21 頁。

〔註105〕有關方登嶧的介紹，見（清）方傳理：《桐城桂林方氏家譜》卷 15。

〔註106〕（清）戴名世撰，王樹民編校：《戴名世集》卷 12，《子遺錄》，北京：中華書局 1986 年版，第 328 頁。

〔註107〕參見（法）戴廷傑：《戴名世年譜》卷 5，北京：中華書局 2004 年版，第 303頁。

〔註108〕參見（法）戴廷傑：《戴名世年譜》卷 5，北京：中華書局 2004 年版，第 303頁。

〔註109〕參見（法）戴廷傑：《戴名世年譜》卷 5，北京：中華書局 2004 年版，第 304頁。

〔註110〕中國第一歷史檔案館：《戴名世〈南山集〉案史料》，《歷史檔案》2001 年第 2期，第 21 頁。

　　爲《南山集》作序收板的還有一位方氏族人，他就是大名鼎鼎的方苞。方苞（1668～1749），字鳳九，一字靈臯，晚號望溪，安徽桐城人。曾祖方象乾，父方仲舒。方苞於康熙三十八年，獲江南鄉試第一名。四十五年，會試，聞母病急速南返，後終身未補試。《南山集》案發後，他於十一月初三日在江寧被捕入獄，隨於初六日遵旨解京。在刑部受審時，他供認：「我爲戴名世的《南山集》作序收板，罪該萬死」〔註111〕。

　　這樣，《南山集》案發後，除主犯戴名世入獄受審之外，還有多人被裹挾其中，僅方氏族人就有五人，除去已經去世的方孝標，尚有四人被捕入獄。而且，暫時沒有入獄的方氏族人同樣驚恐不已，惴惴不安。比如，十月二十八日，《南山集》案消息傳至揚州，方登嶧之子方式濟驚駭痛哭。方式濟（1676～1717）字屋源，號沃園，方孝標之孫，刑部郎中方兆及嗣孫。康熙十五年正月十六日生於懷寧舅家。年甫周晬，從大母吳氏，徙居金陵。二十二年七月，大母卒，哭泣盡哀。年十六，補弟子員，歸里省墓，與諸老宿遊，唱和盈帙，下榻白鹿山莊，與方中發相得甚歡。後隨父宦京師，就業於同里劉輝祖。康熙四十八年，他舉京兆試，連捷南宮，候補內閣中書〔註112〕，與戴名世爲同科進士。康熙五十年，歸省金陵。不數月，《南山集》案發。當時他在揚州蕭寺聞此噩耗，與友人張雲章、張大受相對而哭。張雲章在給方苞的信中記當時情景說：「辛卯冬，客邗上，吾友牽連被逮，鯢械猝發聞者無不縮舌膽落。適令弟園在蕭寺中，僕與匠門，得一再覓晤惟相對沾襟，私祝天公而已」〔註113〕。可見，文字獄之來勢兇猛，眞似洪水猛獸，弄得人心惶惶。那麼，等待方氏族人的命運是什麼呢？這要取決於戴名世等人的供詞，刑部等三法司官員的審理和康熙帝對案子的定性。

　　如上所述，在審訊中，戴名世供認：「我與余生書內有方學士名，即方孝標。他作的《滇黔紀聞》內載永曆年號。我見此書即混寫悖亂之語」。戴氏供詞雖然簡略，但其間之邏輯關係非常明顯，即：讀了方孝標載有永曆年號的《滇黔紀聞》，我就寫出了「悖亂之語」。通觀戴名世的供詞可以看出，戴氏

〔註111〕 中國第一歷史檔案館：《戴名世〈南山集〉案史料》，《歷史檔案》2001年第2期，第21頁。

〔註112〕 參見（法）戴廷傑：《戴名世年譜》卷5，北京：中華書局2004年版，第841頁。

〔註113〕 （清）張雲章：《僕村文集》卷6，《與方靈臯》，轉引自（法）戴廷傑：《戴名世年譜》卷5，北京：中華書局2004年版，第841頁。

所言當爲發自眞心的自白：即不願牽連無辜的人，比如他說：「尤雲鶚是我門生，不通文義，我作了序，放他名字」〔註114〕。後來，刑部夾訊尤雲鶚，尤氏的供詞與戴氏供詞吻合，而二人不可能事前串通。他還說：「汪灝、方苞、方正玉、朱書、王源的序是他們自己作的，劉岩不曾作序。我寄餘生等人書，伊等未曾迴文」〔註115〕。這些人的供詞同樣與戴氏供詞一致。可見，戴氏並未說違心的話。那麼，戴名世這句他見了方孝標的《滇黔紀聞》，即混寫悖亂之語的供詞應該是眞心話。而且被逮捕前他曾告訴方登嶧，他在《南山集》中提到方孝標的書，說明他很清楚審案時刑部必然會問到，他同樣清楚如果交代他的《南山集》與《滇黔紀聞》二者的邏輯關係，其後果將是何等嚴重！聯繫這種種情況，應當說，戴氏交代這個情況時應慎重。就是說，他的《與余生書》受到了孝標著作的影響和啓發。這一點是毋庸置疑的。然而，戴氏的表述的確有歧義之處，容易引起人們的誤解。正如我們以上所說，方孝標的《滇黔紀聞》使用了永曆等南明年號，那只是記錄那段光怪陸離、群雄角逐的歷史，而採用的傳統史家著史的必要手段。

而戴氏則持相沿已久的正統論標準：「昔者宋之亡也，區區海島一隅如彈丸黑子，不逾時而又已滅亡，而史猶得以備書其事。今以弘光之帝南京，隆武之帝閩越，永曆之帝兩粵，帝滇黔，地方數千里，首尾十七八年，揆以《春秋》之義，豈遽不如昭烈之在蜀，帝昺之在崖州，而其事漸以滅沒」〔註116〕。戴氏的論調，顯然不如孝標之論平和。他對清廷修《明史》而迴避南明史不以爲然，但他並無否定清朝之意。因此，自己不會有殺身之禍。也許他對這一點還是充滿信心的。即使他料到自己會遭不測，以他的人品和性格而言，他也不會有意嫁禍於方孝標及其後人。然而，歷史就這樣愚弄了戴名世，也愚弄了方氏族人。至康熙五十年《南山集》案發，《滇黔紀聞》作者方孝標早已過世，但他的墳墓還在，他的子孫還在，無情的災難就降臨在這些無辜的人身上。

方孝標的幼子方登嶧在刑部的夾訊之下供稱：

〔註114〕中國第一歷史檔案館：《戴名世〈南山集〉案史料》，《歷史檔案》2001年第2期，第21頁。

〔註115〕中國第一歷史檔案館：《戴名世〈南山集〉案史料》，《歷史檔案》2001年第2期，第21頁。

〔註116〕（清）戴名世撰，王樹民編校：《戴名世集》卷1，《與余生書》，北京：中華書局1986年版，第2頁。

　　我出生後，父親方孝標將我繼與族叔方章鉞為子。我生父方孝標係順治六年進士，曾任翰林。十四年我叔方章鉞中舉後，與考試官方猶認了族親，被監察御史金景傑參劾革職，我父一併流放寧古塔。康熙元年，為贖罪修建城樓，而後歸籍。十一年二月赴黔後未歸，任吳三桂的偽翰林承值官。十七年於寶慶軍前歸附。我自幼繼與族叔為嗣，共同生活，並未看過生父所寫《滇黔紀聞》。今年十月十二日，我聽說追究戴名世，便前往戴名世處。戴名世說，我書中提及方學士之書。我問任兒方世樞，家中可有何書？方世樞說家中有《鈍齋文集》版，我怕被牽連，叫方世樞寄信其母燒毀。〔註117〕

據方世樞供出：「我叔父方登峰，叫我給母親寫信，燒毀《鈍齋文集》版。《滇黔紀聞》即《鈍齋文集》內的一篇。我叔父方雲旅交給地方官員，現已送部〔註118〕。

　　根據方登峰這個口供，筆者試做如下解讀：

　　第一，他試圖釐清他與方孝標的關係。方孝標是方登峰的親生父親，但登峰出生後即過繼給中一房方章鉞為子。按：方章鉞即方兆及，本文中刑部審理此案犯人所記錄的供詞，最為詳細的為滿文本，而滿漢文之間的互譯中，音譯會造成不同的寫法。如下邊的金景傑即陰應節，亦屬此種情況。按照清朝的法律，出嗣的人不受犯罪親人的牽連。順治丁酉科場案中，吳兆騫的父母就以吳兆騫已經出嗣別的族支為名，躲過一劫。而登峰本人也的確出嗣到中一房方兆及，而且自己又未讀過生父所寫的《滇黔紀聞》，想來他可能覺得不會受到過多的牽連吧。

　　第二，方登峰既然說自己出生後就出嗣到中一房方兆及，也就在很大程度上避禍了，為什麼還要追述順治十四年科場案的陳年舊事？而且，無論是其父祖，還是時人的普遍看法，都認為方氏遭受了冤屈。方拱乾提出的三科齒錄為據，是最有說服力的辯護。方登峰生於順治十六年，其生也晚，無從經歷那次科場案，然而他卻不惜推倒父祖的申辯，招認其叔父與主考方猶認了族親，因而其父被一併流放寧古塔，而後贖罪放歸。這番供詞已經令人生疑了，接下來

〔註117〕中國第一歷史檔案館：《戴名世〈南山集〉案史料》，《歷史檔案》2001年第2期，第21頁。

〔註118〕中國第一歷史檔案館：《戴名世〈南山集〉案史料》，《歷史檔案》2001年第2期，第21頁。

的話就是令人震驚了。他說方孝標「康熙十一年二月赴黔後未歸，任吳三桂的僞翰林承值官。十七年於寶慶軍前歸附」。我們在考述孝標行蹤時已經提到，康熙十二年春，孝標陪友人張鞠存遊覽南京〔註119〕，該年秋，至九江〔註120〕寫了《贈宋童子詩序》、《九江府重修陽明書院碑記》等文章。因此，登嶧說其父「康熙十一年二月赴黔後未歸」並不準確。最後登嶧說不暸解《滇黔紀聞》的內容，其意也在脫離干係，但是，這對於刑部來說已經不重要了。

刑部審理此案，最先審問主犯戴名世。戴氏並無反清思想，卻已經招認自己「混寫悖亂之語」，聯繫到上述康熙晚年對士人輿論的警惕和控制的傾向，刑部遂將其定爲「大逆」之罪。此案既然已定性，那就要找到謀「大逆」的思想根源。尤可注意的是，戴名世說方學士「作的《滇黔紀聞》內載永曆年號。我見此書即混寫悖亂之語」，不是已經給出答案了嗎？接下來就是夾訊方孝標的後人以取得證據。也許刑部的邏輯是這樣的：方氏在順治丁酉科場案中犯了罪，遭遣戍後懷恨在心。及至放歸，便煽動吳三桂叛亂。因此就有了方登嶧的上述口供。這些可都是親生兒子說的，那麼方孝標爲吳逆僞學士還有什麼可質疑的嗎？

然而筆者始終懷疑方登嶧這樣說是屈打成招。理由如次：

其一，傳統士人官僚面對專制皇權，其抗爭無異於以卵擊石。順治丁酉科場案中，其祖父方拱乾不是據理力爭了嗎？結果又如何呢？臣子無論如何言之鑿鑿也抵不住皇帝的金口玉言。

其二，刑部審訊時使用了夾訊的手段。夾訊乃一種酷刑，爲逼供時使用。嚴刑逼供之下，屈打成招是非常普遍的，養尊處優的方登嶧恐怕吃不消。因此夾訊在一般情況下要愼用。康熙帝親政次年即諭刑部：「夾棍乃慘痛之刑，必不得已而後可用，其愼之毋忽。」〔註121〕兩年後，康熙帝進一步告誡有關官員：「或惡棍情眞，忍刑不認者有之；或良善無辜，不能忍刑屈認者亦有之。

〔註119〕（清）方孝標：《同張鞠存遊吳氏西園觀六朝松石紀》：「康熙癸丑仲春，余友張鞠存先生自淮陰來，欲覽秣陵之勝」，「於是偕余弟與三、敦四造之」。見（清）方孝標撰，石鍾揚、郭春萍校點：《方孝標文集》，合肥：黃山書社2007年版，第267頁。

〔註120〕（清）方孝標：《磊齋詩選序》：「癸丑秋，余來江州。」見（清）方孝標撰，石鍾揚、郭春萍校點：《方孝標文集》，合肥：黃山書社2007年版，第200頁。

〔註121〕（清）蔣良騏：《東華錄》，北京：中華書局1980年版，第155頁。

爾等職司法曹，凡事只宜細鞫眞情，不宜全憑夾訊。爾等其詳察之。」〔註122〕
既然親政初期對此一酷刑愼之又愼，何以康熙晚年反而如此殘忍？筆者以
爲，這取決於刑部把此案定性爲叛逆。對於危及滿洲貴族利益和統治的任何
言論和行爲，康熙帝是絕不會心慈手軟的。

其三，方登嶧後來的詩句「五十年前罹禍日，征車行後我生時。豈知今
日投荒眼，又讀先人出塞詩。久遠孫謀文字累，蒼茫天意始終疑。攜來笑爾
非無意，似此生還亦有期。」〔註123〕也證明方登嶧當時是屈打成招。

犯人屈打成招也好，據實坦白也罷，反正獲取了口供，下一步就是刑部
依律判案了。刑部官員會同吏部、都察院、大理寺等官員，把此案定性爲大
逆，對方氏家族的懲處異常酷烈。以下錄刑部尚書哈山康熙五十年十二月十
八日的題本：「據方孝標所寫《滇黔紀聞》，內有永曆初在廣東，延至廣西，
終於雲貴。與隋之清泰於洛、唐之昭宣於巴顏、宋之帝昺於崖州，同不可稱
之爲僞朝。又金陵之弘光、閩越之隆武敗亡後，兩廣復立已故桂王之子永明
王於肇慶，改號永曆，等語。至是疏言：

> 方孝標身受國恩，已爲翰林，因犯罪發遣寧古塔，蒙寬宥釋歸。
> 順吳逆爲僞官，迫其投誠，又蒙洪恩免罪，不改悖逆之心，尊崇弘
> 光、隆武、永曆年號，書記刊刻遺留，大逆已極。方孝標依大逆律
> 凌遲，今已身死，咨行該巡撫，剉碎其屍，財產入官。方孝標之子
> 方登嶧、安徽巡撫解來方孝標之子方雲旅、孫方世櫺照律皆斬立決。
> 方孝標子孫、兄弟及同居之人，不分異姓，及伯叔父、兄弟之子，
> 不限籍之同異，十六歲以上，不論篤疾、廢疾，俱查出送部，依律
> 斬決。方孝標之女、妻妾、姊妹、若子之妻妾，十五歲以下子孫、
> 伯叔父、兄弟之子，查出給付功臣之家爲奴。又查，方孝標族人居
> 住桐城、江寧兩縣，累世荷恩，並不悛改，悖逆之心不止方孝標一
> 人，族人方苞、方正玉爲戴名世逆書作序，及至案發，查抄《滇黔
> 紀聞》，方孝標之子方登嶧、孫方世櫺又寄書毀版。方孝標族人干連

〔註122〕中國第一歷史檔案館編：《康熙起居注》，北京：中華書局1984年版第1冊，
　　　　第40頁。參見王戎笙：《清初科場案研究》，清史論叢編委會編：《清史論叢》
　　　　1995年號，瀋陽：遼寧古籍出版社1996年版，第174頁。
〔註123〕（清）方登嶧：《述本堂詩集‧垢硯吟》，《姪莊攜何陋居集蘇庵集詩讀之感賦》，
　　　　四庫全書存目叢書補編編纂委員會編：《四庫全書存目叢書補編》第30冊，
　　　　濟南：齊魯書社2001年版，第302頁。

　　大逆之罪，依律發遣寧古塔。著交江寧、安徽巡撫，桐城、江寧兩
　　縣所有方孝標族人不論已未服盡，逐一嚴查，有職銜者革退，除已
　　嫁出之女外，一併發遣黑龍江、寧古塔將軍處，酌情撥與烏喇、寧
　　古塔、伯都訥等處安插。汪灝為戴名世逆書作序，混言亂語。方苞、
　　方正玉序內雖無悖亂之語，但讚揚戴名世逆書，且方苞又收存《南
　　山集》、《孑遺錄》書版，方正玉刊刻《孑遺錄》逆書，尤雲鶚掛名
　　之序文，雖係戴名世親作，然尤雲鶚出銀刊刻傳行，俱干法紀。應
　　將伊等照誹謗朝廷律，汪灝、方苞應絞立決，方正玉、尤雲鶚聞捕
　　自行投首，依律減二等徒三年，惟因伊等與戴名世同夥行事，將伊
　　等妻子一併發往寧古塔〔註124〕。

刑部等官員的懲處意見，為方氏家族的命運定下了悲慘的基調，方氏族人陸
續被逮入獄。聽說自己的侄子方世庄將至，方登嶧作詩四首。他在詩中痛心
地寫道：

　　愛爾才華盛，青春泣所遭。
　　命能安老朽，禍竟及兒曹。
　　碧月家山杳，黃雲古塞高。
　　最憐攜弱弟，遠侍白頭勞。〔註125〕

自己已入衰年，任由命運如何擺佈。然而，為何讓年輕有才的侄子受此奇禍
的牽連？然而，被高壓政策震懾得驚魂未定的方登嶧只能以「形骸同日月，
中外主恩高」表示無奈，而「殊方兒侄共，集聚慰蹉跎」〔註126〕，則只能是
強解心寬罷了。其真實的心態則是「報遠江南人不來，人來增我傷心重」〔註
127〕。從下面詩句可見其內心的愁苦和處境之艱難：

〔註124〕中國第一歷史檔案館：《戴名世〈南山集〉案史料》，《歷史檔案》2001 年第 2
　　　　期，第 22 頁。
〔註125〕（清）方登嶧：《述本堂詩集‧垢硯吟》，《聞兄子世庄將至四首》，四庫全書
　　　　存目叢書補編編纂委員會編：《四庫全書存目叢書補編》第 30 冊，濟南：齊
　　　　魯書社 2001 年版，第 297 頁。
〔註126〕（清）方登嶧：《述本堂詩集‧垢硯吟》，《聞兄子世庄將至四首》，四庫全書
　　　　存目叢書補編編纂委員會編：《四庫全書存目叢書補編》第 30 冊，濟南：齊
　　　　魯書社 2001 年版，第 297 頁。
〔註127〕（清）方登嶧：《述本堂詩集‧垢硯吟》，《鵲聲》，四庫全書存目叢書補編編
　　　　纂委員會編：《四庫全書存目叢書補編》第 30 冊，濟南：齊魯書社 2001 年版，
　　　　第 298 頁。

側身宇宙間，萬樹綴一葉。

生理本狹隘，況乃冰霜折。

我生及禍樞，憂患忽然得。

愀愀一室中，風雨鳴貫鐵。

眈眈獄吏尊，陵厲到瑣屑。

婉顔對童僕，觸語防背裂。

背灼六月暄，衣搵三冬雪。

夜雀等哀猿，寒膏半明滅。

魂飛湯火深，悠然念古哲。

身世昧著龜，蟲魚墮纂絏。

聞鬼鬼爲鄰，呼天天雨血。〔註128〕

聽到喜鵲的叫聲，他不禁感慨：「爾卻高飛我網羅，圜扉聒耳鋃鐺共」〔註129〕。

　　在等待皇帝裁決的日子裏，羈押在獄中的方孝標嫡派方雲旅、方登嶧、方世樵、世莊、世康、世熙、式濟，以及中一房方正玉，雖不免惴惴不安，但以詩書繼世的家族文化，使他們能作詩解憂，打發時光。方登嶧《述懷》詩中有「我生及禍樞」〔註130〕一句，登嶧用「禍樞」一詞與其祖父在《寧古塔雜詩》中所寫的「禍樞」有了一些微妙的變化。方拱乾的詩則云：「何曾書咄咄，豈敢唱烏烏？束髮輕名驥，長纓中禍樞。中元無壘塊，人自說崎嶇。箕豆南山末，濡毫硯不蕪。」〔註131〕在五十多年前，在遠離政治中心的邊徼之地，拱乾還敢於有牢騷語，憤懣語。而方登嶧則只能將一腔愁苦蘊含在詩中。

　　好在方氏族人還有同病相憐者可以互相交流。比如他們與當時北闈科場

〔註128〕（清）方登嶧：《述本堂詩集・垢硯吟》，《述懷》，四庫全書存目叢書補編編纂委員會編：《四庫全書存目叢書補編》第 30 冊，濟南：齊魯書社 2001 年版，第 296 頁。

〔註129〕（清）方登嶧：《述本堂詩集・垢硯吟》，《鵲聲》，四庫全書存目叢書補編編纂委員會編：《四庫全書存目叢書補編》第 30 冊，濟南：齊魯書社 2001 年版，第 298 頁。

〔註130〕（清）方登嶧：《述本堂詩集・垢硯吟》，《述懷》，四庫全書存目叢書補編編纂委員會編：《四庫全書存目叢書補編》第 30 冊，濟南：齊魯書社 2001 年版，第 296 頁。

〔註131〕（清）方拱乾：《方拱乾詩集》，《寧古塔雜詩》其 43，哈爾濱：黑龍江教育出版社 1992 年版，第 24 頁。

案的受害者查為仁就「日相倡和」〔註132〕。這種情景，不禁令我們想起順治丁酉科場案發後，方拱乾父子與吳兆騫等在獄中以詩會友的場面。

接下來看皇帝如何定奪了。康熙五十一年正月二十二日，大學士李光地等以摺本請旨。刑部等衙門題：「方孝標歸順吳逆，身受偽官，迨其投誠，又蒙恩免罪，仍不改悖逆之心，書大逆之言。」提出將方氏族人，「除已嫁女外，子女一併即解到部，發與烏拉、寧古塔、白都納等處安插」〔註133〕康熙帝的批覆則更為耐人尋味：「案內方姓人俱係惡亂之輩。方光琛投順吳三桂，曾為偽相〔註134〕；方孝標亦曾為吳三桂大吏，伊等族人不可留本處也。」〔註135〕玄燁對三藩之亂印象極深，對方光琛慫恿吳三桂叛亂恨之入骨，時隔三十年後仍忿忿不平。雖然方光琛與本案並無關聯，但是，此案中的方姓人使玄燁一下就想到方光琛。至於方孝標為吳三桂大吏之語，恐得之於刑部。方正玉和方苞當然是案內的方姓人，但這還不夠，其族人均不可留本處。康熙帝諭令九卿商議懲處辦法。九卿商議的結果，據《記桐城方戴兩家書案》云：

> 旋據九卿議，戴名世一案，我朝定鼎燕京，剿除流寇，順天應人，得天下之正，千古之所未有也。七十載萬國朝宗，車書一統，薄海內外，咸奉正朔。皇上御極以來，隆禮前朝，軼古越今，天下人民，咸戴生全義育之恩，淪肌浹髓。方孝標喪心狂逆，倡作《滇黔紀聞》，以致戴名世撫飾其間，送書流佈，多屬悖亂之語，罔識君親之大義，國法之所不宥，天理之所不容也〔註136〕。

他們把矛頭首先對準方孝標，重複著戴名世的邏輯：方氏的《滇黔紀聞》直接導致《南山集》的產生。同年四月初十日，刑部等衙門議覆戴名世等一案，康熙帝諭大學士等曰：「方登嶧之父曾為吳逆偽學士，吳三桂之叛係伊從中慫

〔註132〕參見（法）戴廷傑：《戴名世年譜》卷5，北京：中華書局2004年版，第896頁。

〔註133〕《清聖祖實錄》卷249，康熙五十一年正月丙午，北京：中華書局1985年版，第465頁。

〔註134〕而據《康熙起居注》記載：「方拱辰從順永曆，為其宰相，及吳三桂叛時，又為其宰相」。轉引自（法）戴廷傑：《戴名世年譜》卷12，北京：中華書局2004年版，第877頁。可見康熙帝對方光琛痛恨之深，以至於達到不顧事實的地步。

〔註135〕《清聖祖實錄》卷249，康熙五十一年正月丙午，北京：中華書局1985年版，第465頁。

〔註136〕（清）方孝標撰，唐根生、李永生點校：《鈍齋詩選》附錄，合肥：黃山書社1996年版，第409頁。

愚，偽朱三太子一案，亦有其名，今又犯法妄行，方氏族人若仍留在本處，則為亂階矣。將伊等或入八旗，或即正法，始為允當。」〔註137〕至此，方孝標又被加上兩條罪名：慫恿吳三桂叛亂，參與偽朱三太子一案。「朱三太子」困擾了康熙帝多年，南明弘光政權曾爆發了一場真假太子之爭。當過講官的方拱乾對此不置可否。可康熙帝為什麼說方孝標與朱三太子有瓜葛？莫非讀到了孝標的《論事詩與某友作》？這首詩的看法是太子已被農民軍殺害了，孝標只是聞之於一位僧人法乘。目前還無從得知康熙帝做出此論斷的依據是什麼。無論如何，孝標族人面臨被處決或入旗的命運，被推向萬劫不復的境地。因為，康熙帝把方氏家族視為亂階。「亂階」一詞，在《清聖祖實錄》中出現五次，出自康熙帝之口的有四次，其中三次指太子黨〔註138〕，另一次則指方氏族人。可見，在康熙帝心目中，該家族多麼具有危險性！那麼，方氏是如何給玄燁留下如此惡劣的形象的呢？這還得聯繫滿漢民族關係和康熙帝執政以來所經歷的驚濤駭浪。康熙帝親政以來，在滿漢民族矛盾上面臨的最嚴峻的考驗莫過於三藩之亂。它給當時年輕的玄燁在心理上造成了難以治癒的創傷，從此，對漢人的疑慮和提防在其心裏形成一片揮之不去的陰影。他對當時挑起叛亂的吳三桂及其手下有著刻骨銘心的痛恨，方光琛即是其中的一位。方光琛有方學詩、方學禮等子侄九人。三藩之亂平定後，方光琛及其子侄多數落網，受到處決，唯有方學詩逃脫。而刑部疏據《南山集》原文稱方學士不復具名。北方「士」與「詩」同音，而滿文又同為一字。引起康熙的猜疑，「是非漏網之方學詩耶？」〔註139〕康熙仇視方氏表面看由滿漢語言文字容易混淆之處而引起，似屬偶然。但我們不能不探究偶然中蘊藏的必然。正當康熙四十七年的大嵐山反清活動與朱三太子案交織在一起時，《南山集》案發生了，康熙本已敏感的政治神經再次繃緊。提到方學士，他本能地與方

〔註137〕《清聖祖實錄》卷250，康熙五十一年四月壬戌，北京：中華書局1985年版，第473頁。

〔註138〕分見《清聖祖實錄》卷237，康熙四十八年三月庚辰，北京：中華書局1985年版，第367頁。
《清聖祖實錄》卷237，康熙四十八年三月壬午，北京：中華書局1985年版，第368頁。
《清聖祖實錄》卷248，康熙五十年十月壬午，北京：中華書局1985年版，第459頁。

〔註139〕佚名：《記桐城方戴兩家書案》，原載《古學彙刊》第一輯雜記類，轉引自王樹民編校：《戴名世集》北京：中華書局1986年版，第482頁。

學詩聯繫起來：你方學詩逍遙法外三十年，而且居然散佈尊明思想，眞乃罪不容誅！

　　然而，康熙帝並不昏聵，他是封建社會一位傑出的皇帝，其判斷能力是超乎常人的，不會長時間搞不清「學士」和「學詩」。其實，早在康熙五十一年正月二十八日，康熙帝御澹寧居聽政，大學士溫遠、陳廷敬、李光地等，以摺本請旨。據起居註冊記載：「又以遵旨所查，僞大學士方拱辰，首倡輔助逆賊吳三桂作叛緣由，將方拱辰及拱辰之子等，俱在雲南城淩遲處死，方拱辰之弟方拱陽等，在伊原籍徽州府查拿處斬，方拱陽等之妻及子孫，俱賜與功臣家爲奴，方拱辰之近族子弟並妻，俱遣發寧古塔，繕摺呈覽，並以原疏覆請」〔註140〕。

　　李光地等遵旨查奏三十年前對方光琛兄弟子孫的處理，很可能就是康熙帝對把方孝標與方光琛視爲同族而有所醒悟之舉。

　　但是，即使搞清了方學士不是方學詩，他也不會去糾正。因爲首先，他是至高無上的皇帝，君主之語應該是金口玉言，怎好隨意改口？其次，更大的可能性是康熙帝將錯就錯。眾所週知，康熙帝上承父祖基業，勵精圖治，開啓了又一個盛世。他努力營造寬鬆的政治局面。但應該看到，文字獄歷來是專制皇帝鎮懾士大夫的重要手段。而滿族以少數統治絕大多數漢族人，所以尤其借助它來鉗制士人思想。在康熙帝看來，《南山集》案中，戴名世的「大逆」言論又導源於方孝標，如果再聯繫順治丁酉科場案中的方猶、方章鉞、方拱乾等等，方氏眞可謂江南強宗，其人好作亂了。因此，就此機會徹底打擊一下方氏家族，削弱其家族勢力，同時震懾江南望族和士人。但康熙五十一年四月初十日的諭旨畢竟還有康熙帝一句「此事所關甚大，本交內閣收貯，另行啓奏」〔註141〕，說明玄燁對此案處理還是謹愼的。因爲畢竟是與漢族望族與士人的相處這樣重大的問題。經過很長時間的考慮，康熙帝終於做出了判決。此案牽瓜扯藤，裏挾了大批名士和普通人，但尤以方氏家族罹禍最爲深重。

　　康熙五十二年二月，大學士等以刑部等衙門審擬戴名世私造《南山集》

〔註140〕中國第一歷史檔案館編：《康熙起居注》，轉引自（法）戴廷傑：《戴名世年譜》卷12，北京：中華書局2004年版，第879～880頁。

〔註141〕《清聖祖實錄》卷250，康熙五十一年四月壬戌，北京：中華書局1985年版，第473頁。

照大逆例凌遲一案請旨。康熙帝做出最終決定：「已死之方孝標剉其屍」〔註142〕，「戴名世從寬免凌遲，著即處斬。方登嶧、方雲旅、方世樵，俱從寬免死，並伊妻子，充發黑龍江。此案內干連人犯，俱從寬免治罪，著入旗。」〔註143〕

此案本由戴氏而起，結果方家受害更深。這是與康熙帝的意圖相吻合的。通觀康熙帝的每次諭旨，對主犯戴名世幾乎不做評論，而是大談特談方氏族人「俱係惡亂之輩」。康熙帝對孝標開棺剉屍的懲處可謂殘忍。因爲在他看來，「當年參與吳三桂叛亂的方孝標，其所著《滇黔紀聞》竟然在《南山集》中借屍還魂。玄燁不能不聯想到30年前的三藩之亂，不能不擔憂《南山集》又成爲異日反清的亂階」〔註144〕。他就是要在從思想根源上消除不利於清朝的任何言論。令人心酸的是，方玄成因避玄燁的名諱而改以字行，可萬萬想不到那些南明的年號也是需要避開的。但是，康熙帝畢竟沒有殺掉方登嶧、方式濟等人，這比刑部的定刑要寬大得多了。

第三節 《南山集》案對方氏的打擊與方氏家族的再度沉淪

一、對方氏的沉重打擊

刑部把此案定爲謀大逆，康熙帝出於維護滿洲貴族的利益和保持清朝統治的長久，對這一定性沒有改變。然而懲於四輔臣在處理莊廷鑨《明史》案中株連過多，而且鑒於滿漢民族矛盾較之清初已經大大緩和，康熙帝對《南山集》一案特示寬大處理。雖無人被處死，但方氏族人受牽連者甚多。

歷代統治者對強宗大族實行強制遷徙或流放，就是要斬斷其與地方社會的聯繫，削弱其影響。清廷也不例外。以清廷對方氏家族的第一次遣戍而言，此舉的確令其實力大減。幸運的是，方氏家族骨幹成員第一次被流放到寧古

〔註142〕中國第一歷史檔案館：《戴名世〈南山集〉案史料》，《歷史檔案》2001年第2期，第24頁。

〔註143〕《清聖祖實錄》卷253，康熙五十二年二月乙卯，北京：中華書局1985年版，第506頁。

〔註144〕姚念慈：《再評「自古得天下之正莫如我朝」──〈面諭〉、歷代帝王廟與玄燁的道學心訣》，《清史論叢》2009年號，北京：中國廣播出版社2008年版，第155頁。

塔僅歷時三年，便因清廷的「新政懸天澤」〔註145〕，得以任修阜成門樓而出現返回內地的希望。靠著族人眾多，並有較強的凝聚力，方氏終於返回江南。而一同被流放的才子吳兆騫，靠朋友幫助，歷經二十三年才得重返故鄉。由此可見，家族在戰勝厄運、走出低谷上起到多大的作用！

康熙帝或許是看到方氏家族有如此頑強的生命力，而且《南山集》案中方孝標、方苞、方正玉，這些名字刺激著他的神經，於是反覆強調，「方氏族人若仍留在本處，則爲亂階矣。將伊等或入八旗，或即正法，始爲允當。」〔註146〕留在本處，當然指中原或江南等內地。這裏有方氏眾多的師友親戚，門生故吏。如果方氏對其加以串通煽動，則將成爲禍害的源頭。雖然考慮到緩和滿漢矛盾，沒有把刑部定罪的方氏族人處死，但流放還是必須的。而且要盡可能擴大打擊面，並將方氏族人流放到比寧古塔更偏遠的地方。

這樣，正犯方孝標被開棺剉骸，孝標子、媳中健在的方雲旅、方登嶧，媳何、巫、任諸氏，赦免爲奴。當時，雲旅六十九歲，登嶧五十五歲，登嶧妻任氏五十九歲，方景興妻何氏七十歲，方溥妻巫氏六十二歲。〔註147〕孝標的孫輩、曾孫輩人數更多，下面參考法國學者戴廷傑先生《戴名世年譜》和《桐城桂林方氏家譜》等史料，對其做一簡要敘述。

孝標孫子方世經、方世濤、方世履、方世洲、方世清、方世莊、方世康、方世熙、方世櫄、方世熹、方式濟，宥免處斬。孫媳劉氏、朱氏、吳氏、胡氏、孫氏、葉氏、巫二氏，赦免爲奴。〔註148〕

正犯曾孫方求義年僅十八歲，入正白旗漢軍吉福佐領下。正犯從子方嵩齡、守益、雲華、嘉會、雲駿、雲倬、嵩年、雲良、周敏、雲顧，宥免處斬，侄媳何氏、楊氏、左氏、汪氏、姚氏、徐氏、王二氏、程二氏、吳二氏、張三氏，宥免爲奴。〔註149〕

正犯從孫方世翰、方世頤、方世宏、方世壯、方世弘、方貞觀、方世舉、方世譽，孫媳吳氏、葉氏、姚二氏，當隸旗籍。〔註150〕

〔註145〕（清）方拱乾撰，李興盛整理：《方拱乾詩集》，《十月十八日得召還信》之五，哈爾濱：黑龍江教育出版社1992年版，第304頁。

〔註146〕《清聖祖實錄》卷250，康熙五十一年四月壬戌，北京：中華書局1985年版，第473頁。

〔註147〕參見（法）戴廷傑：《戴名世年譜》，北京：中華書局2004年版，第929頁。

〔註148〕參見（法）戴廷傑：《戴名世年譜》，北京：中華書局2004年版，第930頁。

〔註149〕參見（法）戴廷傑：《戴名世年譜》，北京：中華書局2004年版，第932頁。

〔註150〕參見（法）戴廷傑：《戴名世年譜》，北京：中華書局2004年版，第934頁。

正犯從侄孫方蕾、方辛元，方苣、方廷獻，孫媳白氏、王氏，當隸旗籍。
〔註151〕正犯從侄曾孫方元禮、元六，曾孫媳姚氏，當隸旗籍。〔註152〕

正犯再從侄方超宗，亢宗，當隸旗籍。正犯族人方獬、方朝初、方元祐，當隸旗籍。從犯方苞，宥免絞縊，子道章、妻徐氏，赦免爲奴，皆當隸旗籍。
〔註153〕

從犯方正玉、子耿直、妻姚氏，宥免投荒，皆當隸旗均入正黃旗，爲開散漢軍。〔註154〕

如此眾多的族人被編入旗，一方面說明其族支繁茂，族人眾多，另一方面也可看出此案株連之廣。如上所述，遭遣戍時，雲旅六十九歲，登嶧五十五歲，登嶧妻任氏五十九歲，方景興妻何氏七十歲，方溥妻巫氏六十二歲。如此老弱之人，平日養尊處優，久居江南或都城，一旦被強制遷徙到寒冷的荒徼之地，其挑戰可謂嚴峻，清廷之法網可謂嚴酷。

即使如此，仍有方氏族人通過某些途徑逃避了法網。因事涉規避法律，因此，很難說出這些人的確切數字和名字。但這種情況的確存在。證據如下。第一，方觀承在爲其父方式濟所寫的傳中說：「比先君知事無救，乃多方以脫族人於難，吏胥之橫者，得先君一言，即解，曰：『進士公，又爲其族人憂矣』」〔註155〕。第二，方苞在爲其從弟方式濟所撰的墓誌銘中同樣說到了這種情況。他說：「而以《南山集》牽連，宗禍作，都水下獄。叔母在江南，弟經畫注措，皆中機會。獄辭上，邀寬法外流，自知不免，則多方以脫族人。始部檄至三司會鞫，天屬中有齮齕都水以求自脫者，並螫亡弟之孥。余目擊駭痛，堂下隸卒皆心非而竊詈之」〔註156〕。按照方苞的說法，在這場突如其來的災難面前，親屬中又起內訌。人品好者如方式濟，設法使族人擺脫災難，人品差者則陷害方登嶧以求自脫。

然而，漏網之魚、覆巢完卵畢竟是少數，孝標族人絕大多數都成爲文

〔註151〕參見（法）戴廷傑：《戴名世年譜》，北京：中華書局2004年版，第936頁。

〔註152〕參見（法）戴廷傑：《戴名世年譜》，北京：中華書局2004年版，第937頁。

〔註153〕參見（法）戴廷傑：《戴名世年譜》，北京：中華書局2004年版，第938頁。

〔註154〕參見（法）戴廷傑：《戴名世年譜》，北京：中華書局2004年版，第939頁。

〔註155〕（清）方傳理：《桐城桂林方氏家譜》卷52。參見：（法）戴廷傑：《戴名世年譜》卷12，北京：中華書局2004年版，第882頁。

〔註156〕（清）方苞撰，劉繼高校點：《方苞集》，《望溪集外文》卷7，《弟屋源墓誌銘》，上海：上海古籍出版社1983年版，第741頁。

字獄的受害者。聯繫到方氏家族罹禍順治丁酉科場案，則更可見其遭遇之悲慘和清廷之陰險。正如嚴迪昌先生所說：「從方拱乾到方貞觀、方苞，前後爲四代，方貞觀、方世舉是方章鉞之孫，方苞則是方象乾的曾孫，而方登嶧乃方大欽之子方仲嘉之孫。這種株連打擊已不僅是「五服」之內，而名副其實地是禍及九族」。〔註157〕順治丁酉江南科場案定罪之初，吳兆騫的父母兄弟也應一同發遣。他們藉口吳兆騫從小出嗣給別支。也許順治帝覺得不能把事情做絕，才沒有累及吳兆騫的父母兄弟。而方登嶧就不那麼幸運了。因爲康熙帝認定「方氏族人」罪大惡極，必欲嚴懲之而後快。而且儘管方登嶧真的出嗣長房，但因長房已成衰支，而六房則方興未艾，因此更有打擊的價值。

平定三藩之亂不久，玄燁曾一度表示過對流人生存艱難的憐憫。康熙二十一年五月壬子，康熙帝諭大學士等曰：

> 流徙寧古塔、烏喇人犯，朕向來未悉其苦，今謁陵至彼，目擊方知，此輩既無房屋棲身，又無資力耕種，復重困於差徭，況南人脆弱，來此苦寒之地，風氣凜冽，必至顛踣溝壑，遠離鄉土，音信不通，殊爲可憫。雖若輩罪由自作，然發遼陽諸處安置，亦足蔽其身矣。〔註158〕

然而彼時值平定三藩之亂不久，目睹南人流放之慘狀，動了惻隱之心。而且亦有在政治上籠絡漢人，收買人心之目的。然而，時過境遷，至康熙朝晚期，康熙帝在複雜的政治形勢下，發現了不利於清朝的言行，必然嚴懲不貸。因此，對於《南山集》的處理，仍是把方、戴兩家及有關人犯遣戍荒徼。

二、判決後方氏族人的心態

這樣，康熙五十二年九月，方孝標子孫雲旅、登嶧、世莊、世康、世樵、式濟，面臨著被流放邊徼的命運。時人有詩云：「狂客多生舌莫捫。十口相將關塞路」〔註159〕。春去秋來，方登嶧在充滿涼意的牢房中，感懷身世，吟道：「身隨日去何須惜？心苦秋多不用悲。玉露幾曾驚葉落？銀河一樣近人垂。

〔註157〕嚴迪昌：《清詩史》（上），杭州：浙江古籍出版社2002年版，第187頁。
〔註158〕《清聖祖實錄》卷102，康熙二十一年五月壬子，北京：中華書局1985年版，第28頁。
〔註159〕（清）許志進：《謹齋詩稿・癸巳年稿下》，清康熙刻本。

涼雲空闊憑呼雁，爾是南征入塞時。」〔註160〕詩意淒苦，令人心酸。卻見心胸曠達，不失溫柔敦厚之旨。而其從侄方貞觀則對方氏的冤情忿忿不平。方貞觀（1679～1747），原名世泰，雲存子。字貞觀，一字履安，後以字行，別號南堂，一號洞佛子。生於康熙十八年仲冬初三日，弱冠補諸生，屢落秋試，絕意進取，以詩歌知名，與族祖文、世舉並稱爲桐城三詩家。著有《南堂詩鈔》六卷〔註161〕。「貞觀善行楷，世以比汪士鋐、王澍，名滿淮揚間」〔註162〕。他曾向雍乾重臣孫嘉淦傳授詩法，因而名氣很大。因戴名世《南山集》案牽連，貞觀於康熙五十二年三月入旗籍，不久隨同族人北徙。當時大難臨頭的情景，在他的筆下有詳細的記載。《方貞觀詩集》卷三前小引曰：

> 癸巳之歲，建亥之月，奉詔隸歸旗籍。官碟夕至，行人朝發，倉卒北向，吏役驅逐，轉徙流離，別入版籍。瞻望鄉國，莫知所處，先隴棄遺，親知永隔，行動羈束，存沒異鄉。嗚呼哀哉，豈復有言。而景物關會，時序往復，每不能自己，始乎去國，迄於京華，其嗚咽不成聲者去之，存若干首，命曰《卷葹集》。庾信所謂其心實傷者也。後之君子尚其讀而悲之。康熙五十八年四月望，貞觀記。〔註163〕

方氏族禍冤情，使其衷臆鬱怒，發之於詩。其《登舟感懷》詩云：

……

> 未聞十年不出戶，咄嗟腐蠹成修蛇。
> 吾宗秉道十七世，雕蟲奚足矜搜爬。
> 豈知道旁自得罪，城門殃火來無涯。
> 破巢自昔少完卵，焚林豈辨根與芽。
> 舉族驅作北飛鳥，棄捐隴墓如浮苴。
> 日暮登舟別親故，長風颯颯吹蘆花。
> 語音漸異故鄉遠，回頭止見江天霞。
> 嗚呼賦命合漂泊，碧砒變化成虛楂。
> 殺身只在南山豆，伏機頃刻鉏坑瓜。

〔註160〕（清）方登嶧：《述本堂詩集·垢硯吟》，《立秋》，四庫全書存目叢書補編第30冊，濟南：齊魯書社2001年版，第299頁。

〔註161〕（清）方傳理：《桐城桂林方氏家譜》卷18，卷52。

〔註162〕金天翮：《皖志列傳稿》卷2，臺北：成文出版社有限公司1974年版。

〔註163〕（清）方貞觀：《南堂詩鈔》，乾隆三年刻本。轉引周作人：《知堂書話》，長沙：嶽麓書社1986年版，第778～779頁。

古今禍福非意料，文網何須說永嘉。

君不見，烏衣巷裏屠沽宅，原是當時王謝家。〔註164〕

詩寫得宛轉沉痛，怨望畢現。貞觀謂自始遷祖方德益至今，桂林方氏已歷十七世，詩書繼世，安分守己，卻忽罹禍患。他公開使用「文網」二字不算，而且漢代楊惲的「種豆」慘禍，甚至秦始皇的坑儒暴行，統統被他拿來。在正在歷經文字獄的恐怖氣氛下，方貞觀可謂出言大膽。他的《望見京城》詩也有類似的詩句，詩云：

潞河西面繞祥煙，遙指郇稜是日邊。

獨有覆盆盆下客，無緣舉目見青天。〔註165〕

詩中為其家族公開鳴冤之意甚為明顯。他與桐城被遣方氏族人北上的行程與其心態的變化，在其詩歌中歷歷可見。離別家鄉時，他寫到：「率土盡王臣，去為畿甸民。衰門自多故，懷璧究何人？雨雪悲前路，松杉託四鄰。傷心拜先隴，不及薦春新。」（《別故山》）〔註166〕。讀之令人想起其曾祖方拱乾「率土寧非地，王臣豈有冤」〔註167〕的詩句。而其「聚散無常皆運數，飄零有地即君恩」（《別馬相如》），又與拱乾筆下之「益感君恩厚，投荒亦有涯」何其相似。話雖如此，一旦離開世代相守的故鄉，告別族人，還是愁腸百結：其《出樅陽》詩云：「回首故山盡，前途直北長。萍蓬自茲去，鄉國永相望。短草寒煙白，孤村落日黃。生逢擊壤世，不得守耕桑。」在鄉土中國的基層社會，統治權大抵掌握在與政府既密切合作又有一定矛盾的家族、宗族和鄉族手中。既出身桐城望族又處於縉紳階層，在當地有勢力、有名望，一旦離開鄉國，其想作普通百姓而「守耕桑」的願望也落空了。

懷著萬分無奈和依依不捨的心情，詩人清晨坐船從荻港（今安徽省蕪湖市與銅陵市之間）出發：「殘星曉不沒，雞聲亂將曙。坐起推蓬窗，已非泊船處。」（《曉發荻港》）在牛渚（今安徽馬鞍山市採石鎮），他滿腔悲憤地質問：

〔註164〕（清）方貞觀：《南堂詩鈔》，轉引周作人：《知堂書話》，長沙：嶽麓書社1986年版，第779～780頁。

〔註165〕（清）方貞觀：《南堂詩鈔》，轉引自嚴迪昌：《清詩史》，杭州：浙江古籍出版社2002年版，第187頁。

〔註166〕以下所引方貞觀詩歌綜見《四庫禁燬書叢刊補編》第83冊（乾隆三年汪廷璋刻本），方于谷《桐城方氏詩輯》卷六十四。並參見宋豪飛：《明清桐城桂林方氏家族及其詩歌研究》，合肥：黃山書社2012年版，第337～341頁。

〔註167〕以下所引方拱乾詩歌見《方拱乾詩集》。

「生男願有室，生女願有家。緬彼堯舜心，豈曰此念奢？我亦禾蒸黎，何至成浮槎。」進而發出「我生不如麇，徒羨南飛鴉。四眺眇弗及，清淚紛如麻」的慨歎」。（《泊牛渚》）他或許明白，強制方氏豪族遷出其故土，是康熙帝消除其成為「亂階」的一著棋。那麼自己和族人所承受的痛苦就在所難免了。因而只能空歎「無情江水日潺潺，有限年光去不還。」（《過金陵寄馬相如》）。然而「鄉園猶未遠，那得便忘情」（《泊眞州》）。尤其是「碌碌本非淮海士，那堪寒食在天涯」（《寒食》）。在極為重視敬宗收族的桐城方氏家族，寒食應該是祭奠祖先的日子啊！這樣乘船行進在大運河上，隨著北上的推進，當船隻要離開江南地界，他對故鄉的依戀和對前路的絕望之情達到巔峰狀態：「河豚風起晚潮平，故國川原盡此程。不道首邱成妄想，未知何日了餘生。萍蓬自合無根蒂，樵牧翻慚有姓名。日暮憑高重回首，百年魂魄未忘情。（《出江南境》）。一路舟車勞頓，最終抵達京師，詩人的心情有些釋然：「莫漫相逢嗟旅食，自今我屬版圖民」（《抵都僦居義興坊題壁》）。初至京師，詩人向家人報「平安」：「封罷重開開復收，千行將得一分愁」（《寄家書》）然而時間久了，則「難余無遠志，客慣減鄉思」（《春盡》）；「五載辭家尺素稀」（《宿畏吾村》）；「一句吟成月已闌，七回令節在長安」（《中秋感懷》）。否極泰來，他終有回家的一天：「行衣乍脫喜還悲，仍似桑乾入夢時。親老幸邀天與健，家傾翻痛婦能持。山田白露登新穀，籬落黃花發故枝。歡捧一尊為母壽，阿奴不道有歸期。」（《抵家》）詩句後自注：「玩詩集，非赦歸抵家，是許抵家省親，仍隸旗籍也。喜處正是悲處。」雖僅僅是允許探親，仍令其感激：「聖主恩波抵海寬，寧親暫許出桑乾」。從這兩首詩可推測方貞觀等「隸歸旗籍」流放之地，或許在今北京西北桑乾河一帶。

然而，似方貞觀這般不平而鳴，放膽作詩，畢竟屬於極少數，其特立獨行之為人於此可見一斑。也正因此，其《南堂詩鈔》在乾隆朝終遭禁燬。該詩集先後三次分別由淮安程氏、儀徵汪氏和方觀承刻印，今《四庫禁燬書叢刊補編》有《方貞觀詩集》六卷。鄧之誠先生摘錄其詩集數句並分析說，其《擬古邊詞》云：「中華多少未耕土，偏愛邊荒一片沙」；又云：「可愛猜疑漢天子，尋常甥舅作仇讎」，為征準噶爾而作也，已傷訐直。《重有感》云「聖世窮兵武亦羞」，又云「漫道弓藏緣鳥盡」，則為年羹堯鳴不平。「遭禁或由於此歟？」〔註168〕

〔註168〕鄧之誠：《清詩紀事初編》，上海：上海古籍出版社1984年版，第572頁。

此案中編修劉岩亦被流放充發。其詩集《大山詩集》中有《哭家西谷侍御》詩云，「我罹文字禍，不敢歌大招」〔註169〕，亦是對文化專制的大膽控訴。

相對於劉岩和方貞觀的憤懣和抗議，方氏族人中遭受冤屈最重的方孝標後人方登嶧、方式濟等人心中雖不免悲苦，但詩心緊裹，絕少怨望。方登嶧生於順治十六年，清朝統治已基本穩定，登嶧以貢生授內閣中書，後官至工部都水司主事，對清朝的忠誠度要高於其父祖輩。登嶧長子方式濟，作爲康熙四十八年進士，已經任內閣中書。更不具有反清思想。

方登嶧、方式濟父子作詩，繼承了其家學傳統，詩作寫實性強，從中可見其家族遣戍卜魁（今齊齊哈爾市）的的心態、沿途與戍地的風景和生活。茲先從方式濟之詩說起。康熙五十三年春天某日，方式濟一行將離京上路，他對同年賦詩云：「不死去京國，流離見主恩」〔註170〕，沒有怨望，倒是充滿感恩之情。或許是有司定刑重，而皇帝法外施恩所致？親友送別的場景令人鼻酸：「征馬慘不嘶，親戚擁道周。貽贈問所欲，下馬斯須留。邊庭六千里，去與豺狼儔。強說歸有期，慰我永別愁。……敢不重賤軀，父母雙白頭？」〔註171〕。可見，大家心裏都明白，此地一別，可能就是此生永訣了。而且方式濟還有年邁的父母要照料，心情格外沉重。正所謂：「黯然銷魂者，惟別而已。」

這樣，一行人出京東去，經玉田、盧龍等地，出山海關，歷錦州、廣寧，至塔山。在有天下第一關的山海關，目睹其依山靠海的地勢，雄偉的氣魄和豐厚的歷史，方式濟寫道：「長城半山海，關勢良不苟。撻時本奇功，延袤萬里走。雲根插洪濤，能與坤軸久。秦皇大眼界，戶庭視九有。川岳等卷勺，淩跨任指剖。等閒樹藩籬，馬走衛馳躁。中外自此劃，天役鬼神手。鴻蒙至其時，運會一樞紐。乃今四海一，焉用熊羆守？關前車轔轔，出入辰及酉。城頭照碧磷，埋血千載後。戰守總茫然，驪山骨已朽。」〔註172〕

〔註169〕黃裳著：《筆禍史談叢》，北京：北京出版社2004年版，第76頁。

〔註170〕（清）方式濟：《述本堂詩集·出關詩》，《留別諸同年》，四庫全書存目叢書補編第30冊，濟南：齊魯書社2001年版，第370頁。

〔註171〕（清）方式濟：《述本堂詩集·出關詩》，《日出城東隅》，四庫全書存目叢書補編第30冊，濟南：齊魯書社2001年版，第370頁。

〔註172〕（清）方式濟：《述本堂詩集·出關詩》，《山海關》，四庫全書存目叢書補編第30冊，濟南：齊魯書社2001年版，第371頁。

方式濟體悟到秦皇當時修築長城對保衛農耕文明的歷史功績，又能看到統一多民族國家建立和鞏固後長城已失去了昔日的軍事作用，對山海關一帶的滄桑歷史寄予了深深的感慨。

參照乃父方登嶧寫於此時的《長城行》，更有玩味之處。其詩云：

天下一家久，長城亦何有。

何事城邊白髮翁，鑠鑠戈鋌猶在口。

祖龍築怨空流血，轉使兒孫守不得。

茫茫宇宙二千年，有此翻令成逼側。

山海關前山海半，城立山頭海接岸。

傳聞萬里自西戎，古來征戍何曾徧。

秦關漢月兩無憑，西風吹落行雲斷。

飛鴻不覺往來難，銜蘆歲歲行如線。

渺漠青煙天一概，山腰高下城橫帶。

車音轆轆馬蕭蕭，一程初遠長城外。〔註173〕

方登嶧感慨秦皇之後，尤其是宋明以來的漢族政權不能抵禦游牧民族的侵擾。對秦始皇修築長城似有諷刺意味。

不久，一行人來到塔山。這裏曾發生過決定明清興亡的松錦之戰。方式濟寫道：「秦關蜀閣天下雄，巴氏笳鼓漁陽烽。天險猶然不可恃，況茲曠壤風摧蓬」〔註174〕。他體悟最深的是地利不如人和，而遠無其曾祖方拱乾在此地抒發的「一戰傾明祚，千秋輸漢關」的沉痛之情。到盛京時已是「旅病春欲殘」〔註175〕。又跋涉了二百三十五里，來到威遠堡。方式濟稱此地「無險亦名關」〔註176〕，因為從盛京至卜魁要經過兩道柳條邊門，第一道就是威遠堡，第二道為法塔哈門。威遠堡前行二十里，抵達鎮北堡，《鎮北堡道中》一詩，題下有注：「故北關也，出威遠堡二十里。」〔註177〕

〔註173〕（清）方登嶧：《述本堂詩集・葆素齋今樂府》，《長城行》，四庫全書存目叢書補編第 30 冊，濟南：齊魯書社 2001 年版，第 328 頁。

〔註174〕（清）方式濟：《述本堂詩集・出關詩》，《塔山》，四庫全書存目叢書補編第 30 冊，濟南：齊魯書社 2001 年版，第 372 頁。

〔註175〕（清）方式濟：《述本堂詩集・出關詩》，《皇寺》，四庫全書存目叢書補編第 30 冊，濟南：齊魯書社 2001 年版，第 373 頁。

〔註176〕（清）方式濟：《述本堂詩集・出關詩》，《威遠堡關》，四庫全書存目叢書補編第 30 冊，濟南：齊魯書社 2001 年版，第 372 頁。

〔註177〕（清）方式濟：《述本堂詩集・出關詩》，《鎮北堡道中》，四庫全書存目叢書補編第 30 冊，濟南：齊魯書社 2001 年版，第 374 頁。

　　一行人經過鎮北堡等十三站，至稽林（按：今吉林市）。五月四日，一行人渡松花江，方式濟作詩云：「高瀉白山雪，橫連黑水波。近松午風落，倚岸夏雲多。競渡來朝事，臨淵愴汨羅。」〔註178〕因爲正值端午節的前一天，想到家族的不幸，不免以屈原之悲劇暗指其冤情，然而卻無其曾祖方拱乾五十五年前渡年馬河時所抒發的憤懣之情。渡江後又行一百八十里，來到法塔哈門（按：法塔哈門是柳條邊最北部的一個邊門，位於今吉林舒蘭縣西北法特鄉。）式濟賦詩云：「此身已在重邊外，不怕陽關第四聲！」〔註179〕。越來越接近遣戍地，他反而越發曠達。再走六百一十里，抵達白都納（今吉林松原市）。又五百三十里，抵卜魁城〔註180〕。此處位於東北邊陲，距離京師遙遠。〔註181〕。加以清初在此實行禁邊政策，經濟文化非常落後。

　　千辛萬苦來到卜魁，遠遠望見將要度此餘生的遣戍地，方式濟百感交集，寫下《望見卜魁城》一詩，詩云：

　　　　一片沙昏數尺牆，斷埠煙景亦蒼蒼。

　　　　怪來戰馬防秋地，說是書生送老鄉。

　　　　五十三亭燕樹隔，六千餘里楚天長。

　　　　勞肩息後尋詩料，雁月笳風拾滿囊。〔註182〕

抉出「怪」字，可謂奇妙。這本該是將士駐守的邊防要地，如何成爲士人的長眠之所呢？「怪」字表面看是自己到目前還未意識到嚴酷的現實，但深層是否有無聲的抗議呢？然而，這就是詩的魅力：眞實而又耐人尋味。式濟也的確是個浪漫的詩人，鞍馬勞頓之餘就去搜尋，結果發現邊地的雁月笳風都是作詩的好材料。然而現實是嚴酷的，擺在方氏族人面前的第一道難題就是保持遭遣戍的族人不再分開。方苞說：「及抵戍所，軍吏議分戍黑龍江、墨爾根各路。其人老無籍，悝懼不知所爲。弟曰：『無相猶也。』罄裝齎，稱貸於

〔註178〕（清）方式濟：《述本堂詩集・出關詩》，《五月四日渡混同江》，四庫全書存目叢書補編第 30 冊，濟南：齊魯書社 2001 年版，第 376 頁。

〔註179〕（清）方式濟：《述本堂詩集・出關詩》，《法塔哈門》，四庫全書存目叢書補編第 30 冊，濟南：齊魯書社 2001 年版，第 377 頁。

〔註180〕以上方氏族人從京師到卜魁的行程記述，均據方式濟：《述本堂詩集・出關詩》。

〔註181〕方觀承謂「距京師共五千里之遙」，（清）方觀承：《述本堂詩集・松漠草》，《自序》，四庫全書存目叢書補編第 30 冊，濟南：齊魯書社 2001 年版，第 489 頁。更爲準確的說法是《文獻通考・與地考》所說的三千三百里。

〔註182〕（清）方式濟：《述本堂詩集・出關詩》，《望見卜魁城》，四庫全書存目叢書補編第 30 冊，濟南：齊魯書社 2001 年版，第 378 頁。

賈人以移其議，戍得無分」〔註183〕。流放邊徼，本來就勢單力孤了，如果再把年邁的父母、伯母等人分開，則更加無依無靠。幸虧式濟想出對策，發揮了中流砥柱的作用。

接下來，一家人開始構築新居。陋室落成後，方登嶧賦詩十首，其一云：

> 覆草編茅屋數楹，覊棲絕塞此經營。
> 千間誰穩綢繆計，一木如勝堂構情。
> 牆短鄰園雞犬路，風高沙磧馬牛聲。
> 蓬廬豈復分華陋？安堵飄蓬共此生。〔註184〕

方式濟和詩云：「窮荒豈復羨軒楹，抔土誅茅手自營。……誰道驚魂招未得，嘯歌隨地寄浮生」〔註185〕。看來，未成刀下魂的方式濟對人生更多了一種豁達。然而，這裏畢竟是陌生的肅殺之地。且不說耳中不再聞吳儂軟語，單就氣候差異之懸殊就足以給他造成巨大的心理衝擊。這裡中秋才過即下寒霜，式濟作詩云：

> 土床入夜氣，骨冷火不溫。
> 起視手種花，委僕牆籬根。
> 早霜纔一夕，不緩須臾恩。
> 荒邊無林柯，後凋誰與言？
> 柔條受戕伐，悼惜同蘭蓀。
> 人生歷寒燠，容易更朝昏。〔註186〕

在這苦寒之地，寒霜對花草的摧殘不禁令其感慨生命脆弱，人生無常！但是，堅定的信念使他迅速從個人得失的小天地中解脫出來。在謀生之餘，他杜門屏跡，吟詠承歡，與其父詩歌唱和，互爲師友，吟詩作賦，探討經史。他還走向這片神奇而廣闊的熱土，拜訪耆老，實地考察，結合存世文獻，撰成《龍沙紀略》一書，以萬餘字詳述黑龍江地區歷史沿革、方隅山川、時令風俗、

〔註183〕（清）方苞撰，劉繼高校點：《方苞集》，《望溪集外文》卷7，《弟屋源墓誌銘》，上海：上海古籍出版社1983年版，第741頁。

〔註184〕（清）方登嶧：《述本堂詩集·葆素齋集》，《至卜魁城葺屋落成率賦十首》，四庫全書存目叢書補編第30冊，濟南：齊魯書社2001年版，第303頁。

〔註185〕（清）方登嶧：《述本堂詩集·出關詩》，《至卜魁城葺屋落成敬和家君元韻》，四庫全書存目叢書補編第30冊，濟南：齊魯書社2001年版，第378頁。

〔註186〕（清）方式濟：《述本堂詩集·八月十七日霜》，《至卜魁城葺屋落成敬和家君元韻》，四庫全書存目叢書補編第30冊，濟南：齊魯書社2001年版，第380頁。

物產貢賦等，爲一代名志，入《四庫全書》，被譽爲「黑龍江文化之祖」。該書爲私人撰述的黑龍江地區第一部方志。清人何秋濤贊之：「事復語詳，既足訂遼金諸史之僞，並可補《盛京通志》之缺，是編，乃輿地家不可少之書。」〔註187〕「龍沙」二字，雖由來久矣。但「自方氏之後，『龍沙』即成爲今黑龍江省齊齊哈爾市的專稱。現在齊齊哈爾市仍有龍沙區、龍沙公園等，緣於《龍沙紀略》無疑，亦可謂是方式濟對當年的流放地卜魁，即今天的黑龍江省齊齊哈爾市的一大文化貢獻。」〔註188〕

此外，方式濟尙有《陸塘詩稿》、《出關詩》等詩作和《易說》未定稿六卷傳世。讓我們看到了一個不屈的士人形象。

至於乃父方登嶧，我們可以從其詩歌中明顯地勾勒出一個「失衡——平衡——失衡」的心路歷程。方登嶧是一位天才詩人，多愁敏感，觀察入微，感悟極深，鄧之誠謂其詩「詞多悲苦」〔註189〕。登嶧繫獄兩年多，創作了多首凄苦悲愴的詩歌，如《述懷》、《見雁》、《家書》、《鵲聲》等。頗具代表性的如《和七兄韻》，詩云：

> 老大纔知萬念虛，況經憂患益蓬蓬。
>
> 模糊恩怨三生眼，潦草興亡幾卷書。
>
> 壯志漸消才本拙，生涯難問計原踈。
>
> 回頭多少驚心事，一日浮生一日餘。〔註190〕

唯有經過牢獄之災，在生死未卜的關頭，方登嶧回想方氏家族素以忠孝傳家，卻頻頻遭受打擊，科場案和文字獄對這個家族的戕害太深了，以至於讓他感到所謂修齊治平都是虛無的。抵達遣戍地初期，其詩歌的基調大抵未變。從《塞上月》可見其心態：

> 塞月不照山，塞月不照水。
>
> 夜夜照黃沙，起落笳聲裏。
>
> 曾照幾人還？曾照幾人死？〔註191〕

〔註187〕何秋濤：《重刊龍沙紀略序》，柳成棟等編《東北方志序跋輯錄》，哈爾濱：哈爾濱工業大學出版社1996年版，第560頁。

〔註188〕馬麗：《清代東北流人方志文獻研究》，東北師範大學博士學位論文2013年，第62頁。

〔註189〕鄧之誠：《清詩紀事初編》卷5，上海：上海古籍出版社1984年版，第430頁。

〔註190〕（清）方登嶧：《述本堂詩集·垢硯吟》，《和七兄韻》，四庫全書存目叢書補編第30冊，濟南：齊魯書社2001年版，第297頁。

「曾照幾人還？」不正是他本人當時對命運的觀感和體悟嗎？然而，人是不能沒有希望的，觸發他產生微弱希望的是其侄方世莊攜來的方拱乾的《何陋居集》和《蘇庵集》，方登嶧感慨萬千，賦詩云：

> 五十年前罹禍日，征車行後我生時。
>
> 豈知今日投荒眼，又讀先人出塞詩。
>
> 久遠孫謀文字累，蒼茫天意始終疑。
>
> 攜來笑爾非無意，似此生還亦有期。〔註192〕

方氏族難不斷令人心酸：五十年前的江南科場案，先人遣戍寧古塔；今日之文字獄令舉家流徙卜魁。然而，祖、父，及叔父三年即重返故鄉。是的，世莊讓自己讀先人的遺詩，是否有寄託這一次方氏或許能再一次擺脫厄運的願望？儘管全詩流露的是淒苦與無奈，但還是有「生還亦有期」的默默祈禱。

秋去多來，農曆十月初五日是雲旅次子方世康二十二歲生日，雲旅先行賀詩，登嶧依韻和之：「故土不相見，異域共時歲。歡娛不相見，憂患共悲涕。……以此問天心，高閣有默契」〔註193〕。詩寫得淒慘，令人心酸。卻仍期盼天心逆轉，洗清冤抑，不失溫柔敦厚之旨。不久，他又對世康諄諄教誨：「祖德弗涼薄，吾宗豈終墜？顧諟子弟訓，振起知有寄。濟也魯而後，差不愧同氣。松柏龍眠山，花柳雞鳴寺。生還共結茅，終我團圞志」〔註194〕。看來，他對後代能生還並重振家聲還是滿有信心的。至於他本人，則是「雖處絕塞寒天，手一編，終日忘其身之在難也」〔註195〕。方登嶧詩賦勞作之餘，留心當地風土人情，撰成《卜魁雜志》。鄂爾泰之曾孫西清「聞嘗撰《卜魁雜志》一書，惜不傳」。〔註196〕不過，既然登嶧、式濟父子互爲師友，那麼，式濟的《龍沙紀略》裏一定有《卜魁雜志》的影子。方登嶧有子侄陪伴，而且，

〔註191〕 （清）方登嶧：《述本堂詩集・葆素齋集・今樂府》，《塞上月》，四庫全書存目叢書補編第 30 冊，濟南：齊魯書社 2001 年版，第 330 頁。

〔註192〕 （清）方登嶧：《述本堂詩集・垢硯集》，《姪莊攜何陋居集、蘇庵集詩讀之感賦》，四庫全書存目叢書補編第 30 冊，濟南：齊魯書社 2001 年版，第 302 頁。

〔註193〕 （清）方登嶧：《述本堂詩集・葆素齋集》，《姪康生朝七兄示以詩依韻和之》，四庫全書存目叢書補編第 30 冊，濟南：齊魯書社 2001 年版，第 310 頁。

〔註194〕 （清）方登嶧：《述本堂詩集・葆素齋集》，《示世康》，四庫全書存目叢書補編第 30 冊，濟南：齊魯書社 2001 年版，第 310～311 頁。

〔註195〕 （清）方登嶧、方式濟、方觀承：《述本堂詩集・黃叔琳序》，四庫全書存目叢書補編第 30 冊，濟南：齊魯書社 2001 年版，第 253 頁。

〔註196〕 （清）西清：《黑龍江外紀》卷 7，全國圖書館文獻縮微中心。

其長孫方觀永、次孫方觀承因年幼未被遣戍，但亦經常來戍地探視親人。其中方觀承在卜魁留居達五年之久。此外，與方登嶧往來唱和最爲頻繁的是其兄長方雲旅，也就是上文他提到的七兄。方雲旅是孝標三子，字譽子，號復齋。雲旅少年時受科場案衝擊，教育和文化水準遠遜於其父、祖。但他還是進入國子監，後爲候補州同。其詩很受方拱乾方孝標的賞識。《南山集》案使他及其二子世莊、世康來到這邊徼之地，與其弟登嶧等族人共同面對挑戰。他與登嶧互相照料，唱和不絕。

親人之外，方登嶧還有一些同病相憐、志同道合的朋友。他們大都是清朝專制統治的受害者。這些人惺惺惜惺惺，結下了深情厚誼。其中與方登嶧關係最密切的當屬滿族人訥爾樸。訥爾樸，字拙庵，滿洲旗人，襲一等男。他以曹郎供奉中正殿，因事遣戍卜魁，是卜魁最早的流人之一，在此地度過了十三年時光。他性格豪放，喜作詩，後來其詩作輯爲《劃沙集》。方登嶧爲該詩集做序，稱訥爾樸「襟懷之浩落也」。訥爾樸與方登嶧、方式濟、方觀承祖孫三代交情頗深，彼此唱和，互相砥礪。說起與訥爾樸的共同遭遇，方登嶧有詩云：「語深漸覺羈情愜，履險同悲世界艱。莫話九天身過事，蕭蕭殘夢鬢毛斑。」〔註197〕。二人曾經同朝爲官，如今又同遣極邊，可謂同病相憐。二人之外，他們還經常有「叩門更誰來，同難二三子」的場面，這些人「縱談無古今，悔吝叩易理」〔註198〕，遠離了污濁的官場，消除了滿漢的畛域，完全是心與心的交流。試看訥爾樸下面一首詩，《席竟送客過圖逸叟蔬圃觀靜涵逸叟奕，復共問亭閱案頭〈說鈴〉，日暮始歸》，詩云：

> 屐痕杖影亂斜陽，相送無心出短牆。
>
> 散步井床苔徑滑，觀棋鄰圃柳陰涼。
>
> 客傷舊事裁新句，我擬愁城築酒鄉。
>
> 回首柴門分路處，滿城雨氣正微茫〔註199〕。

詩的題目中提到的圖逸叟即圖爾泰，滿族人，姓葉赫那拉氏。據昭槤記載，「（圖爾泰）與明珠同族，初不善其所爲。嘗劾奏滿臣權重，漢之六部九卿奉行文

〔註197〕 參見（清）方登嶧：《述本堂詩集》，《葆素齋集》，《訥拙庵見過》，四庫全書存目叢書補編 30 冊，濟南：齊魯書社 2001 年版，第 315 頁。

〔註198〕 （清）方登嶧：《述本堂詩集》，《葆素齋集》，《立秋前一日過訥拙庵》，四庫全書存目叢書補編第 30 冊，濟南：齊魯書社 2001 年版，第 317 頁。

〔註199〕 （清）徐世昌編，聞石點校：《晚晴簃詩彙》，北京：中華書局 1990 年版，第 2532 頁。

書而已。滿人聲欬之下，無敢違者，殊非立政之體。以忤當日權臣，謫黑龍江。公素尚理學，於戍所自置周、程四先生祠，朝夕禮拜，人爭笑其迂，亦可以覘其行矣。」〔註200〕。可見，他是一個很有正義感的滿洲貴族。靜涵，身世不詳。問廷，是方式濟之次子方觀承的號。這些流人下棋對弈，奇文共賞，不分滿漢，其樂融融。還有訥爾樸下面這首《連雨次答方問亭》，詩云：

> 無端霪雨經旬阻，倍覺淒清到客居。
> 徑碧痕猶殘蘚在，茵紅香漸落花如。
> 蓄鮮罷剪園中韭，防濕間移枕畔書。
> 淪茗濡毫都不耐，課童屋角種新蔬。〔註201〕

經旬之霪雨，擋不住他們之間詩歌唱和，互致問候。讀書、種蔬，生活很充實。有了這樣好融洽的交際圈，這樣溫馨的親情友情，方氏家族遠在東北邊陲也可以聊以自慰了。遺憾的是，天下沒有不散的宴席，首先是好友訥拙庵返京，方登嶧戀戀不捨賦詩云：

> 慣涉離場淚禁揮，送君涕泗滿賞衣。
> 祗緣義重人難別，不怨時慳我未歸。
> 幾度風雨勞過問，八年衰病苦相依。
> 從今孤杖城邊立，望斷朝雲與夕暉。〔註202〕

年邁、孱弱，環境的艱難，使其病體難支，親朋好友和族人的悲慘遭遇更令其肝腸寸斷。試看其《病枕》一詩：

> 窮邊人值窮冬夜，病枕蕭蕭夜漏聲。
> 風動薄衾燈半滅，月明殘雪鼓三更。
> 親知有信頻頻死，弟姪無家蕩蕩生。
> 珍重尪勞餘息在，填胸情事日縱橫。〔註203〕

更悲慘的是，方登嶧的「生還亦有期」，「生還共結茅」之類美好的願望沒有實現，而且他一家三口，方雲旅、方世莊父子均命喪塞外。尤其令他悲痛欲

〔註200〕（清）昭槤：《嘯亭雜錄》卷10，北京：中華書局1980年版，第328頁。
〔註201〕（清）徐世昌編，聞石點校：《晚晴簃詩彙》，北京：中華書局1990年版，第2532頁。
〔註202〕參見（清）方登嶧：《述本堂詩集》，《如是齋集》，《訥拙庵奉召還京賦以誌別》，四庫全書存目叢書補編第30冊，濟南：齊魯書社2001年版，第340頁。
〔註203〕參見（清）方登嶧：《述本堂詩集》，《葆素齋集》，《病枕》，四庫全書存目叢書補編第30冊，濟南：齊魯書社2001年版，第318頁。

絕的是，他的子侄、兄長、妻子均在他之前離世。對他來說，第一個沉重的打擊是其愛子方式濟的英年早逝。

　　方式濟熱愛生活，勤於著述，但他及其族人畢竟遠離故土，又因稱貸於商人而更加貧困，故飢寒交迫。方式濟也終至染疾，於康熙五十六年丁酉（1717）春二月初六日卒於戍所，年僅四十二歲。其子方觀承爲其作傳，述及其父生前的困境：「僕婢死亡略盡，每日夕爲王父母躬自炙炕。塞外薪多榛棘，久蔓風雪中，兩手皸裂。王父憐而作詩，有云：『見聞急抱薪，焦吻吹冰窖。手足所未經，情迫事倉猝。』又云：『通籍不然藜，乃應長須役。學禮習冬溫，養親豈存祿？』王父喜爲詩，先君吟詠承歡，杜門屏跡，殫心經學』」〔註204〕。

　　如此盡心孝道，不廢詩書，卻不幸隕落，眞是天妒英才。方觀承寫的傳又曰：「『（方式濟）卒之日，邊人無貴賤賢愚，有一面之識者，咸致奠執紼，如親故然。盛德之感人如此，嗚呼痛哉！』」〔註205〕。桐城學者馬其昶亦云方式濟去世時，「邊人如痛親戚」，〔註206〕可見方式濟與人爲善，以其人品之高而撒手人寰，的確令人痛心。然而，厄運並未就此止步。康熙五十六年二月二十二日，方世莊亦卒於塞外，年僅三十歲。此時距方式濟去世僅僅半個月。命運似乎在考驗這個家族的忍耐極限，方雲旅於康熙五十六十二月二十四日卒於卜魁戍所。

　　一年中連喪三個親人，而次年，他又令仲孫方觀承去京城和故鄉，眞可謂情何以堪。其心境和緣由可從其《遣觀承之京師且擬歸里門》解讀而知。其詩計三首：

　　　　去非得計住猶非，且逐南天獨鳥飛。
　　　　行李半肩隨過客，飢寒五載戀重闈。
　　　　長途雨雪憐衣薄，荒壟松楸帶夢歸。
　　　　里巷故人須問訊，年來殊覺信音稀。

　　　　　　　　　　　　　　　　　　　　　　　（其一）

　　　　而兄遊迹悲萍梗，而父懸棺委塞沙。
　　　　沾灑鴒原應有血。飄零燕幕總無家。

〔註204〕 （清）方傳理：《桐城桂林方氏家譜》卷52。
〔註205〕 （清）方傳理：《桐城桂林方氏家譜》卷52。
〔註206〕 （清）馬其昶：《桐城耆舊傳》卷8，《方渥源汪樸巢二公傳第八十九》，續修四庫全書第547冊，上海：上海古籍出版社2002年版，第610頁。

羈危傲氣須終斂，薄俗人情莫浪嗟。

去去丁寧回望眼，白頭垂死在天涯。

（其二）

送爾詩成淚不收，重將絮語託離愁。

難余無復羞貧賤，客久應知審去留。

學積寸陰隨處惜，心憐遠塞幾時休。

葛衣道上憐公子，細寫人情寄白頭。

（其三）

「獨鳥」、「過客」、「雨雪」等意象，描繪出令人斷腸的意境。平實的語言飽含著心酸的淚水。愛子新喪，自己年邁體衰，亟需孫輩照料安慰。然而，家族冤屈的洗刷，後代的前途，在這邊徼之地都看不到任何希望。不得已在伯孫方觀永在外疏通關係的情況下，狠心再讓仲孫方觀承趕赴京城，並到自己的故鄉尋求宗族和鄉族的幫助。他一再叮嚀仲孫體察人情冷暖，做人低調，珍惜時間加強學習，不要惦記自己。

方觀承一去不返，而方登嶧的妻子任氏雍正五年（1727）丁未七月二十八日卒於卜魁。環境的嚴酷，愛子式濟和侄兒世莊的早逝，兄長雲旅和相濡以沫的愛妻的故去，訥爾樸的回京，伯孫、仲孫遠離身邊，浪跡天涯，一連串的變故，使這位歷盡滄桑的老人再也經受不住打擊，於雍正六年八月初二日卒於卜魁。方苞在為方式濟作的墓誌銘中寫道：「都水盡室皆死於遼海，而弟亡於父母及妻之前。故聞其喪，親昵朋好若疾疢在身，疏逖者亦愴然而不適」〔註207〕。方氏祖孫四代，兩度投荒，多人埋骨塞外，情何以堪！

式濟、登嶧等先後病逝於戍所，方氏家族跌入了發展的谷底。就在似乎山窮水盡之時，方家否極泰來，出現了新的轉機。帶來轉機的關鍵人物是式濟之子方觀承。他借著新君繼位後調整政策的契機，大展宏圖，重振家聲。而方觀承以布衣而位至封疆大吏，其崛起亦得其族叔方苞之助。故下一章首先考述方苞在《南山集》案前後的活動和心態變化。

三、方氏家族對邊疆文化的貢獻

清朝是我國統一多民族國家的發展和鞏固的最重要的歷史時期，遼闊的疆

〔註207〕（清）方苞撰，劉繼高校點：《方苞集》，《望溪集外文》卷 7，《弟屋源墓誌銘》，上海：上海古籍出版社 1983 年版，第 741 頁。

域隨之最終奠定。正如雍正帝所言：「自古中外一家，幅員極廣，未有如我朝者也。」〔註 208〕清朝不僅版圖遼闊，江山一統，而且對從「華夷之辨」發展爲「天下一家」的「大一統」有顯著的推動〔註 209〕。這既源於清帝的重大理論創新，又與滿漢各族的實踐認知密不可分。這是一個複雜的思想認同與民族磨合過程。國家疆域的奠定，加上清廷的政治訴求，使東北邊疆地區的流放文人數量大增，有力地提升了邊疆文化。桐城桂林方氏家族以其政治命運的坎坷和對邊疆文化的重要貢獻，成爲研究這一歷史過程的絕佳標本。學界對清朝東北流人及邊疆文化有了較豐富的研究〔註 210〕，但以家族爲視角的研究卻十分薄弱〔註 211〕。本書在已有研究的基礎上，以方氏族人的詩文筆記爲主要史料，緊密聯繫歷史背景，對其做了初步探討。方氏族人兩次流放東北邊疆。他們在遣戍途中和遣戍地勤於著述，不僅記錄了其生活經歷和心路歷程，而且留下了當時東北地區自然生態和社會民俗等方面的寶貴記錄。他們還與吳兆騫等流人交往唱和，對邊疆文化的提升和內地人民瞭解邊疆文化發揮了重要作用。

餘論：方孝標是否降吳及方氏罹患文字獄的必然性

關於《南山集》案中的方孝標是否曾任吳三桂政權僞職，學界的爭議較大，目前看難有令人人都信服的定論。的確，因有關孝標晚年蹤跡的存世史料極少，使得此一問題撲朔迷離，難下定論。如果發現《鈍齋二集》，或許能

〔註 208〕《清世宗實錄》卷 83，雍正七年秋七月丙午，北京：中華書局 1985 年版，第 99 頁。

〔註 209〕清代「大一統」理論主要成果有，李治亭：《清代民族「大一統」觀念的時代變革》，《社會科學輯刊》2006 年第 3 期；李治亭：《論清代邊疆問題與國家「大一統」》，《雲南師範大學學報》2011 年 1 月。劉曉東：《「華夷一家」與新「大一統」》；楊念群：《重估「大一統」歷史觀與清代政治史研究的突破》，《清史研究》2010 年第 2 期。

〔註 210〕代表性論著有，李興盛：《東北流人史》哈爾濱：黑龍江人民出版社 1990 年版；張士尊：《清代東北移民與社會變遷（1644～1911）》長春：吉林人民出版社 2003 年版；馬麗：《清代東北流人方志文獻研究》，東北師範大學博士學位論文 2013 年；李德新：《清前期東北流人研究（1644～1795）》東北師範大學博士學位論文 2014 年。

〔註 211〕代表性論著有，李興盛：《〈南山集〉文字獄案及桐城方氏向東北的遣戍》，《北方文物》1988 年第 2 期；麻守中：《清初桐城方氏兩次遣戍東北考》，《史學集刊》1984 年第 4 期；謝國楨：《清初流人開發東北史》，見謝國楨：《明末清初的學風》，北京：人民出版社 1982 年版。

為理清這樁歷史公案提供新的希望。但目前看，對於孝標的評價，只能是毀譽隨人了。但筆者仍試圖把方孝標晚年行跡放在他的整個人生軌跡裏，放在當時的人際交往的社會網絡中，密切聯繫當時的歷史背景，對此一初步的判斷：方孝標未任偽職。理由如次：

其一因為以方孝標多年的仕宦生涯及流落民間後對局勢的觀察，尤其是他親臨雲貴地區之後，他對吳三桂心蓄異志，豈能覺察不到？故而他避之唯恐不及。因此有《滇南留別》詩。

其二，孝標在詩文中對時弊的揭露，那只是一個正直的知識分子的良心流露和其紀實文風的體現。不能據此斷定作者本人就具有反清傾向。

其三，孝標的子姪仍堅定不移地走科舉入仕之路。儘管接受了順治丁酉科場案的打擊，方氏族人也曾牢騷滿腹，但並未放棄舉業。其實這也是人之常情。

其四，孝標與門生故舊，乃至於和藩府大吏的交往，固然有敘舊的成分，但更多的則是為償還鉅額債務而募捐。

至於此案殃及孝標家族，那是由康熙末年的政治形勢和康熙帝對其做出的判斷決定的。南明史與年號問題事關朝代正朔，始終是敏感話題，不時刺激著清廷的政治神經。鼎革之際顧炎武等遺民不奉清朝正朔而以甲子紀年，清廷隱忍不發；康熙初，四輔臣終於興起莊廷鑨《明史》案；康熙十八年為修《明史》，康熙帝敕史館，允許把南明四王「福、唐、魯、桂四王附懷宗紀年」。官方的表態，似乎帶來了寬鬆的學術空氣。然而，康熙朝晚期，清朝不斷積累的諸種矛盾開始顯現，並交織在一起，同時隨著康熙帝年事日高，促使玄燁「對社會動向及意識輿論的控制日趨嚴密，手段也日益酷烈」〔註212〕。於是，《南山集》案的發生遂不可避免。戴名世以及方孝標兩個家族所面臨的悲慘命運就不難理解了。

關於方氏之罹禍，孝標曾孫方觀承曾說是戴名世陷害方登嶧而致。他在為其祖所寫的傳中說：「王父出嗣長房，為疏屬，株連之所不應及，乃首禍者思入王父以自脫，強質為學士本支，竟坐謫戍卜魁城。嗚呼！恒情以誣陷枉撓罹禍，鮮不色恚詞激，大父安義命，居絕塞十餘年」〔註213〕。如上所述，

〔註212〕姚念慈：《再評「自古得天下之正莫如我朝」——〈面諭〉、歷代帝王廟與玄燁的道學心訣》，《清史論叢》2009年號，北京：中國廣播出版社2008年版，第183頁。
〔註213〕（清）方傳理：《桐城桂林方氏家譜》卷52。

戴氏所說供詞的確有構陷自脫之嫌。拋開這一點不說，要知道方觀承為乾隆朝名臣，深諳清廷的心理，為避其所惡，極力為其先祖擺脫干係。其實也是不得已而為之，畢竟他還是要在官場做事。倒未必是「無其祖之恕心，胸中多存蒂芥」〔註214〕。

　　當然，戴名世未必把方登嶧「強質為學士本支」。因為戴氏的供詞只是定案的一個方面。清廷其實是另有心機。由於康熙帝認定方氏族大枝繁，家族勢力太大，而且幾個影響清朝政治的事件都有方氏的參加，所以得出了方氏族人罪大惡極的結論。因此，對其加以打擊逐勢所難免。方登嶧、方式濟等人命喪龍沙邊徼，固屬悲慘。然而，這畢竟比死在刑場上幸運。方氏族人對康熙帝還是心存感激的。尤其是對方苞的處理，更顯示出了康熙帝對士人震懾與籠絡兩手結合的政治手腕和帝王術的高超。此點將在下一章詳細探討。

附：被編入旗的部分方氏族人簡介

方求義：世履長子，嘉貞之孫。字質夫，號綺亭，又號樂巢。生於康熙三十五年八月十五日。雍正元年，以附生與修實錄。九年，選拔貢，明年得江西龍安縣，為官江西龍南，在任十年，後調江右之上猶。卒於乾隆三十五年仲冬二十五日，享年七十五歲。有《話桑麻圖》、《樂巢寄興篇》。

　　　　姚何氏，卒於乾隆四十九年，享年八十二歲。

方嵩齡：（1644～1717）亨咸長子。原名雲曇，字西華，號瞿仙，又號少室。生於順治元年五月十四日，由太學生仲順天丙午科副榜，候選鹽運司運副，卒於康熙五十六年十二月初二日，享年七十四歲。

方雲倬：（1663～1723）膏茂幼子。字秋雯。生於康熙二年二月十一日，國子監典簿，卒於雍正元年十月十五日，享年六十一歲。

　　　　姚麻溪姚氏、知州文熊之女，生於康熙元年壬寅，生子？：世兆；卒於康熙六十年，享年六十歲。

方嵩年：（1649～1726）章鉞長子。字東萊，號繼溪。生於順治六年正月十三日，以府學歲貢生得定遠教諭，授修職郎，卒於雍正四年十月二十日，享年七十八歲。

〔註214〕　（法）戴廷傑：《戴名世年譜》卷12，北京：中華書局2004年版，第882頁。

　　　　姚程氏、太常寺卿芳朝之女、內閣中書松皋之姊，生於順治九年壬辰，生子？：世弘、世宣、世觀，生女四，一適解元劉輝祖之女，幼適程松皋之子；卒於雍正四年，享年七十五歲。）

方雲良：（1652～？）章鋮次子。字又房。生於順治九年三月十八日，太學生，卒於康熙五十六年二月初十日，享年六十六歲。

　　　　姚張氏、孝廉秉哲之女，生於順治八年辛卯，生二子：世俊、世伸；卒於雍正七年，享年七十九歲。）

方雲泌：章鋮三子。

　　　　姚程氏，生於順治十一年甲午，生三子：世舉、世譽、世復。

方雲存：章鋮幼子。姚王氏，生於康熙十年辛亥。

方雲既：奕箴長子。

　　　　姚徐氏，生於康熙二年癸卯，生子？：棠、世檀、世兗。

方周敏：（1670～？）奕箴次子。原名雲賁，字原洛，號餘齋。生於康熙九年六月二十七日，縣學歲貢生，候選訓導，卒於乾隆九年七月初八日，享年七十五歲。

　　　　姚吳氏、生員宏密之女，生於康熙九年庚戌，生子？：世昂、世奎；卒於雍正十三年，享年六十六歲。

方雲顧：（1690～？）奕箴幼子。

　　　　姚王氏、安義令才鼎季女，生於康熙二十九年庚午。）

方超宗：怡長子。字震西，號東溪。生於順治十一年四月二十八日，縣學生，卒於雍正二年十月二十日，享年七十一歲。

　　　　姚朱幼松之女，卒於雍正五年，享年七十一歲。

方亢宗：怡次子。字夢吉，號耐齋。生於順治十四年正月二十四日，卒於康熙五十四年，享年五十九歲。

　　　　姚吳克猷之女，失考。

　　　　繼姚潘氏，卒於雍正四年，享年六十四歲。

方日岱：將長子。初任沙縣，改泰寧。

方日昆：將三子。

　　　　繼姚興化李氏，生子二：枝春、夢彩，女一適庠生葉球；卒於雍正辛亥十二月二十四日；享年五十八歲

方日岳：將四子，昆雙胞兄弟。卒於沙縣。

方世熙：（1685～1745）孝標孫，溥長子。字敬止，號穆齋。生於康熙二十四
年五月十八日，歲貢生，雖工制義，屢困京兆試。考取景山教習，
授直隸延慶州訓導，乾隆九年十二月十二日卒於官，享年六十歲。
　　配當塗巫明府元東女，生於康熙二十四年乙丑，卒於康熙五十
三年，享年三十歲。繼姒常熟張氏。

方世櫬：（1688～1738）溥次子。字薪傳，號緎齋。生於康熙二十七年五月初
七日，太學生，卒於乾隆三年十一月二十七日，享年五十一歲。

第六章 桐城桂林方氏家族與清朝政治（下）──以乾嘉道時期方苞和方氏「一門三督」爲中心

第一節 方苞──方氏家族衰極而盛的奠基人

一、方苞在《南山集》案發前後之心態變化

如上所述，《南山集》案受株連的人爲數不少，其中有兩個人身份頗爲特殊。一個是方苞，他爲戴氏的《南山集》作序收板，被判爲《南山集》案的從犯，最終被宥免絞縊，其子道章、妻徐氏，赦免爲奴，均隸旗籍。〔註1〕另一個是方正玉，他因替戴氏《孑遺錄》出資刊刻並作序而成爲此案的從犯，最後其本人連同其子耿直、妻姚氏，宥免投荒，均入正黃旗，爲閒散漢軍。〔註2〕方正玉屬於中一房，其祖父方以智及父方中德，或逃禪，或隱居不仕。至正玉，已經出仕清朝，他曾任江西信豐知縣〔註3〕。他出資刊刻戴氏所著《孑遺錄》之目的，無非是欲藉此「追惟先澤，空傷往事之艱，急付梓人，欲備

〔註1〕參見（法）戴廷傑：《戴名世年譜》卷12，北京：中華書局2004年版，第938頁。

〔註2〕參見（法）戴廷傑：《戴名世年譜》卷12，北京：中華書局2004年版，第939頁。

〔註3〕參見（法）戴廷傑：《戴名世年譜》卷5，北京：中華書局2004年版，第303頁。

採風之用」〔註4〕，不料竟因此惹禍上身。放歸後不久，方正玉即於雍正二年去世。他的社會影響以及對家族發展沒有顯著的影響，茲不詳述。而方苞則不然，他在當時的政壇、學術界都很活躍，對方氏家族的發展亦有較大影響，下面對此做一論述。

方苞既是戴名世的好友，又是方孝標族孫。其曾祖方象乾爲按察副使，於明末避亂，僑居上元縣。至其祖父方幟僅以歲貢生任蕪湖縣學訓導，至方苞之父仲舒家道愈衰。仲舒因家貧出贅六合縣留家村長達十年，方苞就出生在那裏。後來仲舒一家遷回上元，但一直保留桐城籍。方苞雖家境貧寒，但刻苦自勵，文章學問都很好，成爲桐城派三祖之一。但他的應舉之路卻走得異常艱難。直到康熙三十八年，他第四次參加鄉試，才一舉奪得解元。可隨後又兩應會試而落榜。康熙四十五年，他第三次會試，獲第四名。參加殿試前夕，方苞忽聞母疾，便不顧大學士李光地的勸阻，遽歸江南。此後再未仕進，直到康熙五十年《南山集》案發被捕。起初刑部定其刑爲絞縊，後蒙恩免死，入漢軍旗，以白衣身份入南書房。雍正元年（1723年）赦還原籍，後官至禮部侍郎，乾隆十四年（1749年）去世，算是有驚無險甚至頗爲榮耀地度過了餘生。

通觀方苞的人生歷程可以發現，《南山集》案成爲他人生的重大轉折點，同時其思想和心態從此也發生了巨大的變化。這種變化堪稱康乾時期許多士人心路歷程的一個標本，因此值得加以探討。學界對此已有所研究〔註5〕，本文試圖在此基礎上加以深化。

方苞生於康熙七年，此時滿族已經坐穩了江山。他對前朝的一些認識主要源於他所接觸的明朝遺民。這些人與仲舒往來唱和，其中有其宗老方文，有錢澄之、杜芥等。故而方苞自述，「僕少所交，多楚、越遺民，重文藻，喜事功」〔註6〕。這些遺民對前朝的留戀會或多或少影響到方苞，但畢竟爲時甚短。及至康熙三十年遊京師，結交劉言潔，則開始讀宋儒之書〔註7〕，此後終

〔註4〕　參見（法）戴廷傑：《戴名世年譜》卷5，北京：中華書局2004年版，第304頁。
〔註5〕　劉守安：《一個矛盾而痛苦的靈魂——方苞生平與思想探微》，《首都師範大學學報（社會科學版）》，2005年第5期，第81～88頁。
〔註6〕　（清）方苞著，劉季高校點：《方苞集》卷6，《再與劉拙修書》，上海：上海古籍出版社1983年版，第174頁。
〔註7〕　（清）方苞著，劉季高校點：《方苞集》卷6，《再與劉拙修書》，上海：上海古籍出版社1983年版，第175頁。

生篤信程朱理學。在京師他還結交了宛平王源（字昆繩）及桐城戴名世等人。他們互相砥礪，成為終生的摯友，而且日後王源之子王兆符成為方苞的門人。據兆符回憶說：「歲辛未，先君子與吾師及西滇姜先生同客京師，論行身祈向」，「吾師曰：『……學行繼程、朱之後，文章介韓、歐之間，孰是能仰而企者？』」〔註8〕

　　然而現實並非他所期許的那樣。方苞在京師屢困場屋，於兩年後而怏怏返鄉。他寫信對王源吐露心志：

　　　　苞以十月下旬至家，留八日，便饑驅宣、歙間，入涇河路，見左右高峯刺天，水清泠見底，崖岩參差萬疊，風雲往還，古木、奇藤、修篁鬱盤有生氣，聚落居人，貌甚閒暇。因念古者莊周、陶潛之徒，逍遙縱脫，岩居而川觀，無一事繫其心，天地日月山川之精，浸灌胸臆，以鬱其奇。〔註9〕

看到自然美景，汲汲於謀生和功名的方苞想起了莊子。但他並不是要學其徹底遁世，而是感慨自己：

　　　　終歲僕僕，向人索衣食；或山行水宿，顛頓恇迫；或青膏技係，束縛於塵事，不能一日寬閒其身心。君子固窮，不畏其身辛苦憔悴，誠恐神智滑昏，學殖荒落，抱無窮之志而卒事不成也。苞之生二十六年矣，使蹉跎昏忽，常如既往，則由此而四十五十，豈有難哉！無所得於身，無所得於後，是將與眾人同其蔑蔑也。每念茲事，如沈痾之附其身，中夜起立，繞屋徬徨，僕夫童奴怪詫不知所謂。苞之心事，誰可告語哉！〔註10〕

一種時不我待的緊迫感，一種憂患意識洋溢筆端。

　　至於方、戴二人關係同樣密切。他們均有志於著書立說，而戴氏長方苞十五歲，故對方苞影響頗大。康熙三十八年，戴氏追敘他與方舟、方苞兄弟的結交和以文會友，他說：

　　　　始余居鄉年少，冥心獨往，好為妙遠不測之文，一時無知者，

〔註8〕　（清）方苞著，劉季高校點：《方苞集》附錄，王兆符：《原書三序》，上海：上海古籍出版社1983年版，第906～907頁。

〔註9〕　（清）方苞著，劉季高校點：《方苞集·集外文》卷5，《與王昆繩書》，上海：上海古籍出版社1983年版，第667頁。

〔註10〕　（清）方苞著，劉季高校點：《方苞集·集外文》卷5，《與王昆繩書》，上海：上海古籍出版社1983年版，第667頁。

而鄉人頗用是爲姗笑。居久之，方君靈皐與其兄百川起金陵，與余遙相應和，蓋靈皐兄弟亦余鄉人而家於金陵者也。始靈皐少時，才思橫逸，其奇傑卓犖之氣，發揚蹈厲，縱橫馳騁，莫可涯埃。已而自謂弗善也，於是收斂其才氣，濬發其心思，一以闡明義理爲主，而旁及於人情物態，雕刻鑪錘，窮極幽渺，一時作者未之或及也。蓋靈皐自與余往復討論，面相質正者且十年。每一篇成，輒舉以示余，余爲之點定評論，其稍有不愜於餘心，靈皐即自毀其稿。而靈皐尤愛慕余文，時時循環諷誦，嘗舉余之所謂妙遠不測者，彷彿想像其意境，而靈皐之孤行側出者，固自成其爲靈皐一家之文也。靈皐於《易》、《春秋》訓詁不依傍前人，輒時有獨得；而余平居好言史法。以故余移家金陵，與靈皐互相師資，荒江墟市，寂寞相對。而余多幽憂之疾，頹然自放，論古人成敗得失，往往悲涕不能自己。蓋用是無意於科舉，而唾棄制義更甚。乃靈皐嘆時俗之波靡，傷文章之萎薾，頗思有所維挽救正於其間〔註11〕。

可見，戴氏好言史書，方苞主攻《易》，二人學問文章雖各有偏向，但互相師資，同氣相求，都厭棄科舉制義。

康熙四十一年方苞爲戴氏《南山集》作序，云：

余自有知識，所見聞當世之士，學成而並於古人者，無有也。其才之可扳以進於古者，僅得數人，而莫先於褐夫。始相見京師，語余曰：「吾非役役於是而求以有得於時也。吾胸中有書數百卷，其出也自忖將有異於人人，非屏居深山，足衣食，使身無所累而一其志於斯，未能誘而出之也。」其後各奔走四方，歷歲踰時，相見必以是爲憂，余亦代爲憂，而自辛未迄今十餘年而莫遂其所求。……是集所載是也，而亦非褐夫之文也。褐夫之文，蓋至今藏其胸中而未得一出焉〔註12〕。

可見，方苞對其才學頗爲推崇。二人互爲對方作序，關係非同一般。他們雖然都厭棄科舉制義，但又都禁不住仕途的誘惑，而且其命運亦相似：都爲衣

〔註11〕（清）戴名世撰，王樹民編校：《戴名世集》附錄，《方靈皐稿序》，北京：中華書局1986年版，第53～54頁。

〔註12〕（清）戴名世撰，王樹民編校：《戴名世集》附錄，《南山集偶鈔序》，北京：中華書局1986年版，第451頁。

食奔波，都久困場屋。方苞晚年（乾隆九年）總結自己早年經歷時說自己「弱冠饑驅幾二十年」〔註13〕。康熙五十年的《南山集》案更是把二人的命運連在一起。方苞自當年十一月初三日在江寧被捕入獄，至康熙五十二年三月出獄，長達一年零四個月的時間，他雖不廢學問，但時刻面臨著生與死的考驗。監獄裏非人的待遇在其《獄中雜記》中有詳細的描述。

結案後戴名世喋血京師，而方苞奉旨入旗。從此方戴二人遂告永訣。死者長已矣，生者則出入廟堂。從死亡邊緣幸存下來的方苞，表面似乎榮耀無比，其內心實則痛苦萬分。他是靠皇恩浩蕩，靠法外施恩，僥倖苟活並加官進爵的，所以他誠惶誠恐而且矛盾痛苦。下面就方氏《兩朝聖恩恭紀》嘗試對康雍二帝和方苞的心態做出分析。其文云：

> 康熙癸巳年二月，臣苞出刑部，隸漢軍。三月二十三日，聖祖仁皇帝朱書：「戴名世案內方苞，學問天下莫不聞。」下武英殿總管和素。翼日，偕臣苞至暢春園。召入南書房，命撰《湖南洞苗歸化碑》文，稱旨。越日，命著《黃鐘爲萬事根本論》。越日，命作《時和年豐慶祝賦》。上告諸翰林：「此賦，即翰林中老輩兼旬就之，不能過也。」嗣是，每以御製詩文、御書宣示南書房諸臣。將命者入復，輒叩曰：「苞見否？」間與大臣侍從論本朝文學，及內閣九卿所薦士，必曰：「視苞何如？」是歲八月，移蒙養齋，校對御製樂、律、曆、算書。書奏，數問曰：「苞承校否？」壬寅夏，臣苞隨蹕熱河。六月中旬，命回京充武英殿總裁。浹日，發御製分類字錦序，命校勘。眾皆曰：「上文字皆命諸臣公閱。獨閱者，惟故大學士孝感熊公賜履，桐城張公英耳」。〔註14〕

戴名世《南山集》一案，主犯或處斬，或剉屍，從犯流放，方氏族人入旗流放者眾多，何以單單對方苞法外施恩，不但不加以懲處，反而令其入南書房？筆者的粗淺認識如下：

其一，方苞是一個有眞才實學的人。這是他得以不僅免禍，而且得福的先決條件。康熙帝先是對方苞的學問有所耳聞，這次要親加考察。三日三試，博得龍顏大悅。

〔註13〕（清）方苞著，劉季高校點：《方苞集》卷5，《題黃玉圃夢歸圖》，上海：上海古籍出版社1983年版，第132頁。

〔註14〕（清）方苞著，劉季高校點：《方苞集》卷18，《兩朝聖恩恭紀》，上海：上海古籍出版社1983年版，第515頁。

其二，有李光地和其它一些朋友的求情。關於此點，學界已有一致的看法，不再贅述。

其三，最重要的是康熙帝本人的帝王術。方苞是當時很有影響的一個文人，這從康熙帝的朱書亦可看出。對這樣一個人如何處置，實際上考驗著康熙帝的政治智慧。玄燁心裏當然明白，所謂《南山集》案，其實是對漢族望族和士大夫的警告，是對思想和輿論的嚴格控制。雖然他的最後裁決比有司的定罪量刑要輕得多，驚魂未定的涉案人員和士人多半會對其感恩戴德。但清醒之後，仍會有人內心不服。那麼爲何不再次表明自己的寬仁和愛才？不但不治罪，還加以重用，讓方苞本人，用他的生花妙筆，發揮他文人的影響，來由衷頌揚皇恩，豈不勝過懲處？如此震懾與籠絡並用，這正是康熙帝的高明之處。

康熙帝去世後，其子雍正帝繼承乃父的思想，繼續對方苞加以籠絡，並加以敲打提醒。方苞接著說道：

> 冬十有一月十三日，聖祖登遐，我皇上嗣位。廷議恩詔，皇帝手書數條下內閣。其一「以族人罪犯牽連入旗者，赦歸原籍。」時八旗合詔條者，惟戴名世案，而獄辭例不得援赦。刑官特請下九卿更議，卒蒙恩赦。雍正元年三月二十五日，臣苞拜箚謝恩。莊親王傳上命語苞：「朕以苞故，具知此事，其合族及案內肆赦，皆由此。其功德不細。」臣苞驚怖感動，不知涕泗之何從也〔註15〕。

以方苞一人而赦免方氏一族，哪能不令驚怖感動呢？因此，方苞又說：

> 始戴名世本案牽連人，罪有末減，而方族附尤從重。獄辭具於辛卯之冬，五上，五折本。逾二年癸巳春，章始下。蒙恩悉免罪，隸漢軍。苞伏念獄辭奏當甚嚴，而聖祖矜疑，免誅殛，又免放流。臣身叨恩待，趨走內廷近十年，教誨獎拔，雖無過親臣，蔑以加也。此聖祖之仁，所以如天，而皇上肆赦臣族，揆之聖祖遲疑矜恤之心，實相繼承。顧臣何人，任此大德？自惟愚陋衰疾，欲效涓埃之報，其道靡由。謹詳紀顛末，俾天下萬世知兩朝聖人之用心，蓋不欲一夫或枉其性云〔註16〕。

〔註15〕（清）方苞著，劉季高校點：《方苞集》卷18，《兩朝聖恩恭紀》，上海：上海古籍出版社1983年版，第515～516頁。

〔註16〕（清）方苞著，劉季高校點：《方苞集》卷18，《兩朝聖恩恭紀》，上海：上海古籍出版社1983年版，第516頁。

從以上記述可以看出，康雍二帝籠絡兼震懾的統治術極爲有效，以至於方苞將其稱爲「兩朝聖人之用心」。而且，不僅方苞本人如此心懷感激，方苞、戴名世的一些朋友亦如是觀。他們聽說方苞入直南書房，喜而作詩。蔣錫震詩云：「俄聞丹詔紫宸傳，許侍銀麟玉案邊。解網一朝蒙帝力，戴盆今始見堯天」〔註17〕。友人張雲章給方苞寫信說：「……爲吾友賀，又拜稽首而頌今天子之明聖，眞千古之英君，……今日移孝作忠四字，吾將翹足而待之，吾友第不知作何樹立，作何建白，以仰答再造之殊恩」〔註18〕。不僅要方苞感恩，而且要他竭盡全力輔佐帝王。對康雍二帝感恩戴德出於方苞內心，但他心中其實還有隱痛，那就是他對戴名世被殺懷有深深的同情。康熙五十三年秋，方苞作《四君子傳》，其中只提起王源、劉言潔和徐詒孫，而不提第四位戴名世。他不忍背棄摯友，但又不敢公開爲正犯立傳，故而留下空白，眞是此時無聲勝有聲！「方苞之不違人道、不傷友義可知矣」〔註19〕。康熙五十六年，他在《書先君子家傳後》云：

> 此亡友宋潛虛作也。潛虛少時文，清雋朗暢；中歲，少廉悍；晚而告余曰：「吾今而知優柔平中，文之盛也，惟有道者幾此，吾心慕焉，而未能。」然世所見潛虛文，多率爾應酬之作。其稱意者，每櫝而藏之，曰：「吾豈求知於並世之人哉？度所言果不可棄，終無沈沒也。」是篇，其中歲所作；自謂稱意，櫝而藏之者。潛虛死無子，其家人言：「櫝藏之文近尺許，淮陰某人持去。或曰尚存，或曰已失之矣！嗚呼！是潛虛所自信爲終不沈沒者其果然也邪？」
>
> 〔註20〕

按：戴名世獲罪被殺後，無人敢公開紀念他，但友人又不忍背棄，遂稱之曰宋潛虛。戴氏不僅其人含冤被殺，而且其文之精華亦不爲世所知，方苞爲其傷心惋惜。

當年五月，方苞送左雲鳳南歸。左氏爲戴名世的姑父，也是方苞的摯友。

〔註17〕　（清）蔣錫震：《聞方靈皋新荷恩命入直南書房喜而有作》，轉引自（法）戴廷傑：《戴名世年譜》，北京：中華書局2004年版，第944頁。

〔註18〕　（清）張雲章：《與方靈皋書》，轉引自（法）戴廷傑：《戴名世年譜》，北京：中華書局2004年版，第949頁。

〔註19〕　（法）戴廷傑：《戴名世年譜》，北京：中華書局2004年版，第961頁。

〔註20〕　（清）方苞著，劉季高校點：《方苞集·集外文》卷4，《書先君子家傳後》，上海：上海古籍出版社1983年版，第633頁。

方苞對左氏說：「余每戒潛虛：當棄聲利，與未生歸老浮山，而潛虛不能用，余甚恨之」〔註21〕。方苞表面是爲戴氏背幽趨名而惋惜，何嘗不是對自己行爲的反省呢？但是，既然走上了這條路，也只能走下去了。於是方苞三十年的廟堂生涯開始了。他歷仕康、雍、乾三朝，初以布衣作康熙皇帝的文學侍從，康熙六十一年任武英殿修書總裁，以後又任翰林院侍講、內閣學士兼禮部侍郎等職。方苞雖然是忍辱含冤，但清廷畢竟給了他施展才華的機會，而這正是他夢寐以求的。同時，他還是方氏族人中入清後官位較高的一個。更重要的是，在家族處於衰敗之際，他參加到國家的政治活動和文化建設中，是方氏對國家所作出的貢獻，也爲該家族保留了一點影響力。

二、方苞與雍乾兩朝政治探微

（一）方苞與雍正朝政治

康熙六十一年十一月十三日，康熙帝去世。雍正帝即位後，繼續對方苞加以籠絡。

雍正帝雖然在儲位鬥爭中勝出，但即位之初，社會輿論對其非常不利。政敵的勢力依然存在。「新主即位合法性證據不足，臣民狐疑滿腹。因此加強專制皇權，鞏固自己統治的合法性，成爲了雍正帝的主要訴求之一，也是雍正朝政治的主旋律之一」。康熙帝晚年，「社會矛盾日漸激化。其開創的盛世局面受到了嚴重威脅。因而，革新政治，扭轉統治頹勢，也成爲了雍正帝的主要訴求之一」。〔註22〕

爲了鞏固自己的統治，他需要最大限度地打擊政敵，同時營造有利於自己的社會輿論。爲此，他亟需啓用一批對其忠心耿耿並務實能幹的官僚，雍正帝以「滿漢兼用」及「公」、「忠」、「能」爲用人標準，任用了相當數量的滿漢官僚，他們中有的成爲名臣，如張廷玉、鄂爾泰、田文鏡、李衛等〔註23〕。方苞就是在這種政治背景下得到重用的。

〔註21〕（清）方苞著，劉季高校點：《方苞集》卷7，《送左未生南歸序》，上海：上海古籍出版社1983年版，第189頁。
〔註22〕參見夏柯：《順康雍正三朝滿漢臣工的磨合研究》博士學位論文第164頁，天津：南開大學，2009年。
〔註23〕參見夏柯：《順康雍正三朝滿漢臣工的磨合研究》博士學位論文第183頁，天津：南開大學，2009年。

　　戴名世和方苞是封建專制統治的受害者。在那個皇權至上的時代，皇帝金口玉言，方、戴兩家遽罹奇禍。而且，有司重判，皇帝市恩，罪犯還要對皇帝感恩戴德。尤其是方苞，免死不論，且得到康熙帝任用。雍正帝進一步利用方苞名聞天下的價值，爲改善自己的形象服務。他令人傳諭方苞，「朕以苞故，具知此事，其合族及案內肆赦，皆由此。其功德不細。」〔註24〕。

　　因方苞一人而全族出水火，所以方苞「謹詳紀顚末，俾天下萬世知兩朝聖人之用心，蓋不欲一夫或枉其性云〔註25〕。初試牛刀，即令方苞感激流涕，專制皇權的淫威及帝王統治術之高明令人歎爲觀止。其實，考諸史實，我們會發現，赦免方戴兩族族人回籍是雍正帝統治策略的一部分，絕非僅僅看在方苞的面子上。下面略述此事的來龍去脈。

　　如上所述，雍正帝爲籠絡人心，改善自己的形象，即位伊始即大赦天下。康熙六十一年十一月頒恩詔，云：「除本身犯罪外，因族人有罪牽連入旗者，著查奏赦免。」刑部據此就《南山集》案請示：「此案首犯罪名重大，將情罪開明奏聞」。雍正帝諭旨云：「爾部會同九卿、詹事、科道定議具奏。」經過對此案相關人犯核查之後，刑部尙書佛格於雍正元年三月初三日遞交《爲請將〈南山集〉案部分涉案人犯免罪釋放回籍事題本》，稱：

　　　　戴名世已經正法，已死之方孝標剉其屍，孝標之子方登嶧、方雲旅、〔孫〕方世樵俱已發遣黑龍江。除名世之妾高氏、家人楊福、夏蓮、李氏、阿壽；〔方孝標之〕媳巫氏、孫方世清，方世濤妻朱氏，方世履、子方求義，方世熙、妻巫氏俱係首犯嫡派子孫媳婦，伊等與恩詔不符，俱不議外。戴名世病故弟平世之妻方氏、子普和、家人歐梅，名世叔戴珂、伊妻巫氏，孝標之侄方蒿齡，方雲華，方周敏，方雲悼、伊妻姚氏，方蒿年、妻程氏，標之曾叔祖方超宗，方亢宗、伊子狗兒；標之族人方獬，方苞、妻徐氏、子方道長，方正玉、妻姚氏、子方根植，方世宏、妻姚氏，方正觀、妻吳氏，方嘉會、子方世翰、妻〔媳〕姚氏、孫子、孫女、家人方福、趙全、和忠、高三、王壽、李大，方世壯，方世舉、妻葉氏，方元禮、妻姚

〔註24〕　（清）方苞著，劉季高校點：《方苞集》卷18，《兩朝聖恩恭紀》，上海：上海古籍出版社1983年版，第516頁。

〔註25〕　（清）方苞著，劉季高校點：《方苞集》卷18，《兩朝聖恩恭紀》，上海：上海古籍出版社1983年版，第516頁。

氏、子大和、家人柳衣，方春、妻白氏，方世頤，方世弘，方朝初，
方萃元，方苞、子大保，方元祐，方廷獻、妻王氏，方世洲，方世
譽，方雲良，方元六、家人方高、方教、婢阿松；尤雲鶚、妻蔡氏、
家人四兒、小九兒、二姐、存姐，許亦士，劉岩、妻吳氏，已故汪
灝之妻邵氏、妾費氏、子汪守鑾、家人八名口，伊等俱係戴名世、
方孝標案內牽連並族人，並非嫡派子孫，與六十一年十一月二十日
恩詔相符，應援恩詔，免罪釋放回籍。三月初五日奉旨「依議」。
〔註26〕

經過這次複審，方、戴兩族非嫡系族人及受此案牽連的其它人被釋放歸籍。
而方孝標及戴名世的嫡派子孫、媳婦則仍留在戍所。其處境和結局也就最爲
悲慘。此點上一章已經提到，此不贅。

　　因此，作爲此案的從犯和正犯的族孫，方苞能活下來，並得到任用，也
的確讓其感恩戴德。方苞既然是著名文人，雍正帝還會進一步發掘其價值。
雍正二年，方苞請假安葬老母，雍正帝給他一年的假期。安葬好老母后，方
苞於雍正「三年三月望後九日抵京師，詰旦具箚，恭謝聖恩。莊親王、果郡
王入奏，上憐臣苞弱足，特命內侍二人，扶翼至養心殿。入戶，再進，跪御
坐旁。垂問臣苞疾所由及近狀。臣苞喘喉，氣不能任其聲」〔註27〕。雍正帝
對方苞可謂體貼，令其感動。更重要的是，在這次親自召見方苞的過程中，
雍正帝對其發表了一番聖訓：

　　　　汝心飫朕德，復何言。聽朕告汝：汝昔得罪，中有隱情。朕得
　　汝之情，故寬貸汝。然朕所原者，情也。先帝所持者，法也。先帝
　　未悉汝情，而免汝大刑，置諸內廷，而善視汝，是汝受恩於先帝，
　　視朕有加焉。如汝感朕德，而微覺先帝未察汝情，不惟虧汝忠，亦
　　妨朕之孝。汝恩朕德，即倍思先帝遺德，則汝之忠誠見，而朕之孝
　　道亦成。〔註28〕

〔註26〕 中國第一歷史檔案館：《戴名世〈南山集〉案史料》，《歷史檔案》2001 年第 2
　　　　期，第 24 頁。
〔註27〕 （清）方苞著，劉季高校點：《方苞集》卷 18，《聖訓恭紀》，上海：上海古籍
　　　　出版社 1983 年版，第 516～517 頁。
〔註28〕 （清）方苞著，劉季高校點：《方苞集》卷 18，《聖訓恭紀》，上海：上海古籍
　　　　出版社 1983 年版，第 517 頁。

按照《方氏家譜》的說法，所謂隱情，即康熙帝將戴名世在《南山集》中提及的原籍安徽桐城之方學士（孝標）與原籍安徽歙縣的吳三桂謀臣方光琛之子方學詩誤爲一人。〔註29〕雍正帝講了他與康熙對待方苞所持原則不同，但方苞都要感激，否則方苞不忠，雍正不孝。這番話只聽得方苞「心折神竦，追思前事，感念聖恩，有懷哽咽，不能置一辭。中間聖訓洋洋，不能悉記，未敢敘述」〔註30〕。接下來的話方苞聽得真切：

> 「朕惟以大公之心，循道而行，無非繼述先帝志事，汝老學當知此義。故明告汝，俾汝知朕心，俾天下咸知朕心。」於時臣苞氣少定，始克仰而言曰：「欽承訓辭，雖古聖人之言，無以過也。」上顧內侍，命取供御茶芽二器賜臣。臣苞三拜稽首。聖容若矜閔曰：「朕觀汝行步良難，雖供事，亦稱汝力，毋自強，時復自將息。」臣苞愴動，伏地不能聲。上徐命內侍翼以出。〔註31〕

大可注意的是，雍正帝對方苞說這番聖訓的目的是「俾汝知朕心，俾天下咸知朕心。」他是要借方苞的妙筆樹立自己仁孝的形象。而方苞對此亦心領神會：

> 臣伏念：自我皇上御極以來，凡所以敬天勤民，澄官修政，以推廣先帝遺意，而播諸制詔，發於訓誨者，皆實與典誥同揆。即茲所以訓臣苞，使天下萬世爲臣子者聞之，皆將凜然於君父之大義。而興于忠孝。所以矜恤臣苞者，使天下萬世孤微阨窮之士聞之。莫不懽然於聖主之德意，而發其中誠，豈非《中庸》所稱「言而世爲天下則」者乎！〔註32〕

而方苞誠惶誠恐地記錄下來的這篇聖訓，也終於有了進呈的機會：

> 越數日，有旨：「凡特召見及督、撫、提、鎮入朝親聆訓諭者，

〔註29〕（清）方傳理：《桐城桂林方氏家譜》卷52，方孝標家傳末云：「世宗憲皇帝在潛邸時，洞悉其情，故此案株連隸旗籍者，於雍正元年，特詔盡得釋歸。望溪公恭紀明諭，載文集中」。

〔註30〕（清）方苞著，劉季高校點：《方苞集》卷18，《聖訓恭紀》，上海：上海古籍出版社1983年版，第517頁。

〔註31〕（清）方苞著，劉季高校點：《方苞集》卷18，《聖訓恭紀》，上海：上海古籍出版社1983年版，第517頁。

〔註32〕（清）方苞著，劉季高校點：《方苞集》卷18，《聖訓恭紀》，上海：上海古籍出版社1983年版，第517頁。

必敍述繕寫進呈，恐有舛誤。」臣苞以白衣領事，未敢自比諸臣。

　　大學士張廷玉曰：「聖恩深渥，不得以無位自嫌。」乃宿齋敬識，以

　　俟彙進而附諸臣之末云。〔註33〕

正是因爲君臣之間如此默契，所以方苞在雍正朝頗受垂青，仕途順利。雍正九年，授方苞爲詹事府左春坊左中允。雍正十年，他致信鄂爾泰、張廷玉，論制準噶爾征澤事宜，凡十二條。五月，遷翰林院侍講。七月，遷翰林院侍講學士。十一年三月，奉命選兩漢及唐宋八家古文，刊授國子監生。乾隆初又推廣到各學官。四月，擢內閣學士兼禮部侍郎，他以足疾辭。命仍專司書局，不必辦理內閣事務，有大議，即家上之。八月，充一統志館總裁，奉命校訂《春秋日講》。十三年正月，充皇清文穎館副總裁。〔註34〕

　　可見，方苞在其專司編書修典時，其仕途尚稱順利。一旦涉及實際政務，則頓現坎坷。例如，就任禮部侍郎後，他感激涕零，以爲不世之恩，當思所以不世之報。然而從此更加遭人嫉妒。

（二）方苞與乾隆朝政治及滿漢臣工交往

　　雍正十三年九月，弘曆嗣位，欲追踐古禮，議行三年之喪，以此報答乃父之恩，卻引發了爭議。原因是與成例不符。群臣懇請仍「以二十七日釋服」。乾隆力持己見，特下詔命群臣詳稽典禮，確議具奏。「皇帝既然心意已定，諸王大臣自不敢輕易予以否定，只好按旨形事，醞釀如何行三年之喪的具體實行方法。」〔註35〕方苞乃作《喪禮議》。據全祖望《前侍郎桐城方公（苞）神道碑銘》云：

　　　　今上即位，有意大用公。時方議行三年之喪，禮部尚書魏公廷

　　　　珍，公石交也，以諮公。公平日最講喪禮，以此乃人倫之本，喪禮

　　　　不行，世道人心所以日趨苟簡，諄諄爲學者言之。而是時，皇上大

　　　　孝，方欲追踐古禮。公因欲復古人以次變除之制，隨時降殺，定爲

　　　　程度，內外臣工亦各分等差，以爲除服之期。此説本之檉亭陸氏，

〔註33〕（清）方苞著，劉季高校點：《方苞集》卷18，《聖訓恭紀》，上海：上海古籍出版社1983年版，第517～518頁。

〔註34〕以上方苞雍正朝的仕宦簡歷，（清）方苞著，劉季高校點：《方苞集》附錄《方苞年譜》，上海：上海古籍出版社1983年版，第881～882頁。

〔註35〕林存陽：《三禮館：清代學術與政治互動的鏈環》，北京：社會科學文獻出版社2008年版，第25頁。

最爲有見。魏公上之，聞者大駭，共格其議。魏公亦以此不安其位。

〔註36〕

另據蘇惇元撰《方苞年譜》載：「先生時領武英殿修書事，請於親王，就直廬持服，未再期，先生不出焉。先生所教習庶吉士，二十七日內，齋宿館舍，無敢飲酒食肉者，他部院未嘗有也。」〔註37〕

　　可見，方苞篤行古禮，且欲行之乾隆帝的實際行爲。但是，一方面因爲其畢竟復古色彩過濃，另一方面來自滿族貴族的阻力過大，因而難於實行。但乾隆帝的努力卻體現了滿漢文化的一種新交融。誠如學者所說，「高宗一方面以祖、父限於時勢而並非不願行三年之喪爲自己開脫，另一方面則抬出古之帝王有行之喪者作爲擋箭牌（「居喪讀禮」亦爲其中蘊含的一項意圖），以此來表明自己此舉並非爲一己之私情，而是寓有更深遠的意義。……高宗的這一選擇，應該說體現出了一種『滿漢一體』格局下的新的政治文化走向。」〔註38〕

　　在這個意義上，方苞此舉與乾隆帝的政治努力可謂合拍。雍正十三年十一月，他連上《請定徵收地丁銀兩之期疏》、《請定常平倉穀糶糴之法疏》、《請復河南漕運舊制疏》三疏，均下部議行。乾隆元年春，再入南書房。三月，上《請備荒政兼修地治疏》。六月，乾隆帝憐方苞老病，特命太醫時往診視。因方苞擅長時文，乾隆帝令其選有明及本朝諸大家四書制義數百篇，頒佈全國，以爲舉業準的，同時充三禮義疏館副總裁。乾隆二年方苞遷禮部侍郎。「公又辭，詔許數日一赴部平決大事：公雖不甚入部，而時奉獨對，一切大除授並大政，往往諮公，多所密陳，盈庭側目於公。」〔註39〕

　　從此，方苞宦海屢起波瀾。他先是與河督高斌互相攻訐，接下來又得罪了和碩履親王，於是朝臣合力攻擊之，方苞遂成爲眾矢之的：

　　　　會新拜泰安爲輔臣，而召河間魏尚書爲總憲，朝廷爭相告曰：「是皆方侍郎所爲，若不共排之，將吾輩無地可置身矣：」是後，凡公

〔註36〕（清）錢仲聯主編：《廣清碑傳集》卷6，（清）全祖望：《前侍郎桐城方公（苞）神道碑銘》，蘇州：蘇州大學出版社1999年版，第399頁。

〔註37〕（清）方苞著，劉季高校點：《方苞集》附錄《方苞年譜》，上海：上海古籍出版社1983年版，第882頁。

〔註38〕林存陽：《三禮館：清代學術與政治互動的鏈環》，北京：社會科學文獻出版社2008年版，第28～29頁。

〔註39〕（清）錢仲聯主編：《廣清碑傳集》卷6，（清）全祖望：《前侍郎桐城方公（苞）神道碑銘》，蘇州：蘇州大學出版社1999年版，第399頁。

有疏下部，九列皆臺口梗之；雖以睢州湯文正公天下之人皆以爲當
從祀者，以其議出於公，必阻之。〔註40〕

同年十二月，方苞以老病請解侍郎任，詔許之；仍帶原銜，食俸，教習庶吉
士。乾隆四年方苞落職，命仍在三禮館修書。

乾隆二年被擢禮部右侍郎之前，方苞的仕宦生活還算平靜，任實職後則
起波瀾。這固然說明勾心鬥角的官場之複雜，但是很明顯，以方苞的性格而
言，他的確不適合從事實際的政務。而且即使是從事文教方面的工作，他也
顯得有些迂腐。例如，乾隆帝即位伊議行三年之喪中方苞的言行足以證之。
方苞本人對此心裏很清楚。他曾對沈廷芳說：「老生以迂戀獲戾，宜也。吾兒
道章數以此諫，然吾受恩重，敢自安容悅哉？」〔註41〕其實連乾隆帝也明
白，「方苞惟天性執拗，自是而非人，其設心固無他也。」〔註42〕因此，某日
吏部推用祭酒，乾隆帝沉吟說：「是官應使方苞爲之，方稱其任」。結果，旁
無應者，乾隆帝只好作罷。〔註43〕

乾隆七年春，方苞時患疾痛，乞解書局，回籍調理。得到乾隆帝允許，
賜翰林院侍講銜。四月，出都歸里，閉門著書，不接賓客。〔註44〕江南總督
尹繼善「踵門求見，三至，以疾辭」。乾隆十四年八月十八日，方苞卒於上元
里第，享年八十二歲。〔註45〕

綜觀方苞一生，以《南山集》案爲分水嶺，案前他爲衣食奔波，抑鬱不
得志，被人目爲「人之倫五，方君獨二而又半焉。既與於進士，而不廷對，
是無君臣也。自始婚，日夕嗃嗃，終世羈旅，而家居多就外寢，是無夫婦也。
一子形甚羸，而撲擊之甚痛，蓋父子之倫，亦缺其半焉」〔註46〕。案後，方

〔註40〕　（清）錢仲聯主編：《廣清碑傳集》卷6，（清）全祖望：《前侍郎桐城方公（苞）
　　　　　神道碑銘》，蘇州：蘇州大學出版社1999年版，第399頁。

〔註41〕　（清）方苞著，劉季高校點：《方苞集》附錄，蘇惇元輯：《方苞年譜》，上海：
　　　　　上海古籍出版社1983年版，第885頁。

〔註42〕　（清）方苞著，劉季高校點：《方苞集》附錄，蘇惇元輯：《方苞年譜》，上海：
　　　　　上海古籍出版社1983年版，第885頁。

〔註43〕　（清）錢仲聯主編：《廣清碑傳集》卷6，（清）全祖望：《前侍郎桐城方公（苞）
　　　　　神道碑銘》，蘇州：蘇州大學出版社1999年版，第399頁。

〔註44〕　（清）方苞著，劉季高校點：《方苞集》附錄《方苞年譜》，上海：上海古籍
　　　　　出版社1983年版，第886頁。

〔註45〕　（清）錢仲聯主編：《廣清碑傳集》卷6，（清）全祖望：《前侍郎桐城方公（苞）
　　　　　神道碑銘》，蘇州：蘇州大學出版社1999年版，第399頁。

〔註46〕　（清）方苞著，劉季高校點：《方苞集·集外文》卷8，《自訟》，上海：上海
　　　　　古籍出版社1983年版，第774頁。

苞竟因禍得福，出入廟堂，踐履其「學行繼程、朱之後，文章在韓、歐之間」
的志向。固然，他首先是爲清廷效力，但同時他躋身官場，使其得以發揮自
己的學術優勢，爲國家的文化建設做出貢獻。誠然，在爲政上，他算不上精
明強幹，甚至有些迂闊。然而他的一些政治見解，由於其深厚的學養和赤誠
之心，也有其過人之處。比如他的《請定徵收地丁銀兩之期箚子》、《論山西
災荒箚子》、《請備荒政兼修地治箚子》、《請矯除積習興起人材箚子》、《請禁
燒酒種煙箚子》、《渾河改歸故道議》、《塞外屯田議》、《臺灣建城議》、《貴州
苗疆議》等奏議，均關乎國政大計，心繫民生，頗有見地。〔註47〕下面試以
他與鄂爾泰、張廷玉探討針對準噶爾的對策十二條的第五條略作分析。

　　方苞在《與鄂張兩相國論制馭西邊書》開頭即說：「苞聞出位之謀，先聖
所戒。然古者國有大事，謀及庶人」〔註48〕。方苞當時任詹事府左春坊左中
允，故稱論制準噶爾徵澤事宜的建言爲出位之謀。第五條的核心是調兵遣將、
戰守結合。他說：

　　　　徵兵滿萬，不如召募數千。內地且然，況遠戍荒徼，不獨各路
　　　徵兵心孤意怯，即召募於山、陝腹內，亦不可用。惟極邊之民，耐
　　　寒習苦，天性勇鷙，披甲戴胄，負糒齧冰，日中而趨百里；用以守
　　　禦，則忍饑勞而能力戰，閒居無事，則習耕種而利興屯。但人情非
　　　得厚利及有配耦，不能使久居危苦之地。凡應募之兵，實係壯勇，
　　　在軍則受兩人衣糧；其有父母妻子，本州縣歲給口糧；五年番代，
　　　仍補沿邊行伍；與其家鄰近者，且賞銀五十兩爲資本，以贍室家。
　　　其有願取妻子長住屯所者，以兩口爲限，官爲裝載：到屯之日，計
　　　口給銀，俾轉資於獨身而倍受衣糧者。十數年之後，屯田大興，丁
　　　男漸眾，應番代者，即以在軍丁男充補。田廬相望，姻親作伍，愛
　　　護身家，眾心成城，便爲金湯重鎮。兩地主將，必任沿邊宿將久著
　　　威名者。偏裨必屢經戰陣或素有謀略者。小校簡之行伍，能服百人，
　　　始得爲百夫之長。如此則爵必稱材，而人思自奮矣。巴里坤兵將專
　　　用漢人，而以忠實滿大臣一人贊畫，賜衛卒百人。阿爾太則用滿甲
　　　士千並妻子以往，如各省駐防之兵，而使重臣將之，宗室郡王監之。

〔註47〕參見周中明：《桐城派研究》，瀋陽：遼寧大學出版社1999年版，第114頁。
〔註48〕（清）方苞著，劉季高校點：《方苞集·集外文》卷5，《與鄂張兩相國論制馭
　　　　西邊書》，上海：上海古籍出版社1983年版，第637頁。

其餘兵將，亦用漢人。凡耕戰責之漢將，撫馭西北諸部，責之滿將；

而勒以彼此一心，協規併力，毋得掩功推過，則蔑不濟矣。〔註49〕

方苞雖是一位學者，但是不可否認，他結合清代兵制的特點，提出對西北用
兵招兵不如募兵，且招募極邊之民的見解，確乎考慮了地利人和等因素。與
之相配合的屯田、戰守及提高士兵家屬待遇的提議也很有眼光。尤其是關於
巴里坤、阿爾泰兩地滿大臣、滿兵、漢兵及其職責劃分的建言更是包含深意：
既要發揮滿漢將士雙方的積極性，又要確保滿族貴族的核心地位，消除其猜
忌。正因爲此，後來鄂爾泰奏請邊地屯田事宜五條，多處採納方苞的建言，「奉
詔從之」。〔註50〕此外，方苞還有多次與鄂爾泰通信的記錄，如《與鄂少保論
治河書》〔註51〕，《與鄂相國論薦賢書》〔註52〕等，足以說明方苞與鄂爾泰交
往頻繁。鄂爾泰之外，方苞與其它一些滿漢臣工等亦過從甚密。李光地是他
的救命恩人，張廷玉是他的桐城老鄉，這些人自不待言。下面略說方苞與滿
臣顧琮、徐元夢的友好往來。

顧琮，字用方，伊爾根覺羅氏，滿洲鑲黃旗人，尚書顧八代孫。他與方
苞在蒙養齋共事多年。顧琮於雍乾之際多年任河道總督，治河頗有成績。下
引方苞致顧氏之書即作於乾隆初年顧琮在河督任上。據《清史稿》載，顧琮
「內行嚴正……世宗崩，顧琮方喪偶，逾三年乃續娶。方苞以爲合禮」〔註53〕。
可見二人在禮制上同氣相求。顧琮說他與方苞朝夕相處「凡十有一年，始知
其宅心之實，與人之忠」〔註54〕。

方苞在《與顧用方論治渾河事宜書》中親切地稱顧琮爲「吾友」，勉勵他
「除蒸民之劇憂，定此遠謨，萬世永賴。在皇上則爲輔相天地之實事，在吾

〔註49〕（清）方苞著，劉季高校點：《方苞集·集外文》卷5，《與鄂張兩相國論制馭
　　　　西邊書》，上海：上海古籍出版社 1983 年版，第 640～641 頁。

〔註50〕（清）方苞著，劉季高校點：《方苞集》附錄《方苞年譜》，上海：上海古籍
　　　　出版社 1983 年版，第 881 頁。

〔註51〕（清）方苞著，劉季高校點：《方苞集·集外文》卷5，《與鄂少保論治河書》，
　　　　上海：上海古籍出版社 1983 年版，第 647～649 頁。

〔註52〕（清）方苞著，劉季高校點：《方苞集·集外文》卷5，《與鄂相國論薦賢書》，
　　　　上海：上海古籍出版社 1983 年版，第 649～650 頁。

〔註53〕（清）趙爾巽等：《清史稿》卷 310，《顧琮傳》，北京：中華書局 1998 年版，
　　　　第 10639 頁。

〔註54〕（清）方苞著，劉季高校點：《方苞集》附錄，顧琮：《方苞集》序，上海：
　　　　上海古籍出版社 1983 年版，第 907 頁。

友則爲保障億兆之奇功。而僕四十年胸中之痞塊一旦消釋，亦可以死不恨矣」
〔註55〕。

　　徐元夢（1655～1741年），字善長，號蝶園，姓舒穆祿氏，滿洲正白旗人。
康熙十二年進士，改庶吉士。像方苞一樣，徐元夢也累仕康雍乾三朝，官至
戶部尚書。他深受漢文化的影響，奉行忠孝，篤信理學。因此，他與方苞可
謂志同道合。方苞出獄後入南書房，不久移蒙養齋，與徐元夢「一見如舊相
識，共事十年，始灼知公所祈向」〔註56〕。方苞敘二人交往情形及徐氏爲人
時說：

> 司空徐公以忠孝大節，著聞海內，餘三十年。余晚而得交，朝
> 夕同役，居常斂然。其交友盡義，處眾直而溫，雖隸卒惟恐有傷，
> 踰年如一日也。嗚呼！觀公之接物如此，則其於君臣、父子、夫婦、
> 昆弟、朋友之間，端可知矣〔註57〕。

接著，方苞評論徐氏之詩云：

> 間出所爲詩示余，即境以抒指，因物以達情，悲憂恬愉，皆發
> 于性情之正。而意言之外，常有沖然以和者。蓋公生平，夷險一節，
> 務自刻砥，以盡其道，而無怨尤，故其詩象之如此。孟子曰：「誦其
> 詩，讀其書，不知其人可乎？」異世以下，誦公之詩，而得其所以
> 爲人，忠孝之心，可以油然而生矣！〔註58〕

當然，二人所探討的不會限於詩詞歌賦，更多的則是有關國計民生的事情。
一次，由於「河北諸路旱荒」，方苞看到「群公未聞進嘉謨以佐百姓之急」，
他認爲「夫備災宜豫，非倉卒所能舉。今野荒民散，而新穀不生，所可爲者，
惟無使舊穀妄耗耳」。〔註59〕而實際上因爲釀酒和飲酒造成的糧食消耗是驚
人的。對此，方苞說：「今天下自通都大邑以及窮鄉小聚，皆有酤者；沃饒

〔註55〕　（清）方苞著，劉季高校點：《方苞集》卷6，《與顧用方論治渾河事宜書》，
　　　　　上海：上海古籍出版社1983年版，第154頁。
〔註56〕　（清）方苞著，劉季高校點：《方苞集・集外文》卷6，《記徐司空逸事》，上
　　　　　海：上海古籍出版社1983年版，第693頁。
〔註57〕　（清）方苞著，劉季高校點：《方苞集・集外文》卷4，《徐司空詩集序》，上
　　　　　海：上海古籍出版社1983年版，第605頁。
〔註58〕　（清）方苞著，劉季高校點：《方苞集・集外文》卷4，《徐司空詩集序》，上
　　　　　海：上海古籍出版社1983年版，第605頁。
〔註59〕　（清）方苞著，劉季高校點：《方苞集》卷6，《與徐司空蝶園書》，上海：上
　　　　　海古籍出版社1983年版，第143頁。

人聚之區，飲酒者常十人而五，與瘠土貧民相校，約六人而飲者居其一。中人之飲，必耗二日所食之穀。若能堅明酒禁，是三年所積，可通給天下一年之食也。」因此，方苞向徐元夢提議：「宜著令：凡酒皆禁絕」〔註60〕。方苞的禁酒主張或顯迂闊，但其憂民之心於此可見。在另一封寫給徐元夢的信中，方苞指出十餘萬漕船篙工，在濟寧以北數百里範圍內沿途剽劫，造成了社會危害和巨大隱患。同時提醒常平倉粟米之空已超過十年。最後，方苞激勵徐氏曰：「公位正卿，年七十，宜日夜求民之疾，詢國之疵，而上言之。上方鄉公，又閔公衰疾，僕任其無大咎。若因此失官，則亦可以暴平生之志，謝眾口之責矣。惟公熟計而審處之！」〔註61〕方苞對徐氏可謂知無不言，言無不盡。而且無事不求。比如，在與河督高斌的較量中，兩位言官入獄，方苞請徐元夢搭救。徐氏遂對乾隆帝說：「不當以言罪諫官」。結果，「上即日釋之」〔註62〕。

方苞與徐元夢之間無話不說、親密無間的關係，以及他與鄂爾泰、顧琮的交往，從一個側面說明滿漢兩族的官員和士人的交流達到了一個新的水平，兩個民族日益和諧相處，有利於國家政治、經濟和文化的發展及社會進步。

從家族生存和發展的角度看，方苞在方氏家族衰極而盛的過程中起到了不可替代的作用。在康雍乾三帝調融滿漢關係的政策下，方苞因禍得福，出入廟堂，把他的憂國憂民的情懷、經世致用的學問發揮出來，爲國家，爲民族融合做出了一定貢獻，而且也爲大難之後的方氏家族保持了一定的社會影響。同時，他還利用自己接近皇帝的機會，向皇帝推薦了兩位方氏族人：方觀承和方世儁〔註63〕。日後他們都成爲封疆大吏。尤其是方觀承，爲官清廉，

〔註60〕 （清）方苞著，劉季高校點：《方苞集》卷6，《與徐司空蝶園書》，上海：上海古籍出版社1983年版，第144頁。

〔註61〕 （清）方苞著，劉季高校點：《方苞集》卷6，《與徐司空蝶園書》，上海：上海古籍出版社1983年版，第146頁。

〔註62〕 （清）錢仲聯主編：《廣清碑傳集》卷6，（清）全祖望：《前侍郎桐城方公（苞）神道碑銘》，蘇州：蘇州大學出版社1999年版，第399頁。

〔註63〕 方世儁，方雲良長子。字毓川，號竹溪。乾隆四年（1739年）進士，授戶部主事。累遷太僕寺少卿，外授陝西布政使。二十九年，擢貴州巡撫。三十二年，調湖南巡撫。劉標訐發上官婪索，言世俊得銀六千有奇，上命奪官，逮送貴州，其僕承世俊得銀千。獄成，械致刑部。（趙爾巽：《清史稿》卷339，《良卿傳附方世儁》，北京：中華書局1998年版，第11080頁。）乾隆帝認

政績顯著，卓然爲清朝名臣，爲國家發展和社會進步做出了很大的貢獻，也成爲家族復振的扛鼎人。

第二節　方觀承——方氏家族衰極而盛的扛鼎人

如上所述，雍正帝在康熙六十一年十一月二十日所頒佈的恩詔中，免罪釋放回籍的是方孝標的非嫡派。而方孝標及戴名世的嫡派子孫、媳婦仍羈留在塞外戍所。其遭遇至悲至慘，也最具史乘參酌意義。然而在這悲慘之中，卻發生著感人至深的事情，醞釀著家族發展的轉機。而這要從方觀承說起。

方觀承是清朝一位具有傳奇色彩的人物。近年來，有關清朝歷史的書籍和影視作品使張廷玉等一批清朝名臣爲人們所熟悉。相形之下，由於研究的薄弱，一代名臣方觀承尚未進入大眾的視野〔註64〕。方觀承在乾隆時期可謂名重一時：皇帝對其倍加賞識，士人對其交口稱讚，百姓對其感恩戴德。二百多年後的今天，重溫歷史，使這一光彩照人的人物從故紙堆中復活，不僅會豐富對清朝人物的研究，而且會給今人以很多啓迪。筆者依據見到的史料，對這一人物略作勾稽，試做評價，權當拋磚引玉。

一、「凍雪千山負米心」——早歲艱難績學

方觀承，字遐谷，號問亭，安徽桐城人，康熙三十七年八月初十日（1698年9月13日），生於直隸通州。〔註65〕觀承生長在一個仕宦大族。其高祖方

爲方世儁在黔撫任內，「婪索劉標貨物，並於開礦一事，受賄盈千，其罪亦無可逭，但其所犯在於得贓，較之良卿欺君長奸，目無法紀者，尚屬有間，著從寬改爲應絞監候。秋後處決」。（《清高宗實錄》卷852，乾隆三十五年二月己酉，北京：中華書局1986年版，第406頁）秋讞入情實，伏法。就所見史料，其貪污僅此一次，在那個貪腐盛行的年代，其數額也不算太大。子保升，翰林院庶吉士。

〔註64〕有關方觀承的研究，就筆者所見，僅有鞠明庫：《試論方觀承的農業貢獻》，《農業考古》2007年第1期；劉昀華、張慧：《方觀承及其棉花圖》，《河北畫報》2006年第12期；汪寶樹：《方觀承治理永定河》，《水利天地》1992年第2期；何鳳奇：《方觀承的〈竹枝詞〉與卜魁親情》，《齊齊哈爾大學學報（哲學社會科學版）》，1989年第6期。以上論文多集中在方觀承推廣植棉、治水或文學與風俗關係的探討。對方觀承的綜合研究似尚未見。

〔註65〕關於方觀承出生月日，各傳失載，白新良師據方觀承自著《燕香集》卷下，《通州感懷》詩注考證出這一日期。詩注云：「余以戊寅八月初十日生於通州，在大父（方登嶧）官中書時也。」

拱乾、曾祖方孝標均爲清初著名詞臣，經順治丁酉科場案後疏離了政治，但其祖、父又積極入仕。觀承祖登嶧，官工部主事。父式濟，四十八年進士，官內閣中書。累世爲官且文化積澱深厚的家庭背景，又恰逢政治寬鬆的康熙朝中期，觀承有著美好的童年，而且前程似乎應該更加美好。然而，一場文禍使其命運陡然改變。

作爲《南山集》案正犯的嫡派，觀承的祖、父等親人被遣戍到黑龍江卜魁（今齊齊哈爾市）。年僅 16 歲的觀承與兄觀永「往來南北，營塞外菽水之費，或日一食，或徒步行百餘里」〔註66〕。照顧父、祖生活的同時，他「暇輒讀書，窮討經籍」〔註67〕，身處逆境仍不忘向學。其父、祖先後卒於戍所。「麻衣萬里呼天淚，凍雪千山負米心」〔註68〕，可謂其備極流離的生動寫照。除省親塞外和稽留金陵（今南京）外，觀承的足跡遍及京師（今北京）、武昌、岳州等地〔註69〕，雖歷盡艱辛，卻因此而視野開闊，兼以勵志勤學，遂爲一代經世之才。

否極泰來，觀承的自強不息終於使其迎來了人生轉折的重大機遇。平郡王福彭賞識觀承的才學並於雍正十年（1732）將其招致幕下。次年，福彭拜定邊大將軍，征討準噶爾。經雍正帝召見，觀承由監生加中書銜，赴北路軍營爲書記。十三年十一月，大軍凱旋，以軍功實授內閣中書。踏上仕途時已三十八歲，但觀承憑著傑出的才德，取得了不凡的業績。

二、「上紓軍國之籌，下以究民疾苦」——政績斐然

乾隆元年（1736），王奕清推薦觀承舉博學鴻詞。〔註70〕觀承「以平郡王監試，嫌避不試」。〔註71〕後爲軍機章京，累遷吏部郎中。七年七月，出爲直

〔註66〕（清）袁枚：《太子太保直隸總督方恪敏公觀承神道碑》，錢儀吉纂：《碑傳集》卷72，北京：中華書局1993年版，第2061頁。
〔註67〕（清）錢陳群：《述本堂詩集序》，（清）方觀承：《述本堂詩集》，四庫全書存目叢書補編第30冊，濟南：齊魯書社2001年版，第396頁。
〔註68〕（清）方觀承：《述本堂詩集·東閣賸稿》，《家兄來書擬春初抵塞將至奉憶之作》，四庫全書存目叢書補編第30冊，濟南：齊魯書社2001年版，第417頁。
〔註69〕（清）方觀承：《述本堂詩集》，《入塞詩》序，四庫全書存目叢書補編第30冊，濟南：齊魯書社2001年版，第421頁。
〔註70〕（清）袁枚：《太子太保直隸總督方恪敏公觀承神道碑》，（清）錢儀吉纂：《碑傳集》卷72，北京：中華書局1993年版，第2061頁。
〔註71〕（清）姚鼐：《方恪敏公家傳》，（清）錢儀吉纂：《碑傳集》卷72，北京：中華書局1993年版，第2065頁。

隸清河道。署直隸總督史貽直奏勘永定河工，乾隆特命其「協同方觀承詳酌爲之。此人想宜於河務，爲其不穿鑿而亦有條理也」。〔註72〕這表明五年京官的生涯，使乾隆帝對其才幹有了一定瞭解。八年和九年，連擢直隸按察使、布政使。十一年，署山東巡撫。十三年，擢浙江巡撫。十四年，升直隸總督，兼理河務。其間，二十年九月署陝甘總督，二十一年正月即回直隸任，督直隸近二十年，直至三十三年病逝於任上。以書記而至總督，懋膺宸眷，令人稱羨。就連乾隆帝後來也稱「以書記起用，古有今則無。有之祇一人，曰惟觀承夫」〔註73〕。值得注意的是，方孝標被清廷視爲犯有大逆之罪，其曾孫卻如此受重用。個中原因耐人尋味。

乾隆的御製《懷舊詩》稱觀承「夙稱習政事，銓曹尤著譽」〔註74〕。清朝一般兩省設一總督，僅四川、直隸各設總督。直隸地稱三輔，且滿蒙漢三族雜居相處，「而翠華巡幸，每有大政必皆顧問，故又較他省爲難」〔註75〕。如此政務繁多之地，觀承以過人的才幹和充沛的精力將其治理得井井有條。可見，乾隆看中的是觀承的才幹。經過順、康、雍近百年的調適、磨合，滿漢矛盾已大爲緩和，彼此認同明顯加強。在此歷史條件下，乾隆帝能不拘一格降人才，而人盡其才又增強了民族團結，促進了社會進步。因此，方觀承的遭際和政績別具史乘意義。觀承之才幹出於患難，一旦獲得施展抱負的機會，便「上紓軍國之籌，下以究民疾苦」，〔註76〕輔君佐國，造福民眾，做出了不凡的政績。略舉其大端者如下。

（一）勸墾田地，改善民生

清朝經過近百年的發展，到了乾隆朝初期，人口激增，土地成爲增加賦稅、改善民生的關鍵因素。觀承心繫民生，任職一方，都要勸墾荒地、丈量田畝，做到地盡其利。

十三年，在浙江仁和至海寧之間海口大亹丈地三十五萬四千八百餘畝，

〔註72〕《清國史》卷125，第6冊，北京：中華書局1993年版，第564頁。

〔註73〕（清）清高宗：《御製懷舊詩四集》卷59，《五督臣五首》，四庫全書第1308冊，臺北：臺灣商務印書館1986年版，第302頁。

〔註74〕（清）清高宗：《御製懷舊詩四集》卷59，《五督臣五首》，四庫全書第1308冊，臺北：臺灣商務印書館1986年版，第302頁。

〔註75〕（清）王昶：《方恪敏公詩集序》，《春融堂集》卷40，續修四庫全書第1438冊，上海：上海古籍出版社2002年版，第78頁。

〔註76〕（清）陳兆倫：《述本堂詩集序》，（清）方觀承：《述本堂詩集》，四庫全書存目叢書補編第30冊，濟南：齊魯書社2001年版，第398頁。

將認墾者，核編字號，選老農，司勸課，分年升科。二縣「歲增雜糧十萬石，小民咸資生業。」〔註77〕

調任直隸後，有關記載更是不絕於書。二十一年十二月，會同欽差侍郎吉慶等於天津、鹽山等五州縣查出民人私墾土地一萬九千五百三十七頃。〔註78〕經觀承奏准，以恩賞官地名色，承認業主所有權。〔註79〕二十二年十二月，於天津等十三州縣查出荒熟官地共十萬一千一百二十四頃，隨飭地方官於春融時募墾，分別升科。〔註80〕二十三年二月，將永定河淤灘地，堤內外共留十丈爲種柳取土之用，其餘撥給永清等七州縣守堤貧民，八年後，根據胥役豪強兼併的情況，奏請「查明撤回，請歸留養局爲養贍貧民之用。」〔註81〕粗略統計，觀承在直隸任內，民間墾田報官升科者多達十三萬頃以上。〔註82〕

可貴的是，觀承既能充分利用土地，又不因墾荒而影響泄洪與漕運。十二年他署理山東巡撫時，就安山湖地撥民墾種升科一案疏言：湖地乾涸時可耕種得梁，遇雨多之年則爲運河泄水之地。民人雖願承墾升科，但是被災之後，「請蠲、請賑、請豁，徒致紛繁」。故此，觀承建議，除去升科名色，官地民種，可隨宜辦理。爲國爲民兩得其道。更重要的是，如果湖地升科，將出現李祖陶所說的不利的情況：「則小民視爲己地，各築堤埂以圍之，使水不得入，水不得入則泛濫沖決，不惟運道危，而良田亦受其害矣」〔註83〕。政策的不妥最終不僅威脅漕運，而且會殃及附近農田。據此，我們可以看出觀

〔註77〕《清國史》卷125，第6冊，北京：中華書局1993年版，第564頁。

〔註78〕《清高宗實錄》卷528，乾隆二十一年十二月戊寅，北京：中華書局1986年版，第656頁。

〔註79〕《清高宗實錄》卷530，乾隆二十二年正月乙巳，北京：中華書局1986年版，第684頁。

〔註80〕《清高宗實錄》卷553，乾隆二十二年十二月，北京：中華書局1986年版，第1082頁。

〔註81〕《清國史》卷125，第6冊，北京：中華書局1993年版，第572頁。

〔註82〕《清高宗實錄》卷560，乾隆二十三年四月己巳，北京：中華書局1986年版，第104頁。《清高宗實錄》卷707，乾隆二十九年三月辛未，北京：中華書局1986年版，第897頁。《清高宗實錄》卷759，乾隆三十一年四月戊午，北京：中華書局1986年版，第356頁。《清高宗實錄》卷806，乾隆三十三年三月己亥，北京：中華書局1986年版，第897頁。《清高宗實錄》卷808，乾隆三十三年四月壬申，北京：中華書局1986年版，第926頁。

〔註83〕（清）李桓：《國朝耆獻類徵》卷175，揚州：廣陵書社2007年版，第5915頁。

承眼界之開闊和可持續發展的思想，而這與他在長期治水中積累的豐富經驗密切相關。

（二）興利除弊——治理水患，興修水利

直隸境內河渠縱橫，由於上游水土流失嚴重，如果夏季雨水偏多，往往造成水患。不僅影響農業生產和民生，也對運河及漕運構成威脅。如果雨水不足，則會發生旱災。如何最大限度地興利除弊是檢驗官員能力的試金石。永定河含沙量大，流徙不定，向稱難治。

早在乾隆七年做直隸清河道之時，由於職任所繫，觀承就留心治水，取得了很好的效果。後來署直隸總督史貽直奏勘永定河工，乾隆特命其「協同方觀承詳酌爲之。此人想宜於河務，爲其不穿鑿而亦有條理也」。〔註84〕升任總督之後，爲了治理永定河，觀承更是殫精竭力。他親行勘查，確定了加固上游堤壩，疏濬下游的方針，並因時制宜，不拘成法。

十六年，方觀承奏請永定河下口出南岸冰窖壩口，朝臣眾說紛紜。觀承以「地勢、人事、天時皆順，敢以必應改移請！」乾隆帝派尚書舒赫德、河東總督顧琮會勘，奏如方觀承所言。十八年，觀承又主張以北岸六工尾作爲下口，很多人以爲觀承朝令夕改，並無定見。觀承申明理由：「上年汛水盈丈，挾沙直注下口。十里以內，舊積新淤，阻塞去路。……臣逐細查勘，向北改移水道，仍以南埝下汛爲歸宿，實於現在情形爲便。」〔註85〕得旨允行。這些決策源於他能「洞徹地勢，相時決機」。經過精心修治，永定河二十年間沒再發生重大水患。此外，觀承亦率領民眾對境內子牙河、漳河等亦因時、因河治宜，進行了卓有成效的治理。

除弊不忘興利，方能更好地改善民生。十七年十一月，觀承於滿城發現多處被葦草湮閉的山泉，濬治後增治多頃稻田。水量增大，也改善了通航條件，商販亦得通行。〔註86〕後又於易州城北開渠，導之灌田。乾隆帝特爲賜名安河。〔註87〕以後復將安河鑿子渠，建大小閘，以時啓閉，並分上下游，按日輪啓。「設渠長二，專司其事。兩旁隙地量予種藝。」〔註88〕這樣充分利用水資源，提高了抗旱能力。

〔註84〕《清國史》卷125，第6冊，北京：中華書局1993年版，第564頁。
〔註85〕《清國史》卷125，第6冊，北京：中華書局1993年版，第568頁。
〔註86〕《清國史》卷125，第6冊，北京：中華書局1993年版，第568頁。
〔註87〕《清國史》卷125，第6冊，北京：中華書局1993年版，第571頁。
〔註88〕《清國史》卷125，第6冊，北京：中華書局1993年版，第571頁。

（三）推廣植棉

觀承爲官多年，惠政頗多，而推廣植棉惠民尤巨。他認爲種棉「功同菽粟」，只有使農民重視種棉紡織，才能做到「生民衣被獨周乎天下」。根據長期積累的植棉經驗，三十年四月，他精選畫師，繪成《棉花圖》，共有《布種》、《灌漑》等 16 幅，呈乾隆帝御覽。應觀承之請，乾隆帝爲每幅圖分別題寫了一首七言詩，並准予觀承所作詩句附在每幅圖末尾。《棉花圖》準確地反映出十八世紀中葉冀中地區棉花生產技術居世界領先水平的地位，許多成功的經驗，至今仍在廣泛應用。〔註89〕它是研究我國植棉花史、棉紡織史和農業科技史的珍貴資料。它「圖繪以盡其狀，詩歌以盡其情」，圖文並茂，加上乾隆帝將其頒行天下的詔書，使其成爲清代倡導、推廣植棉和棉紡織技術的優秀科普作品。後來在嘉慶年間改名爲《授衣廣訓》繼續流佈。同治年間徽州胡開文墨莊，將其雕版製模做成墨錠。可見此圖對社會廣泛而深遠的影響。〔註90〕

（四）積極扶持工商業

針對「熱河地方，人煙輻輳，日用浩繁。比來柴薪一項，採購既多，市直頗貴」的狀況，觀承在熱河、四旗等五廳訪獲煤礦21處，二十六年十二月，奏請分界設窰，招募殷實民戶動工開採。「俟煤旺時，地方官詳司給帖，准充納稅」。〔註91〕不僅改善了當地的取暖條件，增加了就業機會，促進採礦業的發展，增加國家的稅收，而且有利於保護森林，保持生態環境。

二十六年正月，有人奏請派員於多倫諾爾（今內蒙古自治區多倫縣）收稅，乾隆帝命觀承議奏。觀承疏言：「多倫諾爾糧米皆資遠販，貿易貨物較前雖增，而情形與八溝（今河北平泉縣）迥別。內地茶布，俱自張家口販往，毋庸重徵。惟庫倫、恰克圖各處貿易貨物，及克什克騰木植，其在多倫諾爾售賣者，應一律增收課稅，以杜私販。」〔註92〕下廷臣議行。觀承主張對不同商品、不同輸入地區分別對待，增稅以防私販，又不重複徵稅，保護了正常的商業活動，有利於各地互通有無。

〔註89〕劉昀華、張慧：《方觀承及其棉花圖》，《河北畫報》2006 年 12 期，第 22 頁。
〔註90〕劉昀華、張慧：《方觀承及其棉花圖》，《河北畫報》2006 年 12 期，第 29 頁。
〔註91〕《清高宗實錄》卷 650，乾隆二十六年十二月己巳，北京：中華書局 1986 年版，第 282 頁。
〔註92〕《清國史》卷 125，第 6 冊，北京：中華書局 1993 年版，第 570 頁。

（五）賑災成效顯著

乾隆八年至九年，直隸發生較嚴重的旱災。觀承為賑災做了大量細緻的工作，並撰有《賑紀》8 卷傳世，法國學者魏丕信據此寫出《18 世紀中國的官僚與荒政》一書。該書以這次旱災為實例，充分利用《賑紀》的統計資料，詳細考察了清政府的救災措施、作用及效果〔註93〕。

十五年五月，樂亭縣沿海地區受海潮侵襲，田禾被淹。觀承查明被災戶口，先加賑一月。又按成災分數，分別給與口糧。民房被水沖塌者，按照定例，分別給銀。實在城鹵不堪種植者，請旨豁免。〔註94〕六月，保定以北普降大雨，秋糧失收，乾隆帝下令截漕 20 萬石。觀承在辦賑的同時，奏請開放奉天海運一年，准令商民前往採買，運直接濟。〔註95〕為提高抵禦災荒的能力，早在十二年，觀承就建議推廣義倉。十八年，觀承在全省設義倉 1000 餘處，存倉米穀 28 萬餘石，並繪圖以進。〔註96〕爾後十數年中，觀承多次辦賑並積累了豐富經驗。為防各省辦賑吏胥冒濫中飽，乾隆帝將觀承辦賑方法抄寄各省督撫，參照執行。〔註97〕一些地區遭災，觀承還興工代賑。〔註98〕因其辦賑妥善，乾隆帝極為信任。二十七年九月，御史永安奏請簡派京堂科道查察直隸賑務。乾隆帝隨諭，方觀承在任年久，一切地方民事皆能悉心經理，而不准其請。〔註99〕

（六）妥善處理民族事務，維護旗、民各方利益

直隸滿蒙漢雜居，旗人、民人共處，彼此互通有無，互相學習。但由於發展水平不同，生產方式各異，管理模式有別，相互之間產生摩擦在所難免。

〔註93〕　（法）魏丕信著，徐建青譯：《18 世紀中國的官僚與荒政》，南京：江蘇人民出版社 2003 年版，《前言》第 1 頁。
〔註94〕　《清高宗實錄》卷 367，乾隆十五年六月丙申，北京：中華書局 1986 年版，第 1053～1054 頁。
〔註95〕　《清高宗實錄》卷 375，乾隆十五年十月丙戌，北京：中華書局 1986 年版，第 1137 頁。
〔註96〕　《清國史》卷 125，北京：中華書局 1993 年版，第 568 頁。
〔註97〕　《清高宗實錄》卷 398，乾隆十六年九月戊寅，北京：中華書局 1986 年版，第 243～244 頁。並見《清經世文編》卷 41《戶政》16，方觀承：《賑紀十五條》，《魏源全集》第 15 冊，長沙：嶽麓書社 2004 年版，第 325～331 頁。
〔註98〕　《清高宗實錄》卷 657，乾隆二十七年三月乙卯，北京：中華書局 1986 年版，第 351 頁。
〔註99〕　《清高宗實錄》卷 671，乾隆二十七年九月己丑，北京：中華書局 1986 年版，第 503 頁。

　　因爲內地人口猛增，失地民人前往口外喀喇沁、土默特等蒙古地界墾荒租地及從事商販貿易者日漸增多。這本來是人口的合理流動，但影響到某些蒙古貴族的利益，朝廷對此已有解決方案，但土默特某貝子不按原議年限，欲將租地民人概行驅逐。十六年正月，觀承奏請簡公正大臣，前往查辦。俾蒙古民人俱各安輯。侍郎劉綸等經查勘，奏請仍照三年、五年限撤還，嗣後不得私典。〔註100〕維護了租地漢人的正當利益。

　　由於國家統一，海內太平，內地商民前往恰克圖、庫倫貿易者絡繹不絕。理藩院奏請禁止蒙漢貿易。理由是貿易致蒙古賒欠，有礙生計。二十四年二月，觀承疏言，蒙古與內地物產不同，在互通有無過程中，雖有矛盾，但不可因噎廢食。而應區別對待。〔註101〕觀承的這些主張有利於漢族和蒙古族的經濟、文化交流，促進邊疆民族地區的發展，加強民族團結。對統一的多民族國家的鞏固和發展有重要意義。

　　此外，觀承在愼刑獄以及長於用人等方面亦頗爲人稱道。

　　觀承爲改善民生傾注了極大的心血，對人的生命同樣極爲尊重。所以他對刑獄愼之又愼。磁州（今河北磁縣）發生民衆暴亂。「公奏誅三人、絞七人。上疑公沽名，有所縱弛，嚴旨督過，一夕間接十三廷寄。家人慮聖意不測，盡雨泣，而公堅執前議，申辨愈力。詔解犯闕下，九卿、軍機大臣會訊，獄辭與公奏一字無訛，遂卒如公議，而從此上愈重公。」〔註102〕即使面對來自皇權的壓力也堅持司法原則，尊重人的生命，這種精神著實難能可貴。

　　觀承本人做事幹練，而且長於用人。他對官員，揚長避短，寸技不遺。品地敦良者使其治民，聰明強幹者使其斷獄，家道素封者使其管理財務，性格迂緩者使其訓導士人。即使譎詭捷黠者，亦使之刺探奔走，且賞罰必信。「以故，人樂爲用。畿輔數千里如臂使指拇，脈絡皆通。」〔註103〕觀承依靠這些人把畿輔治理得井井有條「及公沒而爲督撫有名，若周元理、李湖等，凡十

〔註100〕《清高宗實錄》卷380，乾隆十六年正月己酉，北京：中華書局1986年版，第9頁。
〔註101〕《清國史》卷125，北京：中華書局1993年版，第570頁。
〔註102〕（清）袁枚：《太子太保直隸總督方恪敏公觀承神道碑》，（清）錢儀吉：《碑傳集》卷72，北京：中華書局1993年版，第2062頁。
〔註103〕（清）袁枚：《太子太保直隸總督方恪敏公觀承神道碑》，（清）錢儀吉：《碑傳集》卷72，北京：中華書局1993年版，第2061頁。

餘人，皆宿所拔於守令丞尉中者也」〔註104〕。爲直隸的吏治、民生的改善準備了人才隊伍。

三、品行與才學

　　桐城方氏家族素以忠孝傳家。他不拉幫結派，不索賄受賄，「及薨，家無餘財」，「於桐城及江寧皆建家祠，置田，以養族之貧者」〔註105〕。既重親情，又重友情。他與觀永千里探親的故事，至今仍被人們傳誦。兄弟手足情深：康熙五十九年，方登嶧遣觀承赴奉天謀求生計，當時家人離別的場面令人肝腸寸斷：「幼弟牽我衣，涕淚不可收。撫摩爲拭淚，紿以非遠遊。弟兄各飄泊，獨汝膝下留」。〔註106〕他遺言要與兄同葬一處；在平郡王幕府時，因祖父母、父母四代均葬於關外，觀承「每至歲時，必慟哭。王哀其意，爲奏請讁戍身死而無餘罪者，聽其遷柩回裏。世宗許之，遂著爲令。」〔註107〕至乾隆十六年（1751），方登嶧、方式濟的屍骸由方觀永和方觀本遷回祖塋安葬。方觀承時任直隸總督，因政務纏身無暇參與，遺憾中作詩紀事，《大兄三弟奉二親安葬洪山，書來告期，望遠銜悲，成詩四首，時辛未清明前二日》：

> 兄老親初葬，書遙緒萬端。山形歸去夢，土色寄來看。
> 薄斂追思久，靈輀再見難。心傷兼悔及，江路白雲漫。
>
> （其一）
>
> 憶自成童日，都爲多難時。遠懷繫遊子，永痛失歸期。
> 執紼關重漠，尋巢越舊枝。廿年銜土願，表墓尚無碑。
>
> （其二）
>
> 展盛新宮秩，叨榮舊賜金（承爲直藩時蒙賜白金五百兩待營先人葬事，恩榮所及，感銜世世）。笠逢當午霽（下奠用午時陰際適晴），恩賁九原深。

〔註104〕李興盛等主編：《黑水郭氏世系錄》外十四種，哈爾濱：黑龍江人民出版社2003年版，第1043頁。

〔註105〕（清）姚鼐：《方恪敏公家傳》，（清）錢儀吉：《碑傳集》卷72，北京：中華書局1993年版，第2064頁。

〔註106〕（清）方觀承：《述本堂詩集·入塞詩》，《大父遣赴奉天》，四庫全書存目叢書補編第30冊，第422頁。

〔註107〕（清）袁枚：《太子太保直隸總督方恪敏公觀承神道碑》，（清）錢儀吉：《碑傳集》卷72，北京：中華書局1993年版，第2063頁。

一日生無養，終天痛在心。顯揚竟何補，孝哺睠微禽。

（其三）

不葬原無仕（三弟），含情獨守邱（大兄）。恩增兄弟重，疚積子臣
羞。

春草星塘路（洪山與星塘祖塋相近），高源皖水流。他時寒食淚，一
一灑松楸。

（其四）〔註108〕

方觀承雖位列高官，卻因未能盡孝而哀痛不已。同時，兄弟手足之情躍然紙
上。

踏上仕途後，他在桐城和金陵置族田以供養族人之貧困者；他並不信佛，
但捐資修繕清涼山僧寺，以報答當初長老的收留之恩。

觀承五十歲尚未有子，撫浙時，使人於江寧買一女子。得知該女子的身
世後，觀承：「吾少時與此女子祖以詩相知，安得納其孫女乎？」〔註109〕當即
還其家並助資嫁之。時人傳爲美談。

觀承仕宦數十年，署中未嘗設劇，公事之暇，即執書讀之。好吟詩，有
《宜田彙稿》、《松漠草》諸集；「纂《河渠考》若干卷，辨明《水經注》『滏
水』之非缺，《漢書》注『洫水』之非增」〔註110〕。方觀承曾「師事望溪先生，
其從政設施，得諸先生緒論爲多，治經尤專《三禮》」〔註111〕。這些成就的取
得，除了深思好學之外，還得益於觀承閱歷豐富，治水頗有成就。此外，他
尚有《兩浙海塘通志》等著作傳世。

觀承善書法，有臨《麻姑仙壇記》小楷卷，橫直相安，極爲斬截。學養
深厚的方觀承很重視地方教育，從宣化的「柳川書院」匾額到永年的清暉書
院題詩碑，燕趙大地許多地方都留下了他的墨寶，人們在欣賞其書法藝術的
同時，仍能體會到他諄諄勸學的良苦用心。

〔註108〕（清）方觀承：《述本堂詩集・燕香集上》，《大兄三弟奉二親安葬洪山，書來
　　　　告期，望遠銜悲，成詩四首，時辛未清明前二日》，四庫全書存目叢書補編第
　　　　30 冊，第 550 頁。
〔註109〕（清）姚鼐：《方恪敏公家傳》，（清）錢儀吉：《碑傳集》卷 72，北京：中華
　　　　書局 1993 年版，第 2065 頁。
〔註110〕（清）袁枚：《太子太保直隸總督方恪敏公觀承神道碑》，（清）錢儀吉：《碑
　　　　傳集》卷 72，北京：中華書局 1993 年版，第 2063 頁。
〔註111〕（清）馬其昶：《桐城耆舊傳》卷 9，《方恪敏公傳弟九十三》，續修四庫全書
　　　　第 547 冊，上海：上海古籍出版社 2002 年版，第 618 頁。

四、哀榮始終，澤被後世

觀承因政績顯赫、對改善民生貢獻良多，故深得乾隆帝賞識。乾隆十五年二月，乾隆西巡五臺山，賜觀承人參三斤。方觀承無比感激，有詩紀之：「邃谷傳仙種，重縑啓御封。黃金難比貴，白髮易爲容。液注盈盈水，香生細細茸。空知扶質朽，何以報恩濃」〔註112〕乾隆十五年三月，方觀承再加太子少保，因而賦詩云「丹誥酬庸典，青宮論道臣。恩漸資敘淺，褒重弼諧均（與大學士等同被寵命）。極北依光近，周南頌化淳。宮綸傳閣報，花樹及華春」。〔註113〕

看著乾隆帝賞賜的人參，他或許還想起對他有知遇之恩的福彭。福彭曾經親自爲觀承熬人參湯。觀承敘其困苦未達時，得平郡王福彭之賞識，云：「先是寓京師時，平郡王好賓客，屢召未赴。雍正壬子秋，道經奉天時，王有山陵之役，乃始謁王行館中。王方作書，命書巨幅，未竟，忽擲筆眩瞀。王知余羸疾，案前蒔人參一本，輒親屬之，趣從者煎以飲余，十指泥污弗惜也。余心感焉。」〔註114〕以之爲契機，觀承隨福彭西征準部，自此走上仕途。如今又獲皇帝如此垂青，他焉能不感懷於心！

此後乾隆帝又對方觀承多次議敘加級，信任有加。三十三年七月，觀承患病臥床。乾隆帝專派御醫前往診治。八月十三日，觀承病逝於保定任所，〔註115〕終年七十一歲，諡恪敏。入祀直隸名宦祠。四十四年，乾隆御製懷舊詩，將其列入「五督臣」中。五十一年三月，准入賢良祠。百姓同樣對其懷念不已，「今公之亡也，……燕趙之編蓬與幽幷之邊眾，茫然喪其所懷」〔註116〕。

因對觀承的信任和賞識，乾隆帝對觀承之子方維甸亦恩寵有加。方維甸日後官至閩浙總督，授軍機大臣。觀承兄觀本之子方受疇也受其遺澤，官至

〔註112〕（清）方觀承：《述本堂詩集・燕香集上》，《賜人參恭紀》，四庫全書存目叢書補編第 30 冊，第 542 頁。

〔註113〕（清）方觀承：《述本堂詩集・燕香集上》，《蒙恩晉階太子少保獎勵有加感愧交集恭紀四韻》，四庫全書存目叢書補編第 30 冊，第 542 頁。

〔註114〕（清）方觀承：《述本堂詩集》，《松漠草》序，四庫全書存目叢書補編第 30 冊，第 489～490 頁。

〔註115〕觀承去世日期的考證，參見白新良：《乾隆朝臣工疑年錄》，《歷史檔案》2009 年第 1 期，第 66 頁。

〔註116〕（清）汪師韓撰：《上湖文編補鈔》卷下，《祭制府方宮保文》，續修四庫全書第 1430 冊，上海：上海古籍出版社 2002 年版，第 457 頁。

直隸總督。方氏家族出現一門三督、先後爲乾嘉股肱重臣的盛況，以致清人
陳康祺概歎「桐城方氏仕宦之盛」﹝註117﹞。方氏家族歷經兩次沉淪而能東山
再起，反映出其家族頑強的生命力。在重振家聲過程中，方觀承無疑是最關
鍵的人物。

　　觀承少年罹家難，但自強不息；終成一代巨才。風雲際會，由布衣而監
生，而總督，遂成一世偉業。家族的兩次沉淪，早年經歷的艱難困苦，使其
深知民間疾苦，因而能心繫民生，恩澤民眾。當時全國許多地區大搞文字獄，
直隸卻無重大文字之禍。他不喜生事，堅持與民休息，爲改善民生殫精竭智。
安居樂業，豐衣足食，歷來是人們的企盼，也是有爲官員孜孜以求的目標。
觀承以自己的勤勉和智慧朝著這個目標不斷邁進。他勸墾荒地，興修水利，
推廣植棉，廣設義倉……種種惠政，不勝枚舉，給民眾以棉花般輕柔、樸實
的溫暖。觀承是名副其實的實幹家。

　　爲報答乾隆帝的知遇之恩，他實心任事，兢兢業業。乾隆帝對其非常信
任，把直隸這一根本重地交給他治理達19年。觀承是清前期直隸總督在任最
長的。乾隆帝曾稱讚他「任久民情悉，心恒吏治敦」，後又將其列入「五督
臣」。同時，他從不拉幫結派，對乾隆朝政局的良性發展，發揮了積極作用，所以，
觀承是當之無愧的賢臣。

　　觀承身居高位，卻能克己奉公，堅守道德準則。是一位難得的孝子，一
位高尚的君子。他在繁多的公務之餘，勤於著述，工書法，善詩歌，經世著
作頗多，是一位文化巨子。他的雄渾沉鬱的詩歌，他的凝聚心血的經世著作，
他的身處逆境卻愈挫愈奮的精神，都是留給後人寶貴的精神財富。

　　觀承無過人的政見，所以稱不上政治家，此爲時代使然。觀承爲官的 18
世紀是一個務實的時代，又是一個皇權空前集中的時代，臣工只能在皇權允
許的範圍內發揮才智，這是時代的局限性使然，我們不能苛求古人。

　　因父祖罹文字之禍，觀承青少年時期備嘗艱辛，缺乏科舉入仕的條件，
但因才幹出眾，得以步入仕途，建功立業。他的經歷在某種程度上表明，此
時滿漢矛盾已大大緩解。從方拱乾開始，方家一直尋求融入滿族政治生活之
中，這一艱難歷程至觀承時基本完成。爲鞏固統治，乾隆帝能不拘一格降人
才，而人盡其才又促進了社會進步。

─────────────

﹝註117﹞　（清）陳康祺：《郎潛紀聞初筆》卷4，北京：中華書局1990年版，第78頁。

　　長江後浪推前浪。一代名臣逝去，方家又出現了兩位封疆大吏：方維甸和方受疇。他們仰仗方觀承的餘蔭，使其開創的事業繼續有所推進。方氏家族因此出現了「一門三督」的盛況。

第三節　方維甸、方受疇——方氏家族仕宦的迴光返照

一、方維甸與乾嘉二帝關係及其仕宦政績簡述

　　方維甸（1758～1815），字南耦，號葆岩。他是方觀承的獨生子。方觀承老來得子，頗爲艱難。觀承與原配劉氏所生的孩子都沒能活下來。後來側室吳氏產下一個男孩，即方維甸。此時，方觀承已經六十一歲了。乾隆帝聞之，「代爲欣喜，命報至御前，解所佩金絲荷囊，賜之。」〔註118〕對此，觀承有詩云：「造膝幾人容抱子，眷懷昨歲詔迎醫」觀承自注：「攜耆兒至御前，蒙親解佩囊以賜，又蒙恩命御醫爲耆兒種痘」。〔註119〕觀承去世後，乾隆嘉慶二帝對維甸仍恩寵有加，兼之維甸勤學幹練，很快就脫穎而出，爲一代名臣。下面據《滿漢名臣傳》及相關史料加以論述。

（一）乾嘉二帝恩寵，仕途順暢

　　乾隆四十一年二月，高宗巡幸山東，維甸以貢生在良鄉接駕。乾隆帝諭曰：

> 「原任直隸總督方觀承，宣力畿輔二十餘載，懋著勤勞。其身後，每深軫念。伊惟方維甸一子，彼時尚在幼稚，今年已及歲，著加恩照裘日修之子行簡之例，授爲內閣中書，並准其一體會試。」六月，補內閣中書，充軍機章京。四十六年，成進士，授吏部主事。〔註120〕

乾隆四十一年二月，距觀承去世已近八年。睹故人之子，又勾起乾隆帝對觀

〔註118〕（清）袁枚：《太子太保直隸總督方恪敏公觀承神道碑》，（清）錢儀吉纂：《碑傳集》卷72，北京：中華書局1993年版，第2061頁。

〔註119〕（清）張維屛：《聽松盧詩話》，（清）李桓輯：《國朝耆獻類徵初編》卷175，揚州：廣陵書社2007年版，第5918頁。

〔註120〕吳忠匡校訂：《滿漢名臣傳》，哈爾濱：黑龍江人民出版社1991年版，第3790頁。參見（清）馬其昶：《桐城耆舊傳》卷9，《方維甸》，續修四庫全書第547冊；（清）李桓：《國朝耆獻類徵》卷175，揚州：廣陵書社2007年版。

承的懷念，因此移愛其子，授官准試。與一般人相比，維甸在從政之路上走了捷徑。

> 四十九年五月，隨參贊大臣福康安赴石峰堡軍營。十一月，升員外郎。五十年，授坐糧廳。五十二年，擢升郎中，隨將軍福康安赴臺灣軍營。十二月，賞戴花翎。尋遷福建道御史。五十四年充廣西鄉試正考官，尋擢禮科給事中。五十五年，授光祿寺少卿。五十六年，隨將軍福康安征廓爾喀。五十七年四月，轉太常寺少卿。九月，經福康安保奏，諭曰：「方維甸隨營辦理，毫無舛誤。且自進兵以來，衝風冒雨，步行涉險，實屬奮勉，著賞三品卿銜。十一月，遷通政司副使。」〔註121〕

維甸踏上仕途不久，即多次隨乾隆帝寵臣福康安出征。從東南海疆到西南邊陲，乃至出境作戰。維甸辦事細心、不畏艱險，得到福康安的賞識，故特向乾隆保奏，維甸因此得到很快的陞遷。

> 五十八年十一月，授光祿寺卿。……五十九年三月，派稽察左翼覺羅學。四月，轉太常寺卿。八月，充順天鄉試副考官。六十午三月，充會試知貢舉。四月，授長蘆鹽政。〔註122〕

維甸的任職頗爲複雜，軍事、文教、禮儀等等，不一而足。尤須注意的是，他就任鹽政一職。此職屬於肥缺，皇帝一般任用自己的心腹。可見，維甸一直受到乾隆帝的眷顧。乾隆帝去世後，嘉慶帝即位，對維甸仍予以重用。

「嘉慶元年三月，上恭謁西陵，維甸隨營當差，恩予議敘。」〔註123〕雖然其後因辦事不善，仍得到寬免。嘉慶帝諭曰：「方維甸係方觀承之子，曾在軍機章京上當差有年，著加恩賞給員外郎，仍在軍機章京上行走。」〔註124〕

〔註121〕吳忠匡校訂：《滿漢名臣傳》，哈爾濱：黑龍江人民出版社1991年版，第3791頁。參見（清）馬其昶：《桐城耆舊傳》卷9，《方維甸》；（清）李桓：《國朝耆獻類徵》卷175。

〔註122〕吳忠匡校訂：《滿漢名臣傳》，哈爾濱：黑龍江人民出版社1991年版，第3791頁。參見（清）馬其昶：《桐城耆舊傳》卷9，《方維甸》；（清）李桓：《國朝耆獻類徵》卷175。

〔註123〕吳忠匡校訂：《滿漢名臣傳》，哈爾濱：黑龍江人民出版社1991年版，第3791頁。參見（清）馬其昶：《桐城耆舊傳》卷9，《方維甸》，續修四庫全書第547冊，上海：上海古籍出版社2002年版；（清）李桓：《國朝耆獻類徵》卷175。

〔註124〕吳忠匡校訂：《滿漢名臣傳》，哈爾濱：黑龍江人民出版社1991年版，第3791頁。參見（清）馬其昶：《桐城耆舊傳》卷9，《方維甸》，續修四庫全書第547冊，上海：上海古籍出版社2002年版；（清）李桓：《國朝耆獻類徵》卷175。

後又授內閣侍讀學士，隨工部尚書那彥成督辦軍務。嘉慶五年閏四月，授山東按察使。六年十月，擢河南布政使。因籌劃防範土匪和裁撤鄉勇事務得當而受到嘉慶帝的嘉獎。

（二）巡撫陝西，維穩平亂，改革鹽務

嘉慶八年五月，調陝西布政使。八月，擢陝西巡撫。撫陝期間，維甸治理軍務，平川楚之亂，定寧陝兵變，籌措善後，頗顯其辦事幹練。因此九年六月，嘉慶帝密諭署理陝甘總督那彥成，「陝甘重鎮外接新疆，非公正廉明不能率屬，非精明強幹不能治民」，「方維甸深可信任」〔註125〕。九月，嘉慶帝諭曰：「德楞泰奏報剿捕川、陝邊界零匪全數肅清，方維甸自擢任巡撫以來，於搜捕零匪辦理糧餉及籌撤鄉勇各事宜均能認眞經理，悉臻妥協，著加恩仍賞戴花翎」〔註126〕。

維穩平亂之外，方維甸巡撫陝西期間最大的惠政是改革鹽務。因爲當時河東鹽務復歸商運，阿拉善、吉蘭泰鹽池亦歸公招商承辦，嘉慶帝命侍郎英和、內閣學士初彭齡偕方維甸，陝甘總督倭什布、山西巡撫同興會議。會議的結果是陝西的府谷、神木、葭州，綏德、吳堡、清澗、延川、宜川等八州縣俱改食吉蘭泰池鹽。

嘉慶十二年二月，維甸奏稱府谷、神木、葭州三處向食鄂爾多斯鹽，若改食吉蘭泰池鹽，禁止鄂爾多斯、蒙古鹽，辦理多有窒礙，請免其改食吉蘭泰池鹽。又疏陳多條鹽務事宜〔註127〕，其總的原則就是因地制宜，不搞一刀切，目的是使商民兩便。比如他疏陳：「南山內山徑叢雜，小民背負銷售，行走道路因聽民便，嗣後以官店發票爲憑，但有發票，即准銷售，則南山肩負貧民借資生計，不致去而爲匪，而小民亦無食淡之虞。」〔註128〕

〔註125〕《清仁宗實錄》卷130，嘉慶九年六月，北京：中華書局1986年版，第771頁。該條諭旨原書記載「是月」，無日期。

〔註126〕吳忠匡校訂：《滿漢名臣傳》，哈爾濱：黑龍江人民出版社1991年版，第3792頁。參見（清）馬其昶：《桐城耆舊傳》卷9，《方維甸》，續修四庫全書第547冊，上海：上海古籍出版社2002年版；（清）李桓：《國朝耆獻類徵》卷175。

〔註127〕吳忠匡校訂：《滿漢名臣傳》，哈爾濱：黑龍江人民出版社1991年版，第3796頁。參見（清）馬其昶：《桐城耆舊傳》卷9，《方維甸》，續修四庫全書第547冊，上海：上海古籍出版社2002年版；（清）李桓：《國朝耆獻類徵》卷175。

〔註128〕吳忠匡校訂：《滿漢名臣傳》，哈爾濱：黑龍江人民出版社1991年版，第3796～3797頁。參見（清）馬其昶《桐城耆舊傳》卷9，《方維甸》，續修四庫全書第547冊，上海：上海古籍出版社2002年版；（清）李桓：《國朝耆獻類徵》卷175。

八月，方維甸上奏：

> 綏德、吳堡二州縣，向食三眼泉土鹽。清澗、延川、宜川三縣，向食定邊花馬大池鹽。民情相安已久，請無庸改食吉蘭泰池鹽。

十三年二月，偕山西巡撫成寧上奏，請求酌改陝境鹽務事宜。〔註129〕十二月，他又上奏請求酌籌漢中鹽務事宜：

> 查南鄭等九州縣頒引二萬五千道，每年交課三千七百五十兩，設有土商抽鹽辦課，而各州縣內洋縣、西鄉鹽法於康熙年間議定，由各里攤捐課銀，並不抽鹽。此漢中向來辦理章程也。嗣復設立土商，抽鹽辦課，漢中本無殷實大商，並不持引運鹽，皆係小販到境抽錢抽鹽，謂之抽鹽辦課。俟課項交足，即將官引截角繳毀，謂之定截引角。揹勒多收之弊，在所不免。且小販皆係無業貧民，資本甚微，獲利有限，土商坐分其利，人情甚不帖服。漢中一府，請照洋縣、西鄉章程，一律攤納，並請照鳳縣之例，裁去土商，永杜揹勒之弊。〔註130〕

他的這些建議，由於有調查研究，符合當地實際情況，因而均下部議行。

（三）總督閩浙，穩定秩序，開發臺灣

十四年七月，嘉慶帝授方維甸為閩浙總督，八月，維甸因母老未能迎養赴閩，奏懇於半年後簡人更代。嘉慶帝敦促其送母親回原籍，「迅速馳赴新任」〔註131〕。諭曰：

> 方維甸之母年逾八十，平素母子相依，朕所素悉。唯因閩、浙地方緊要，現有剿辦洋匪等事，簡用乏人，不得已簡伊前往。今伊母不能迎養赴任，伊慮及日久遠離，私心負疚，自屬人子至情。伊母已送回原籍居住，方維甸應即迅速馳赴新任，一意辦公，無庸內顧。俟明春二三月間，著來京陛見，彼時准其順道先往江

　　寧省視，到京後將伊母身體情形據實奏聞，候朕降旨。〔註132〕嘉慶帝之所以敦促方維甸安頓好母親，即馳赴新任，蓋因其曾於乾隆五十二年協助福康安平定臺灣林爽文事件，對閩浙情形較爲熟悉。而當時蔡牽爲首的海上反清勢力剛剛被擊潰，而臺灣嘉義、彰化縣械鬥已息復熾，局勢尚不穩定。

　　九月，維甸遵旨馳赴廈門，查辦臺灣械鬥案件。〔註133〕十一月，維甸上奏將其夥眾三千餘人照舊例分別遣散，回籍安插，並挑出情願隨同緝捕者精壯一百五十餘人。得旨允行。〔註134〕

　　次年正月，拿獲械鬥首犯林聰等並從犯一百餘名，分別定議具奏。〔註135〕從而將臺灣械鬥之風日熾的勢頭打壓下去。後來海盜朱濆之弟朱渥向清軍投誠。十五年四月，上奏稱臺灣屯務廢弛，建議查勘田畝，體恤番丁。對於應徵屯租。廢除屯弁自行徵收，散給各丁的做法，該由州縣收發，防止屯弁侵吞，維護屯丁利益。〔註136〕

　　嘉慶傳諭方維甸上奏該處營汛兵丁應如何妥議，並囑其來京陛見時，「順赴江寧看視伊母，即行來京瞻覲可也。」〔註137〕維甸回奏的絕大多數建議被採納。五月上奏，駐守臺灣的將士散處各方，難以調集操演。建議重點駐守近山險要及數縣交界等衝要處。得旨允行。〔註138〕

〔註132〕吳忠匡校訂：《滿漢名臣傳》，哈爾濱：黑龍江人民出版社1991年版，第3798頁。參見（清）馬其昶：《桐城耆舊傳》卷9，《方維甸》，續修四庫全書第547冊，上海：上海古籍出版社2002年版；（清）李桓：《國朝耆獻類徵》卷175。

〔註133〕吳忠匡校訂：《滿漢名臣傳》，哈爾濱：黑龍江人民出版社1991年版，第3798頁。參見（清）馬其昶：《桐城耆舊傳》卷9，《方維甸》，續修四庫全書第547冊，上海：上海古籍出版社2002年版；（清）李桓：《國朝耆獻類徵》卷175。

〔註134〕吳忠匡校訂：《滿漢名臣傳》，哈爾濱：黑龍江人民出版社1991年版，第3799頁。參見（清）馬其昶：《桐城耆舊傳》卷9，《方維甸》，續修四庫全書第547冊，上海：上海古籍出版社2002年版；（清）李桓：《國朝耆獻類徵》卷175。

〔註135〕吳忠匡校訂：《滿漢名臣傳》，哈爾濱：黑龍江人民出版社1991年版，第3799頁。參見（清）馬其昶：《桐城耆舊傳》卷9，《方維甸》，續修四庫全書第547冊，上海：上海古籍出版社2002年版；（清）李桓：《國朝耆獻類徵》卷175。

〔註136〕吳忠匡校訂：《滿漢名臣傳》，哈爾濱：黑龍江人民出版社1991年版，第3799頁。參見（清）馬其昶：《桐城耆舊傳》卷9，《方維甸》，續修四庫全書第547冊，上海：上海古籍出版社2002年版；（清）李桓：《國朝耆獻類徵》卷175。

〔註137〕吳忠匡校訂：《滿漢名臣傳》，哈爾濱：黑龍江人民出版社1991年版，第3799頁。參見馬其昶《桐城耆舊傳》卷9，《方維甸》，續修四庫全書第547冊，上海：上海古籍出版社2002年版；（清）李桓：《國朝耆獻類徵》卷175。

〔註138〕吳忠匡校訂：《滿漢名臣傳》，哈爾濱：黑龍江人民出版社1991年版，第3800

　　方維甸在臺灣視察時發現噶瑪蘭（今臺灣宜蘭地區）土著與流寓者、不同籍貫的人雜處，容易發生矛盾，於是，奏請預為籌劃：

> 臺灣噶瑪蘭地方田土膏腴，米價較賤。民番流寓日多。現查戶口，漳人四萬二千五百餘丁，泉人二百五十餘丁，粵人一百四十餘丁，又有生熟各番雜處，其中以強凌弱，勢所不免。必須官為經理，方可相安無事。其末墾荒坡尤須查明地界，劃分公平，以杜爭端。
> 〔註 139〕

維甸的奏請對嘉慶帝有所觸動，他進一步認識到臺灣孤處海外，有必要加強管轄。因此諭曰：

> （臺灣）諸務廢弛。今方維甸到彼，於地方營伍力加整頓，酌改章程。若地方官謹守奉行，自可漸有起色。第恐日久生懈，且該處俱係漳、泉、粵民人雜處，素性強悍，總須時有大員前往巡閱，使知警畏。嗣後福建總督、將軍每隔二年著赴臺灣巡查一次，用資彈壓。〔註 140〕

可見，維甸渡海赴臺，認真調查研究，對彼處積弊大力整頓。嘉慶帝頗為讚賞。並將閩浙高官赴臺巡查制度化。六月，維甸奏請陛見。嘉慶帝諭曰：

> 本年木蘭秋獮，九月初四日出哨，初七日回至熱河。方維甸計算程期，於彼時前來熱河請安，即隨駕回京，途次亦可頻頻召對也。至七月十七日，為伊母生辰，方維甸先赴江寧多駐旬日，不特遂其省視私情，亦可為伊母稱觴祝壽，並著賞方維甸之母玉三、鑲如意一柄、玉雙玻璃杯一個、玉瑞獸一件。磁盤一件、磁瓶一件、八絲緞二匹、玉絲緞二匹，用示恩齎。〔註 141〕

頁。參見（清）馬其昶：《桐城耆舊傳》卷9，《方維甸》，續修四庫全書第547冊，上海：上海古籍出版社2002年版；（清）李桓：《國朝耆獻類徵》卷175。
〔註 139〕吳忠匡校訂：《滿漢名臣傳》，哈爾濱：黑龍江人民出版社1991年版，第3803頁。參見（清）馬其昶：《桐城耆舊傳》卷9，《方維甸》，續修四庫全書第547冊，上海：上海古籍出版社2002年版；（清）李桓：《國朝耆獻類徵》卷175。
〔註 140〕吳忠匡校訂：《滿漢名臣傳》，哈爾濱：黑龍江人民出版社1991年版，第3803頁。參見（清）馬其昶：《桐城耆舊傳》卷9，《方維甸》，續修四庫全書第547冊，上海：上海古籍出版社2002年版；（清）李桓：《國朝耆獻類徵》卷175。
〔註 141〕吳忠匡校訂：《滿漢名臣傳》，哈爾濱：黑龍江人民出版社1991年版，第3803頁。參見（清）馬其昶：《桐城耆舊傳》卷9，《方維甸》，續修四庫全書第547冊，上海：上海古籍出版社2002年版；（清）李桓：《國朝耆獻類徵》卷175。

九月，維甸至熱河陛見嘉慶帝，稱其母上年自陝南旋，緩程數月，途中勞頓，心神日形恍惚。今年又兩次患病，戀子情殷，勢難刻離。嘉慶認為閩浙一帶「洋面肅清，巨盜均已掃除，地方寧謐」，允許方維甸開缺回籍養親。〔註142〕

（四）股肱之臣，澤遺後世

嘉慶十六年四月，諭曰：

> 此時軍機大臣人少，樞務至重，朕於中外諸臣遍加遴選，唯方維甸情性公直，在軍機章京上年久，熟諳事務，人地相宜。特簡用為軍機大臣，將來即補尚書，用資倚畀。……伊若奉母來京，於散直之餘朝夕侍奉，豈不公私兩得。遂即遇巡幸，亦不令伊隨往。朕於方維甸母子之間所以優加體念者，實為無所不至。〔註143〕

不久維甸將其母情形復奏。稱其母近日心神恍惚，難以力疾遠行。嘉慶諭曰：

> 方維甸著不必來京，仍在籍安養母親。時居端節，並加恩賞給方維甸之母香珠一匣，香袋一匣、香牌一匣、摺扇一匣。維甸即告知伊母，俾其歡欣頤養。〔註144〕

然而，方母還是因年邁體弱去世了。嘉慶帝諭曰：「方維甸歷任封疆，均能勤慎盡職。母老在籍侍養，茲伊母吳氏病逝，著加恩賜祭一壇，派江寧將軍興肇前往奠醊。並著興肇傳旨慰諭方維甸，令其節哀守禮，再圖為國宣勞。」〔註145〕

嘉慶對維甸母子之恩賞體貼，可謂無微不至。這源於維甸之勤慎盡職，幹練機事。十月，奉旨：

> 方維甸現在終養事畢，在制本應俟其終制後再行簡用，但近因

〔註142〕吳忠匡校訂：《滿漢名臣傳》，哈爾濱：黑龍江人民出版社1991年版，第3804～3805頁。參見（清）馬其昶：《桐城耆舊傳》卷9，《方維甸》，續修四庫全書第547冊，上海：上海古籍出版社2002年版；（清）李桓：《國朝耆獻類徵》卷175。

〔註143〕吳忠匡校訂：《滿漢名臣傳》，哈爾濱：黑龍江人民出版社1991年版，第3805頁。參見（清）馬其昶：《桐城耆舊傳》卷9，《方維甸》，續修四庫全書第547冊，上海：上海古籍出版社2002年版；（清）李桓：《國朝耆獻類徵》卷175。

〔註144〕吳忠匡校訂：《滿漢名臣傳》，哈爾濱：黑龍江人民出版社1991年版，第3805頁。參見（清）馬其昶：《桐城耆舊傳》卷9，《方維甸》，續修四庫全書第547冊，上海：上海古籍出版社2002年版；（清）李桓：《國朝耆獻類徵》卷175。

〔註145〕吳忠匡校訂：《滿漢名臣傳》，哈爾濱：黑龍江人民出版社1991年版，第3805～3806頁。參見（清）馬其昶：《桐城耆舊傳》卷9，《方維甸》，續修四庫全書第547冊，上海：上海古籍出版社2002年版；（清）李桓：《國朝耆獻類徵》卷175。

直隸東三省交界之處匪徒聚眾滋事謀逆，……且此時首逆林清，輒敢預蓄逆謀，突入禁城，尤爲從來未有之事。……直隸地方緊要，總督一缺簡用甚難其人，朕再四思，唯方維甸堪以勝任該督。此時雖未服闋，第現有軍旅之事，古人墨経從戎，義有權宜。……該督接奉此旨即馳赴保定接印任事，……將此旨由五百里令諭知之。
〔註 146〕

維甸接奉諭旨遵即起程，奏請馳赴軍營，隨同剿賊。旋因那彥成連獲勝仗，河南、直隸一帶形勢穩定下來，得旨：「方維甸仍遵前旨，即行回籍守制」〔註147〕。君臣之間那種倚重和盡忠的情義至爲明顯。

然而不幸的是，二十年六月，維甸染疾而逝。嘉慶帝十分痛惜，諭曰：

伊今歲冬間服闋，計其到京後，内而尚書，外而總督，均堪倚畀。乃伊母故後，寢苫廬次，漸染沉痾。驟聞溘逝，深爲悼惜！著加恩晉贈太子少保，照總督例賜卹。任内一切處分悉予開復，應賠銀兩均著豁免。伊子舉人，候補内閣中書方傳穆，著賞給進士，准其一體殿試。並著江寧府將軍穆克登布即日前往奠醊，以示朕軫恤勞臣至意。

嘉慶帝賜方維甸祭奠，諡號勤襄。維甸子傳穆日後爲翰林院庶吉士。〔註148〕

二、清代桐城方氏家族最後一位高官——方受疇

方式濟有三子，長子觀永，次子觀承，幼子觀本。方受疇，觀本長子，字次耘，號來青。「乾隆四十年，由監生捐鹽大使，分發兩淮，補伍祐場鹽大使，尋捐陞鹽判，改發浙江」〔註149〕。後遷大名府知府，調保定府，升清河道。與其伯父方觀承 50 年前任同一官職。嘉慶二年，因事罷職，發軍臺效力。

〔註146〕吳忠匡校訂：《滿漢名臣傳》，哈爾濱：黑龍江人民出版社1991年版，第3806頁。參見（清）馬其昶：《桐城耆舊傳》卷9，《方維甸》，續修四庫全書第547冊，上海：上海古籍出版社2002年版；（清）李桓：《國朝耆獻類徵》卷175。

〔註147〕吳忠匡校訂：《滿漢名臣傳》，哈爾濱：黑龍江人民出版社1991年版，第3807頁。參見（清）馬其昶：《桐城耆舊傳》卷9，《方維甸》，續修四庫全書第547冊，上海：上海古籍出版社2002年版；（清）李桓：《國朝耆獻類徵》卷175。

〔註148〕吳忠匡校訂：《滿漢名臣傳》，哈爾濱：黑龍江人民出版社1991年版，第3807頁。參見趙爾巽等：《清史稿》，卷324，北京：中華書局1998年版，第11334頁；（清）李桓：《國朝耆獻類徵》卷175。

〔註149〕王鍾翰點校：《清史列傳》卷33，北京：中華書局1987年版，第2579頁。

三年，贖回，捐復原官。四年，命以道銜赴伊犁聽候差委。九年，授直隸通永道。十年，升河南按察使。十二年三月，調直隸按察使。九月，遷布政使。〔註150〕十六年三月，嘉慶帝遊五臺山，因受疇辦事穩妥，賞還花翎。閏三月，嘉慶帝回鑾駐蹕保定，賜受疇詩，「泐石蓮池書院」，詩云：

　　　　南邦昭世德，首善作旬宣。
　　　　舊政勉能紹，新猷務普延。
　　　　用人先有守，圖治最無偏。
　　　　徒倚甘棠蔭，臨風憶昔賢。〔註151〕

嘉慶帝對方受疇寄予厚望，期盼他能像乃伯父方觀承一樣，做一位治世能臣。這對方受疇來說是一個巨大的榮譽，也是極大的鞭策。嘉慶十八年擢浙江巡撫。當時其伯母吳氏卒於家，賞受疇一個月假期治喪。其後，受疇來到浙江履職，在巡撫署中看到乃伯父方觀承題寫的一副對聯：

　　　　湖上劇清吟，吏亦稱仙，始信昔人才大；
　　　　海邊銷霸氣，民還喻水，願看此日潮平。〔註152〕

看著這副對聯，他心潮起伏，「今繼伯父之後，亦由直隸藩司擢任；余弟維甸又曾以總督權撫事，六十年來三持使節，洵殊遇也。」〔註153〕此時，嘉慶帝的贈詩又回響在耳畔，感慨之際，他續寫一副：

　　　　兩浙再停驂，有守無偏。敬奉丹豪遵寶訓；
　　　　一門三秉節，新猷舊政，勉期素志紹家聲。〔註154〕

七月，受疇調任河南巡撫。當時河南政務頗爲棘手，「時河水漫睢州，賊據滑縣，又歲旱大疫。治兵、籌餉、賑災、築堤工作，同時並舉，無不辦」〔註155〕。面對複雜的局面，受疇能較好地統籌兼顧，顯示其有相當的能力，可以獨當一面。二十一年六月，遷直隸總督。他要傚仿乃伯父在此幹一番事業。其鄉人馬其昶贊之曰：「公在畿輔久，習於吏治、民俗，政化大行」〔註156〕。馬氏

〔註150〕王鍾翰點校：《清史列傳》卷33，北京：中華書局1987年版，第2579頁。
〔註151〕王鍾翰點校：《清史列傳》卷33，北京：中華書局1987年版，第2579頁。
〔註152〕（清）陸以湉：《冷廬雜識》卷3，北京：中華書局1985年版，第155頁。
〔註153〕（清）陸以湉：《冷廬雜識》卷3，北京：中華書局1985年版，第155頁。
〔註154〕（清）陸以湉：《冷廬雜識》卷3，北京：中華書局1985年版，第155頁。
〔註155〕（清）馬其昶：《桐城耆舊傳》卷9，《方受疇》，續修四庫全書第547冊，上海：上海古籍出版社2002年版，第619頁。
〔註156〕（清）馬其昶：《桐城耆舊傳》卷9，《方受疇》，續修四庫全書第547冊，上海：上海古籍出版社2002年版，第619頁。

之詞，當然有溢美的成分。比如翻檢有關方受疇的史料，發現他雖勤愼有加，卻無突出的政績。而且，我們看到他早期的任職屢次靠捐官及贖官。但是因其在直隸任官，接待皇帝的機會較多，故時而能博皇帝之歡心。嘉慶二十三年七月，皇帝赴盛京拜謁祖陵，「值大水，灤河橋圮千餘丈，浹旬告成」〔註157〕。對此，嘉慶帝諭曰：「受疇尅期督造穩固，賞穿黃馬褂，並賞其子浙江嵊縣知縣方秉知州銜」〔註158〕。

嘉慶二十五年七月十五日，仁宗在灤陽駕崩。次日皇二子智親王旻寧繼位，是爲道光帝。他要恭奉梓宮回京。因爲這是旻寧即位以來的第一次較大的考驗，故其對此事愼之又愼。諭方受疇即速豫爲籌備沿途蘆殿並橋梁道路。「務盡心妥辦。萬不可草率遲誤。是爲至要」〔註159〕。

爲此事道光帝再三強調方受疇要敬謹察看。他先是「令方受疇將沿途橋梁道路赴緊修墊，務期一律堅穩寬平」〔註160〕。接著「諭現在古北口內橋梁道路，有方受疇在彼督辦」〔註161〕。之後又「著方受疇將北口以內蘆殿橋梁道路，晝夜趕辦，勿任刻遲」〔註162〕。而「自熱河由古北口至車道溝，路險峻」，於是受疇趕緊行動，「相度指授，倉卒修墊，寬坦安行，加太子少保」〔註163〕。

綜觀方受疇的政治建樹，除了發展生產，賑災治河等傳統政務外，很大的一部分就是辦好皇帝所關心的事情以及鎮壓人民起義或平定叛亂。對於清朝統治危機的加重，未見其有任何反思，尤其是對西方入侵的危險茫然無知。嘉慶二十一年，英國阿美士德使團訪華，因在禮節上與清廷發生分歧，被嘉慶帝下了逐客令。爲防範英國挑釁，嘉慶帝諭令加強天津海防。但方受疇對

〔註157〕（清）馬其昶：《桐城耆舊傳》卷9，《方受疇》，續修四庫全書第547冊，上海：上海古籍出版社2002年版，第619頁。
〔註158〕王鍾翰點校：《清史列傳》卷33，北京：中華書局1987年版，第2581頁。
〔註159〕《清宣宗實錄》卷1，嘉慶二十五年七月庚寅，北京：中華書局1986年版，第81頁。
〔註160〕《清宣宗實錄》卷2，嘉慶二十五年八月丙戌，北京：中華書局1986年版，第90頁。
〔註161〕《清宣宗實錄》卷2，嘉慶二十五年八月己丑，北京：中華書局1986年版，第94頁。
〔註162〕《清宣宗實錄》卷2，嘉慶二十五年八月己丑，北京：中華書局1986年版，第95頁。
〔註163〕（清）馬其昶：《桐城耆舊傳》卷9，《方受疇》，續修四庫全書第547冊，上海：上海古籍出版社2002年版，第619頁。

海防危機毫無察覺，因而行動遲緩。「嘉慶二十二年，以天津添建水師營，受疇督造礮臺、營汛等工遲緩，部議降調，奉旨改爲留任」〔註164〕。然而他沒有吸取教訓，在道光元年（1826年），方受疇進一步上奏，「增設大名鎮總兵」，「裁天津水師營總兵，移大沽營參將駐新城，統轄水師」。這樣將使天津的海防前沿內移，海防力量進一步削弱。而道光帝居然同意了。〔註165〕方受疇封疆畿輔重地，但缺乏戰略眼光，因而對造成天津海防薄弱，給日後英國人以可乘之機，負有一定的責任。當然，道光帝及其後的直隸總督琦善均是這等見識。說明江河日下的清王朝不僅培育不出中興之主，也難得有治世能臣了。

　　道光二年（1821年），宣宗得知受疇患病，特命御醫前往診治〔註166〕。受疇請求回籍養病，得到允准。最終受疇卒於途中，「歸裝簡素，人服其廉」〔註167〕。方氏家族在清朝最爲輝煌的時期宣告結束，但其它族人還繼續發揮著作用。方傳穟即爲一例。方傳穟，方觀永之孫，字穎齋。由監生捐納河南通判。道光三年，即方受疇去世的次年，方傳穟由福州知府調署臺灣知府。道光三年，護理臺灣道，遂於三月會同總兵觀喜等上議在鹿耳門建炮臺。其略曰：

> 臺灣孤懸海外，屏障四省，郡城根本重地，設險預防，尤爲緊要。鹿耳門一口，百餘年來，號稱天險者，蓋外洋至此，波濤浩瀚，不見口門，水底沙線橫互，舟行一經擱淺，立時破碎。其中港門深僅丈餘，非插標乘潮，不可出入。〔註168〕

可見，方傳穟的海洋意識、海防觀念強於其叔父方受疇，因而對臺灣乃至東南沿海的防護做出了一定的貢獻。道光五年，傳穟調升福建汀漳龍道。

　　上面提到的浙撫署聯是方氏族人在浙江具有重要影響的生動寫照。其實方氏族人的影響絕不限於浙江。結合史料可以看出，在河南省，維甸任布政使兩年多，受疇任巡撫三年多；在陝甘地區，觀承和維甸都曾署總督，維甸

〔註164〕王鍾翰點校：《清史列傳》卷33，北京：中華書局1987年版，第2580～2581頁。

〔註165〕王鍾翰點校：《清史列傳》卷33，北京：中華書局1987年版，第2581頁。

〔註166〕《清宣宗實錄》卷28，道光二年正月壬子，北京：中華書局1986年版，第501頁。

〔註167〕（清）馬其昶：《桐城耆舊傳》卷9，《方受疇》，續修四庫全書第547冊，上海：上海古籍出版社2002年版，第619頁。

〔註168〕（清）丁曰健輯：《治臺必告錄》卷2，清同治6年刻本。（日）伊能嘉矩著：《臺灣文化志》（上），臺北：臺灣省文獻委員會1985年版，第259頁。

任陝西巡撫七年；在直隸，觀承任總督長達十九年，受疇任總督七年，維甸亦被任命為直隸總督。方家一門三督，成為乾嘉兩朝的股肱重臣。此外，方世儁亦任貴州巡撫、湖南巡撫，亦稱有才幹。只因任貴州巡撫時索賄，事發後被乾隆帝處死。

　　除了方苞位列卿貳、方觀承等四人身膺封疆之外，方氏家族中還有相當數量的族人擔任州縣官（詳見本文末附錄）。方氏族人擔任著從中央到地方的各級官吏，在政治和文化生活中發揮了重要作用，有著廣泛的影響。

　　這足以表明，要保持穩定、繁榮，清廷離不開漢族望族的參政；而參政又是望族維持家聲不墜的重要保證。

　　時人陳康祺慨歎「桐城方氏仕宦之盛」〔註169〕，現代學者的研究更把時間延至晚清。〔註170〕這些表明了方氏家族與清朝政治的密切關係。歷史彷彿輪迴到明末，不過此時的方氏家族已經從與明政權盤根錯節演變為與清政權依附至深了。

　　然而方氏家族與清王朝一樣，至嘉道時期，已經出現盛極而衰的轉折，方維甸和方受疇就是這個輝煌家族的最後一抹燦爛的餘暉，此後該家族雖在整體上仍有著一定的影響，但籠罩於其上的光環逐漸褪去，它不可避免地日益黯淡下去了。

餘論：方觀承的行蹤及心態考述——兼與方觀永比較

　　本章第二節主要對方觀承的政績、人品及其對家族發展的貢獻等方面進行了考述。然而，作為一個40歲之前飽經憂患，之後又官運亨通的士大夫，方觀承的成長歷程，其心態動機，無論是其呈現於外的才幹功績，還是深藏緊裏的精神世界，都有太多值得我們去發掘的地方。而且，觀承能以布衣而位至總督，其玄機何在？同是文字獄的受害者，方世舉、方貞觀等族人對清廷有強烈的離心傾向，而受害最深的方觀承日後卻備受清廷信任，其原因何在？特別是其兄長方觀永，由於存世史料不多，更因為其默默無聞，使得人

〔註169〕（清）陳康祺：《郎潛紀聞初筆二筆三筆》之初筆卷4，北京：中華書局1990年版，第78頁。

〔註170〕張傑先生根據方氏後人方顯允朱卷履歷的記載，統計出至光緒十五年（1889年），方氏家族有進士27人，舉人54人，生員多至數百人。張傑：《清代科舉家族》，北京：社會科學文獻出版社2003年版，第227頁。

們對其瞭解十分有限。其實，《述本堂詩集》中方觀承的詩歌中不乏反映觀永心態和行蹤的記載。筆者在第二節重點突出了方觀承的政績，而對其行蹤和心態的考論則顯不足，尤其是沒能對觀永、觀承兄弟的心態加以比較分析，因而對觀承得以脫穎而出的原因揭示得不夠。鑒於此，筆者遂以《述本堂詩集》等史料，結合上述部分加以續寫，作爲本章餘論。

一、方觀永、方觀承兄弟早年的艱難人生

　　方觀永，字輿若，號辨菽，方式濟長子。觀永生於康熙三十四年，後爲貢生。康熙五十二年，方觀永、方觀承兄弟離開金陵，外出活動。「北至京師，在康熙癸巳歲。是冬，偕伯兄東出關，浮沉遼瀋間。」〔註171〕就是說，在其父祖遣戍之前，觀承就與其兄方觀永出關赴東北，探路，抑或提前聯絡故舊？不得而知。但從中可以看出其忽逢家難，少年老成。次年春，其祖方登嶧、父方式濟及有關族人，離京前往戍地。次年，觀承赴戍地探視父祖。〔註172〕他留在卜魁照料父祖，其兄則謀食四方。觀承在卜魁一住就是五年，照顧親人之餘，他「閉門無事，吟詠送日」〔註173〕。他作於此時的詩歌不僅有「莫道邊庭苦，相依重膝前」〔註174〕的安貧樂道，而且有爲自己命運，爲家族叫屈的不平之音，例如「黑風吹危巢，分飛墮雙鳥」，「佳會卜非遙，皇天鑒貞抱」〔註175〕等等。

　　方氏雖對清政權忠心耿耿，但厄運還是降臨到其頭上。當方觀承弱冠之年，乃父即英年早逝。於是他更與其祖父相依爲命，也更加懷念漂泊在外的兄長。他賦詩云：

　　　　期近團圞思轉深，痛中竭蹶豈能禁。

〔註171〕　（清）方觀承：《述本堂詩集・東閣剩稿》自序，四庫全書存目叢書補編第
　　　　　30冊，濟南：齊魯書社2001年版，第411頁。
〔註172〕　（清）方觀承：《述本堂詩集・東閣剩稿》自序云：「乙未之春，省侍卜魁，
　　　　　閱五載」。四庫全書存目叢書補編第30冊，濟南：齊魯書社2001年版，第
　　　　　411頁。
〔註173〕　（清）方觀承：《述本堂詩集・東閣剩稿》自序，四庫全書存目叢書補編第
　　　　　30冊，濟南：齊魯書社2001年版，第411頁。
〔註174〕　（清）方觀承：《述本堂詩集・東閣剩稿》，《卜魁雜詩二十首》之一，四庫全
　　　　　書存目叢書補編第30冊，濟南：齊魯書社2001年版，第412頁。
〔註175〕　（清）方觀承：《述本堂詩集・東閣剩稿》，《貞女吟》，四庫全書存目叢書補
　　　　　編第30冊，濟南：齊魯書社2001年版，第413頁。

麻衣萬里呼天淚，凍雪千山負米心。

京國書才開舊臘，閭門望苦到而今。

傷心強說春風聚，長大先須作枕衾。〔註176〕

盼來了兄長方觀永，祖孫三人互相慰藉，互爲詩友。方登嶧首倡以「塞居」
爲題，賦詩十首，觀承和觀永分別和之。方觀承和詩云：

浙瀝風回遠近笳，棲枝何處覓歸鴉。

征車古塞三秋草，落日長安一掌沙。

牧馬廠開平野闊，呼鷹聲入亂雲嘩。

相逢樂事誇邊土，翻笑書生苦憶家。〔註177〕

表面看雖不免有思鄉之意，卻有著對異域風光的欣賞。然而其眞實的心態卻
隱藏不住：

愁中書卷隙中駒，萬里寒氊竹素俱。

聊爾寄心銷寂寞，究成何事笑胡盧。

鳴弦帳外雲朝動，磨盾燈前酒夜呼。

衫履郎當甘眾棄，年年高臥避城隅。〔註178〕

即使遠在邊徼，對自己的衣衫襤褸不以爲意，但最痛心的當然是光陰的流逝。
即使這樣，其詩仍不失溫柔敦厚。相形之下，方觀永因爲奔走四方，飽嘗艱
辛，故出語直白。試看他與其祖父和兄弟的同題詩《次塞居十首元韻》：

曩讀宮端出塞篇，重闈今更侍穹邊。

詩書兩結根繩禍，堂構空貽孝友賢。

雨冷燕泥尋舊巷，沙寒鴻影落驚弦。

銜悲敢道羈棲苦，且向顚危祝大年。〔註179〕

〔註176〕（清）方觀承：《述本堂詩集·東閣剩稿》，《家兄來書擬春初抵塞將至奉憶之
作》，四庫全書存目叢書補編第 30 冊，濟南：齊魯書社 2001 年版，第 417 頁。
〔註177〕（清）方觀承：《述本堂詩集·東閣剩稿》，《大父作〈塞居〉十首，敘曰：昔
人有山居、村居、湖居詩，獨不可爲塞居詩乎？觸目成辭，一慨亦一笑耳。
同大兄敬次原韻》其三，四庫全書存目叢書補編第 30 冊，濟南：齊魯書社
2001 年版，第 419 頁。
〔註178〕（清）方觀承：《述本堂詩集·東閣剩稿》，《大父作〈塞居〉十首，敘曰：昔
人有山居、村居、湖居詩，獨不可爲塞居詩乎？觸目成辭，一慨亦一笑耳。
同大兄敬次原韻》其六，四庫全書存目叢書補編第 30 冊，濟南：齊魯書社
2001 年版，第 419 頁。
〔註179〕（清）方觀永：《述本堂詩集·東閣剩稿》，附方觀永《次塞居十首元韻》其
一，四庫全書存目叢書補編第 30 冊，濟南：齊魯書社 2001 年版，第 420 頁。

開篇即言曾經讀其高祖方拱乾的出塞詩篇，不意今日親身侍奉邊徼的親人。
而且觀永敢於直溯到順治丁酉科場案，大膽地為家族兩遭文禍鳴冤。接著他
述及自己汗漫四方，隨時關注清廷是否對方氏家族有所鬆動。種種艱辛，正
如他在詩中所云：

　　　　十笏蓬簷萬里身，南雲西日倍傷神。

　　　　鷦鷯枝上求三窟，豺虎聲中託四鄰。

　　　　學《易》為占京洛信，買柴時遇故鄉人。

　　　　關山久識歸難事，觸感空勞入夢頻。〔註180〕

這樣反不如邊塞那種「自是眠餐歸寂寞，不勞車馬避喧嘩。浮蹤轉羨氊廬
客，水草年年到處家」〔註181〕的生活。常年奔走在外卻一無所成的殘酷現
實令觀永萌生了「事鮮成謀轉不謀，且將狂態傲荒邱。夜郎月對三人飲，
公子詩輕萬戶侯」〔註182〕的想法。然而這不過是倍受挫折之後的一種自我
精神安慰。雖然四處汗漫已使其兩鬢初染，而且目前身處極邊，但他還是
不免「望遠音書來薊北，看人行李去江南」。至於「何處清狂容我癖，高題
捫虱樹間庵」〔註183〕，石曼卿那種醉臥捫虱的倜儻流風，對於觀永來說不
過是一個難圓的夢。守在這苦寒之地，雖無奔波之苦，且可盡孝道，但無
論是對青年才俊，還是對家族來說，都是固守待斃。因此，觀永還是再次
外出。不久，方觀承同樣踏上了征途。其同鄉懷寧任某「督學奉天，屢馳
書相召，不得已，大父遣赴幕」〔註184〕。觀承於康熙六十年正月二十六日，
應奉天督學安徽懷寧人任瑗之聘，自卜魁起身，前赴奉天。二十四歲的觀
承與親人話別時，以詩筆記錄了那依依惜別的深情，那催人淚下的場景。
其詩云：

〔註180〕（清）方觀永：《述本堂詩集·東閣剩稿》，附方觀永《次塞居十首元韻》其
　　　　二，四庫全書存目叢書補編第30冊，濟南：齊魯書社2001年版，第420頁。

〔註181〕（清）方觀永：《述本堂詩集·東閣剩稿》，附方觀永《次塞居十首元韻》其
　　　　三，四庫全書存目叢書補編第30冊，濟南：齊魯書社2001年版，第420頁。

〔註182〕（清）方觀永：《述本堂詩集·東閣剩稿》，附方觀永《次塞居十首元韻》其
　　　　五，四庫全書存目叢書補編第30冊，濟南：齊魯書社2001年版，第420頁。

〔註183〕（清）方觀永：《述本堂詩集·東閣剩稿》，附方觀永《次塞居十首元韻》其
　　　　十，四庫全書存目叢書補編第30冊，濟南：齊魯書社2001年版，第420頁。

〔註184〕（清）方觀永：《述本堂詩集·入塞詩》自序，四庫全書存目叢書補編第30
　　　　冊，濟南：齊魯書社2001年版，第421頁。

> 重闈倚衰白，我行將何之。
>
> 尋常未易別，況乃天之涯。
>
> 飢寒驅冷鋏，汗漫無家歸。
>
> 生計在干人，得失難預持。
>
> 敝裘支凍骨，饘酪充路饑。
>
> 辛苦付前途，孤蹤行李微。
>
> 回首望朔風，淚眼垂冰絲。
>
> 翻笑窮途泣，一身何多悲。〔註185〕

即將離開衰老的祖父和親人，孤身一人邁向未知的世界，本來就已經令其五味雜陳了，接下來其幼弟牽衣流淚的情景更使其肝腸寸斷：

> 征車促行色，出門重回頭。
>
> 歷歷家人面，後會寧豫謀。
>
> 幼弟牽我衣，涕淚不可收。
>
> 撫摩爲拭淚，紿以非遠遊。
>
> 弟兄各飄泊，獨汝膝下留。
>
> 去去摧肝腸，何以慰邊陬。〔註186〕

方觀本出生於卜魁戍地，對兄長觀永和觀承自然格外依賴。現在大兄和二兄接連離開，他怎能不戀戀不捨，而方觀承又何嘗不惦念幼弟呢？而即將遠離其父的亡靈同樣令其痛苦萬端：

> 痛哭辭先靈，孤櫬懸野戍。
>
> 從此萬里天，瞻雲空陟岵。
>
> 來日拜庭前，音容杳孺慕。
>
> 何時封樹安，終身守隴墓。
>
> 寂寂龍眠山，悠悠關塞路。
>
> 春草枯中腸，悲風鳴磧樹。〔註187〕

〔註185〕（清）方觀承：《述本堂詩集·入塞詩》，《大父遣赴奉天》，四庫全書存目叢
　　　　書補編第30冊，濟南：齊魯書社2001年版，第422頁。

〔註186〕（清）方觀承：《述本堂詩集·入塞詩》，《大父遣赴奉天》，四庫全書存目叢
　　　　書補編第30冊，濟南：齊魯書社2001年版，第422頁。

〔註187〕（清）方觀承：《述本堂詩集·入塞詩》，《大父遣赴奉天》，四庫全書存目叢
　　　　書補編第30冊，濟南：齊魯書社2001年版，第422頁。

看來只能先外出闖蕩，有朝一日才能「終身守隴墓」。詩中方觀承的孝悌之情本來已令人愀然動容了。然而似乎要表現得更爲淋漓盡致，方觀承在奉天入幕僚不足兩個月，其兄方觀永自京師致書曰：「吾兄弟相去僅十五日程，三關之阻已踰其二，尚不得面耶？」觀承讀之，「悲不自勝，遂策騎而西」〔註188〕，會其兄於京師。從此時起至雍正五年，方觀承先後自京師南下金陵，西至武昌、岳州等地，再返金陵。在長達七年的時間內，他汗漫四方，顯非爲遊歷。那麼除謀食，募捐，營救其親人，並尋求有出頭之日外，還有無其它目的？比如，他所去的荊湘地區，正是當年吳三桂與清廷較量最激烈的地方。無論按照官方還是按方氏《家譜》的說法，寶慶均爲事關觀承曾祖方孝標名節之地。觀承此行，是否有調查取證，爲其家族還清白的想法？可惜，目前從其詩文中還找不到線索。可以確知的是，七年之中，方觀承再未至卜魁省親。對此，他不勝愧疚〔註189〕。

　　觀承癸卯甲辰（雍正元年、二年）留居京師期間，由於皇權交替而發生了對其家族有利的變化。雍正元年三月，非孝標嫡系的方氏族人被除去旗籍。觀承聞知恩詔，慨而賦詩：

　　　　忽聽雞竿下鳳綸，衰門今荷主恩新。

　　　　銜羈謝作髡鉗侶，聚族重爲里閈人。

　　　　累因十年終見晛，網開三面正逢春。

　　　　窮荒尚有孤臣淚，欲訴無因達紫宸〔註190〕。

方苞等族人已獲自由，自己的父祖同樣是冤枉的，但卻無法把這冤屈上達天子。同年秋，方苞長子方道章將離京南歸，觀承贈詩云：「難後君恩意外歸，臨歧不用怨分飛。扁舟目抵江鄉易，十載誰教客夢違？」同時感歎「我已無家問舊扉」〔註191〕。送罷方道章，觀承又送其兄觀永赴南陽〔註192〕，他本人則滯留京師。他當然是期盼能聽到給他家帶來的福音，但這裏卻要忍受貧苦

〔註188〕（清）方觀承：《述本堂詩集・入塞詩》序，四庫全書存目叢書補編第30冊，濟南：齊魯書社2001年版，第421頁。

〔註189〕（清）方觀承：《述本堂詩集・入塞詩》序，四庫全書存目叢書補編第30冊，濟南：齊魯書社2001年版，第421頁。

〔註190〕（清）方觀承：《述本堂詩集・豎步吟》，《聞族人奉詔出旗詩》，四庫全書存目叢書補編第30冊，濟南：齊魯書社2001年版，第433頁。

〔註191〕（清）方觀承：《述本堂詩集・豎步吟》，《定思弟出旗南歸贈別二首》，四庫全書存目叢書補編第30冊，濟南：齊魯書社2001年版，第435頁。

〔註192〕（清）方觀承：《述本堂詩集・豎步吟》，《送別大兄由開封赴南陽幕》，四庫全書存目叢書補編第30冊，濟南：齊魯書社2001年版，第435頁。

和飢寒，正如他對老友訥拙庵所說：「長安似我恆饑客，戴雪猶能一訪君」〔註193〕。雖有訥拙庵這樣的摯友，但畢竟太少。觀承苦捱到年底，作詩云：「且日負暄茅屋下，已覺媚客春光多。江南梅柳不暇憶，塞北煙雲猶未和。夜火雞竿罷傳詔，曉風鵷序趨鳴珂。」他何嘗不思念塞外的親人，不思念風和日麗的江南？但他所感慨最深的是「思排東闕叩蒼輅，九閽高高將奈何？」〔註194〕欲訴冤屈，談何容易！而且方觀永在南陽做幕賓似乎亦不順利，他致書方觀承，擬五月回京師。觀承慨歎曰：「樓擇已嗟人異雁，饑驅空歎食無魚」〔註195〕。其後，大兄觀永赴卜魁照料親人，到了雍正三年秋，觀永攜觀本與觀承會於京師。〔註196〕或許因生活艱難且看不到親人獲釋的希望，兄弟三人決定，觀永再赴卜魁照料親人，觀承攜季弟南歸。當時的情形是，「歲乙巳，久雨爲患，燕齊間，平地水千里，陸行阻絕。」〔註197〕二人不顧困難，踏上返鄉之路。途中，他格外思念家兄，有詩云：「昨夜寒風起，知從極北來」，「傷心憶行役，不爲泣塵埃」〔註198〕。

　　回到金陵故居後，自雍正四年至雍正七年（丙午、丁未、戊申），觀承基本以此爲基地，西遊安慶，南遊蘇杭。他作於此一時期的詩彙爲一集，名曰《宜田彙稿》。其序稱：「陸塘有田百畝，曾王母吳太宜人始遷金陵所置也。以患難棄去。王父母嘗訓承兄弟曰：『汝輩能服先疇乎，當以贖此田爲先。』承兄弟謹而識之，幸所願之得聚室而居，扶犁荷插，爲一鄉農，因天時，則地利，老死無出鄉足矣。」〔註199〕雖希望實現祖輩的夙願，可這條路太艱難了。首先是其祖母於當年十月大病，來年七月去世。觀承卻未探病、奔喪，

〔註193〕　（清）方觀承：《述本堂詩集・豎步吟》，《雪中訪訥拙庵供奉》，四庫全書存目叢書補編第30冊，濟南：齊魯書社2001年版，第433頁。

〔註194〕　（清）方觀承：《述本堂詩集・豎步吟》，《元旦》，四庫全書存目叢書補編第30冊，濟南：齊魯書社2001年版，第439頁。

〔註195〕　（清）方觀承：《述本堂詩集・豎步吟》，《大兄來書擬五月回都門觸感四韻》，四庫全書存目叢書補編第30冊，濟南：齊魯書社2001年版，第440頁。

〔註196〕　（清）方觀承：《述本堂詩集・宜田彙稿》，《皖城中秋四首》之四，注云：「歲乙秋，家兄舍弟自塞外歸晤京師」。四庫全書存目叢書補編第30冊，濟南：齊魯書社2001年版，第458頁。

〔註197〕　（清）方觀承：《述本堂詩集・叩舷吟》序，四庫全書存目叢書補編第30冊，濟南：齊魯書社2001年版，第444頁。

〔註198〕　（清）方觀承：《述本堂詩集・叩舷吟》，《夜風憶家兄塞上》，四庫全書存目叢書補編第30冊，濟南：齊魯書社2001年版，第448頁。

〔註199〕　（清）方觀承：《述本堂詩集・宜田彙稿》序，四庫全書存目叢書補編第30冊，濟南：齊魯書社2001年版，第452頁。

因此受到金陵長者「違禮」不孝的指責。〔註200〕他自述云：「余在北爲歸，在南爲寄，蓋嘗以此自悲。丙午十月，聞先王母之變。窮途慘沮，不知所出。……一身狂走，無可訴語，一寓悲於詩。《記》云：『有喪者專席而坐』。因彙丙午十月至丁未冬所得詩爲《專席吟》」〔註201〕

　　禍不單行，其祖父方登嶧於雍正六年八月卒於卜魁，觀承同樣未能奔喪。這對於素以忠孝傳家且聞名於世的禮儀世家子弟來說，其內心的壓力和痛苦可想而知。

　　其次，由於貧困，他不僅未能赴塞北探親，而且連同在江南的弟兄二人也分居兩處。他的幼弟觀本不得不寄居於觀承三妹家中。對此，觀承悲涼地寫道：「歸已無家聚本難，髫年離思劇辛酸」〔註202〕。

　　再次，貧困使觀承經常食不果腹，處於飢餓狀態。謀食成了他面對的最大問題。觀承有詩云：「須知世上逃名易，衹有城中乞食難」〔註203〕。《宜田彙稿》中，反映其時觀承飢寒難堪的詩句比比皆是。如：

　　　　飽亦與饑同，長饑客意中。

　　　　何心甘寄廡，此日耐飄蓬。

　　　　交遠書難寄，憂多告合窮。

　　　　昨朝江路見，元有信天翁。〔註204〕

這樣他經常以詩充饑，但是，「詩富豈支饑，因餓更作詩」〔註205〕。要解決問題，還得靠親友的幫助。比如，三妹寄來的醃蔞蒿就成了他難得的美味，他也更懷感恩之心：「弱妹中閨手，思兄異地悲。食貧憐共爾，滿嚼愛連枝」〔註206〕。

〔註200〕（清）方觀承：《述本堂詩集・宜田彙稿》，《自題專席吟》序，四庫全書存目叢書補編第30冊，濟南：齊魯書社2001年版，第460頁。

〔註201〕（清）方觀承：《述本堂詩集・宜田彙稿》，《自題專席吟》：「長者責誠時，違禮心自知」，四庫全書存目叢書補編第30冊，濟南：齊魯書社2001年版，第460頁。

〔註202〕（清）方觀承：《述本堂詩集・宜田彙稿》，《寄三弟采石》，四庫全書存目叢書補編第30冊，濟南：齊魯書社2001年版，第460頁。

〔註203〕（清）方觀承：《述本堂詩集・宜田彙稿》，《過中公和尚閒話》，四庫全書存目叢書補編第30冊，濟南：齊魯書社2001年版，第460頁。

〔註204〕（清）觀承：《述本堂詩集・宜田彙稿》，《饑》，四庫全書存目叢書補編第30冊，濟南：齊魯書社2001年版，第465頁。

〔註205〕（清）方觀承：《述本堂詩集・宜田彙稿》，《又饑》，四庫全書存目叢書補編第30冊，濟南：齊魯書社2001年版，第465頁。

〔註206〕（清）方觀承：《述本堂詩集・宜田彙稿》，《三妹寄醃蔞蒿》，四庫全書存目叢書補編第30冊，濟南：齊魯書社2001年版，第465頁。

　　觀承經常過的是一種「客舍有衣皆作質，貧家無米強爲炊」〔註207〕的生活。在這樣的艱難困苦中，他還是苦苦地撐著。這其中的精神動力就有其家族的頑強作風和忠孝觀念。讀《盒山集》，他對方文的遺民情懷極爲欽佩：「遺民見悲詠，鸚鵡非句妍。自訂《四遊草》，諒節光山川」。而且，「明農晚易號，意與明圃宣」一句，從方文引出了方授。接著觀承又盛讚方以智與方文「藥蘆標巍行，同志老益堅。文章根至性，歷歷吾宗賢」〔註208〕。當然此時他並非要傚仿其宗賢爲明朝守節。中六房從入清就與新朝合作，而且時代早已變了。但他可以學其宗賢堅韌不拔之精神，繼承他們那種堅貞不屈的意志。他相信自己家族的清白。借讚賞屈原之機，他抒發了家族忠孝反遭打擊的悲傷：「高歌忠孝魂，涕下不能已」〔註209〕。他堅信，以方氏家族對清廷的忠心，一定能喚迴天心。這使他在三十歲的時候，雖處於「無家歸故國，有夢落遙邊」的窘境，仍然「死抱高闇訴」〔註210〕堅持爲家族重見天日而不懈努力，即使遭受不孝的指責和飢寒的折磨也在所不惜。正所謂「幾欲褰衣驅塞馬，翻令乞食上江船」〔註211〕，「缽冷分僧飯」〔註212〕。就這樣，他爲解救親人四處奔波。在揚州，他巧遇其伯父方世舉〔註213〕。其叔父方貞觀也以詩歌出示〔註214〕。這些族人「得歸難後桑麻願，未了人間文字緣」〔註215〕，已觸動

〔註207〕（清）方觀承：《述本堂詩集・宜田彙稿》，《雨夜作寄三妹書》，四庫全書存目叢書補編第30冊，濟南：齊魯書社2001年版，第461頁。
〔註208〕（清）方觀承：《述本堂詩集・宜田彙稿》，《讀〈盒山集〉題十四韻》，四庫全書存目叢書補編第30冊，濟南：齊魯書社2001年版，第461頁。
〔註209〕（清）方觀承：《述本堂詩集・宜田彙稿》，《五日書感》，四庫全書存目叢書補編第30冊，濟南：齊魯書社2001年版，第465頁。
〔註210〕（清）方觀承：《述本堂詩集・宜田彙稿》，《三十初度》，四庫全書存目叢書補編第30冊，濟南：齊魯書社2001年版，第466頁。
〔註211〕（清）方觀承：《述本堂詩集・宜田彙稿》，《丁未元旦》，四庫全書存目叢書補編第30冊，濟南：齊魯書社2001年版，第463頁。
〔註212〕（清）方觀承：《述本堂詩集・宜田彙稿》，《三十初度》，四庫全書存目叢書補編第30冊，濟南：齊魯書社2001年版，第466頁。
〔註213〕（清）方觀承：《述本堂詩集・宜田彙稿》，《揚州程洧江編修家喜晤伯父方扶南先生兼讀〈春及草堂〉詩賦呈四韻》，四庫全書存目叢書補編第30冊，濟南：齊魯書社2001年版，第477頁。
〔註214〕（清）方觀承：《述本堂詩集・宜田彙稿》，《貞觀叔見示讀史詩亦得四首》，四庫全書存目叢書補編第30冊，濟南：齊魯書社2001年版，第478頁。
〔註215〕（清）方觀承：《述本堂詩集・宜田彙稿》，《揚州程洧江編修家喜晤伯父方扶南先生兼讀〈春及草堂〉詩賦呈四韻》，四庫全書存目叢書補編第30冊，濟南：齊魯書社2001年版，第477頁。

了方觀承的隱痛，這時吳縣一位號稱松安上人的僧人將赴卜魁省親，更使觀承格外思念塞北的親人。他與松安上人身世略同，對其思親之情感同身受，因而賦詩云：「舊是傷心地，同爲屢役身。十年歡暫面，萬里痛衰親」〔註216〕。

　　大概有感於松安上人的舉動，觀承亦忍不住再次北上。關於觀承此次北上，他本人的詩歌所載語焉不詳。其《寄懷瀋陽艾大倫元》一詩中，有自注云「壬子別於通州」〔註217〕。大概觀承此次未抵卜魁，僅在京畿和遼瀋一帶活動。

二、方觀承脫穎而出的玄機

　　觀承此次流離更爲艱難，但也由此帶來了觀承的人生機遇，即得以結識平郡王福彭。至於結識福彭的契機，觀承本人的詩文與其它記載則頗有分歧。現將相關史料臚列如下，並試做分析。據《十朝詩乘》載，當時觀承「南北奔走困甚，至行乞。一日，遇安肅清涼寺，值大風雪，僵臥山門下。寺僧中州感異夢，見公垂死，進以薑飲，得活。因留寺讀書，每爲人書疏易錢。會平郡王至寺，賞其書，挈入都。適內廷索善書者，舉以應，由是受主知，洊致通顯。」〔註218〕按：安肅即今徐水縣。

　　而袁枚爲觀承撰寫的神道碑則載，「雍正九年，以族人某薦入平郡王藩邸。王與語，大奇之，情好日隆」〔註219〕。按：向福彭推薦觀承的方氏族人究係何人，史無確載。聯繫本章內容，揆以情理，該族人當爲方苞。因爲經《南山集》案之打擊，大劫之後尚能與滿洲貴族有交往的方氏族人，捨方苞則找不到別人。而清宗室昭槤的記載恰好提供了旁證。據《嘯亭雜錄》載：「方靈皋先生受世宗知，以罪累而致卿貳。性剛戇，遇事輒爭。……公立朝甫一載，政多匡裨，嘗密薦來相公（保）、魏尙書（廷珍）、方恪敏公（觀承）、顧河帥（琮）、方中丞（世俊）於朝，後皆爲名臣。」〔註220〕方苞向雍正帝舉薦

〔註216〕　（清）方觀承：《述本堂詩集·宜田彙稿》，《送松安上人省親再赴卜魁塞上》，四庫全書存目叢書補編第30冊，濟南：齊魯書社2001年版，第479頁。
〔註217〕　（清）方觀承：《述本堂詩集·松漠草》，《寄懷瀋陽艾大倫元》，四庫全書存目叢書補編第30冊，濟南：齊魯書社2001年版，第495頁。
〔註218〕　郭則沄：《十朝詩乘》，張寅彭主編《民國詩話叢編》4，上海：上海書店出版社2002年版，第226頁。
〔註219〕　（清）袁枚：《太子太保直隸總督方恪敏公觀承神道碑》，（清）錢儀吉纂：《碑傳集》卷72，北京：中華書局1993年版，第2061頁。
〔註220〕　（清）昭槤：《嘯亭雜錄》卷10，《方靈皋之直》，北京：中華書局1980年版，第355頁。

方觀承，當爲方觀承已在政壇上嶄露頭角之後。而此前，欲使觀承重見天日，須有一鋪墊和臺階。聯繫清朝藩府大吏招聘幕僚之風，則方苞把觀承推薦給福彭爲合情合理。一方面，當其時，方苞雖從戴罪之身而驟然位列卿貳，但因其耿介迂闊而在朝中勢單力孤。而且當時方苞已是 65 歲的老者，自忖來日無多，因而需要尋覓族人出仕，以保證家族地位的維繫乃至重振。而其子道章和兄子道希均才智平平，因此飽經憂患、德才兼備的方觀承就成爲理想的人選，故得到方苞的力挺。

而觀承則自述云：「先是寓京師時，平郡王好賓客，屢召未赴。雍正壬子秋，道經奉天時，王有山陵之役，乃始謁王行館中。」〔註221〕其時發生了平郡王親手給觀承熬人參湯之事，前已述及，此不贅述。觀承感念於此，云：

> 自是至京師，數進見。王一日謂余曰：「吾家三世爲大將軍，今西事未畢，吾若有行，子其偕乎。」余慨然曰：「古有長纓之請，草茅臣非無志也。」居無何，王果拜定邊大將軍之命，統師北路，責前諾，願以布衣從，王許之矣。繼復言之相國鄂公。以軍府書記無私往者，乃上餘名。蒙世宗憲皇帝垂詢先世，嗟歎久之，授內閣中書舍人以行。……以癸丑八月戒途，十一月至軍門。明年六月進屯阿爾泰山南，十月，回烏良蘇泰大營。又明年冬，撤兵臺米爾，從王還朝。〔註222〕

綜合起來看，第一則記載類似小說家言。第三則有諸葛亮坐等賢主三顧茅廬的意味。試想，以方觀承「死抱高闔訴」的心態，哪會有對平郡王「屢招未赴」的行爲？惟第二則史料，通過與昭槤的記載相驗證，可信度最高。但方觀承備極流離之中仍絕處逢生，這一事實乃確鑿無疑。至於三則史料的細節出入反而是其次的事。而且我們可以從這一事實中揭示出一個道理，即文化世家有著頑強的生命力。方觀承本人擅長書法也是他備受賞識的重要原因。

關於方觀承得以出仕，除了平郡王福彭的提攜外，還有一個問題值得注意：他是以什麼身份出仕的。諸家說法亦不一致。按上文觀承自述及多數史料的說法，他是以布衣身份出仕的。而《清國史》則載其「由監生加中書銜，

〔註221〕（清）方觀承：《述本堂詩集》，《松漠草》序，四庫全書存目叢書補編第 30 冊，第 489 頁。
〔註222〕（清）方觀承：《述本堂詩集》，《松漠草》序，四庫全書存目叢書補編第 30 冊，第 489～490 頁。

隨定邊大將軍平郡王福彭赴北路軍營爲書記」〔註223〕。鑒於《清國史》和《清代官員履歷檔案全編》均屬於官書，於記載官員履歷方面十分嚴肅認眞，因而更爲可信。當然，由於觀承出仕前一貧如洗，故其監生身份恐亦平郡王福彭爲其所捐。有了監生身份，對其授官就名正言順了。

三、出現轉機後的方觀承、方觀永心態試析

上述觀承自述已大致交代其自雍正十一年至十三年的行蹤，下面結合《述本堂詩集》對其兄弟的心態作出分析。

如前所述，爲訴族冤，方觀承忍受飢寒和指責而不悔。一旦蒙雍正帝垂詢觀承先世，並「嗟歎久之，授內閣中書舍人以行」，眞令其感激皇恩浩蕩，並預感到他本人將時來運轉。他賦詩云：

> 官重絲綸地，恩深草莽臣。
>
> 薇香聯四世，槁雪眠三春。
>
> 劍佩新戎幄，衣衫舊塞塵。
>
> 廿年霑雪涙，此際倍思親〔註224〕。

「薇香聯四世」句後有自注云：先曾祖公觀察公、先王父水部公皆筮仕中書，先君釋褐後亦銓次中書。追溯了其嗣祖方兆及、祖方登嶧初任官職均爲內閣中書。其父方式濟中進士後亦任中書。至於觀承自己，他自稱「草莽臣」，是因皇帝恩典所授。朝廷雖未公開給方氏家族昭雪，但自己從族難後含辛茹苦二十年，終於有了出頭之日，令他如何不格外思念親人？或許他還想以此告慰含冤去世的父祖吧！

當然，觀承不會忘記發現自己的伯樂，他盛讚平郡王福彭「宗賢升鳳譽」，「能分聖主憂」〔註225〕，因而抒懷云：「封侯骨相知誰似，觸眼秋風起塞塵」，既滿懷豪情，又帶有邊塞生活的悲壯。福彭及鄂爾泰等重臣「共識皇心憂閫寄」，他本人雖「綸閣微銜亦綴班」，即使職銜低，但亦思全力協助他們以報

〔註223〕《清國史》卷125，第6冊，北京：中華書局1993年版，第564頁。秦國經主編：《清代官員履歷檔案全編》，上海：華東師範大學出版社1997年版，第1冊第559頁《方觀承履歷片》。

〔註224〕（清）方觀承：《述本堂詩集·松漠草》，《癸丑七月承以布衣蒙恩授內閣中書舍人隨征北路感賦四韻》，四庫全書存目叢書補編第30冊，第490頁。

〔註225〕（清）方觀承：《述本堂詩集·松漠草》，《上平郡王新拜定邊大將軍統帥北路》，四庫全書存目叢書補編第30冊，第490頁。

效國家。正所謂「自愧無才思有報，敢同拄頰想西山」。欲爲擊破準部建功立業。而此時除方觀承遠赴西北外，其它弟兄們亦天各一方。長兄方觀永「與定思弟歸江寧，庭策兄歸桐城」，「瑾懷弟」赴雲南，「高說、高逢、惟端、綺亭諸兄弟皆待選京師」〔註226〕。

雍正十一年除夕，滿懷報國豪情的方觀承在西北邊陲的軍營裏寫道：「壯志悲心同此夜，吹笳擊鼓竟何天。三更酒對元戈下，萬騎雲屯赤嶺前。遮莫離情與鄉夢，一燈人抱羽書眠」〔註227〕。「壯志悲心」，可謂其心態之眞實寫照。雍正十二年六月，隨福彭自烏里雅蘇臺進駐科布多城。戎馬倥傯，觀承固然飽嘗思鄉、思親之煎熬，飽受邊塞軍旅生活之艱辛，但這些都不足道。他在寄友人的詩中寫道：「聖代恩如海，衰門暖換秋。薇香叨奕葉，蓮幕借前籌。幸不霜生鬢，何妨劍佩鉤。寸心惟許國，此意豈封侯？」〔註228〕。方氏家族終於在歷盡艱辛之後迎來了轉機，他如何能不思爲國宣力？正是因爲雍正帝事實上放鬆了對方氏家族的控制，並破格提拔方觀承，所以觀承對其有很深的感恩之情。得知雍正帝駕崩的消息。觀承於當月寫下了《大行皇帝挽詞四首》，緬懷雍正帝的功績之餘，他說：「薄植叨殊遇，全家荷洗湔」〔註229〕。

觀承於雍正十三年回京，以軍功實授內閣中書。乾隆元年（1736），詹事王奕清薦其博學鴻詞。〔註230〕觀承「以平郡王監試，嫌避不試」。〔註231〕乾隆二年，在軍機處行走。次年，遷兵部主事。當他於京師再次遇松安上人時，發現這位禪師從卜魁負其雙親的骸骨，欲歸葬故里，爲之感愴賦詩〔註232〕。因爲他想起未葬的雙親。當其在福彭藩邸時，「祖父母、父母，四代俱係葬關

〔註226〕以上詩和詩注均見（清）方觀承：《述本堂詩集・松漠草》，《從征定邊大將軍王掌書記與諸兄弟敘別書情四首》，四庫全書存目叢書補編第30冊，第490～491頁。

〔註227〕以上詩注均見（清）方觀承：《述本堂詩集・松漠草》，《癸丑除夕》，四庫全書存目叢書補編第30冊，第493頁。

〔註228〕（清）方觀承：《述本堂詩集・松漠草》，《寄懷瀋陽康東侯》，四庫全書存目叢書補編第30冊，第495頁。

〔註229〕（清）方觀承：《述本堂詩集・松漠草》，《大行皇帝輓詞四首》，四庫全書存目叢書補編第30冊，第503頁。

〔註230〕（清）袁枚：《太子太保直隸總督方恪敏公觀承神道碑》，錢儀吉纂《碑傳集》卷72，第2061頁。

〔註231〕（清）姚鼐：《方恪敏公家傳》，錢儀吉纂《碑傳集》卷72，第2065頁。

〔註232〕（清）方觀承：《述本堂詩集・薇香集》，《松安禪師自塞外負二親骸骨歸葬吳門過京師，爲之感愴賦詩》，四庫全書存目叢書補編第30冊，第529頁。

外。每至歲時，必慟哭。王哀其意，爲奏請謫戍身死而無餘罪者，聽其遷柩回裏。世宗許之，遂著爲令」〔註233〕。雖將雙親的骸骨遷回故里，但還未正式下葬。因此觀承說爲松安上人感愴，又何嘗不是爲自己感愴！及至找到較爲理想的墓地時，已是乾隆十六年了。當時由於公務纏身，觀承亦未能親自安葬雙親的骸骨。他追悔萬分，賦詩云：「兒老親初葬，書遙緒萬端」。雖然「叨容舊賜金（自注：承爲直藩時。蒙賜白金五百兩待營先人葬事。恩榮所及，感銜世世），但是，「一日無生養，終天痛在心。顯揚竟何補，孝哺睍微禽」〔註234〕。

從孝的角度上，觀承自然覺得內疚。但家族的發展自然是更爲緊要的事情。因此，不僅觀承本人難以兼顧二者，而且觀永、觀本對觀承的行爲也是充分理解的。前述，方觀永在《次塞居十首元韻》對家族蒙受不白之冤極爲憤懣。但三十多年之後，整個國家的形勢，滿漢民族關係，他本人的遭際，尤其是其二弟方觀承日益得到朝廷的信賴等等，所有這些，使得方觀永的思想發生了很大的變化。方觀永曾寓居於時任直隸布政使的方觀承署中。乾隆十一年正月，年過半百的觀永得子，「命名曰『直』，志地也」。同年十月，方觀承署理山東巡撫，啓行次日，遠在途中的觀承得署中報喜：年近半百的觀承得子。觀承云：「家兄名曰『魯』，志恩命也」。當時觀承的心情格外複雜，可謂喜中有悲。他賦詩云：「聊應慰遲暮，不用試啼聲。笑共賓寮語，新恩急去程」。老來得子，自然欣慰。然而，公務緊急，國事爲重。報國報恩顯然要超過家事。觀永的「志恩命」，觀承的「新恩急去程」都說明了這一點。要知道，觀承自清河道，而按察使、布政使，而巡撫，僅僅用了四年。其陞遷之速，洵屬超常。將任職山東這一傳統的禮儀聖地，觀承云：「門庭慚薄植，清白勉差能」。而眼看家族接連得子，觀承云：「告廟香應續，藏書澤未磨。傷心王父母，逮事定如何」〔註235〕。歷經患難的

〔註233〕（清）李桓：《國朝耆獻類徵》卷175，揚州：廣陵書社2007年版，第5913頁。

〔註234〕（清）方觀承：《述本堂詩集・燕香集上》，《大兄三弟奉二親安葬洪山書來告期，望遠銜悲成詩四首，時辛未清明前二日》，四庫全書存目叢書補編第30冊，第550頁。

〔註235〕以上詩句詩注均見（清）方觀承：《述本堂詩集・薇香集》，《丙寅十月奉詔攝山東巡撫啓行之次日署中報得子家兄命名曰魯志恩命也成五言四首寄大兄三弟》，四庫全書存目叢書補編第30冊，第536頁。

方氏家族終於後繼有人，而且要詩書傳家。可是父母未能活到這一天，豈
不令其悲傷？

　　然而，逝者長已矣，重要的是生者要活下去，並耀祖揚宗。清廷在這一
點上顯然是有考慮的。除才幹優長的方觀承陞遷迅速外，方觀永亦獲翰林院
待詔，方觀本初任即墨知縣〔註236〕，再任浙江秀水縣〔註237〕。之後，又為候
選員外郎〔註238〕。由此看來，在滿漢關係中處於主導一方的滿洲貴族，能夠
順應時代發展的要求，對以前的錯誤政策加以糾正，最大限度地安撫其錯誤
政策的受害者，從而調動其積極性，將其團結到自己周圍。而方氏家族族人
亦能忍辱負重，捐棄前嫌，為民族關係的改善、家族的發展、社會進步乃至
為統一的多民族國家做出貢獻。

四、方觀承不結黨是其備受信任的重要原因

　　乾隆帝之所以對方觀承信任有加，除了觀承才幹超群之外，一個重要原因
是他不結黨。乾隆帝即位之後，隨著其對政務的逐漸熟悉，他對進一步集權的
要求越來越強烈，這樣，雍乾兩朝重臣鄂爾泰和張廷玉及圍繞鄂、張二人形成
的朋黨就成為乾隆帝實現這一目標的障礙。白新良先生分析張廷玉黨時說：

　　　　早在雍正時期，在他（張廷玉）的提攜下，「桐人之受國恩、登
　　仕籍者」，即已「甲於天下」〔註239〕，乾隆初年，這種情況又有了
　　新的發展。據當時都察院左都御史劉統勳統計：「今張氏登仕版者，
　　有張廷璐等十九人，姚氏與張氏世姻仕宦者，有姚孔振等十三人。」
　　〔註240〕「外間輿論動云，桐城張、姚兩姓，占卻半部縉紳。」〔註
　　241〕早在雍正十二年，張廷玉就頗為得意地說「近日桐城之受國恩

〔註236〕參見（清）方觀承：《述本堂詩集·燕香集上》，《辛丑除夕再用王立亭許橄亭
　　　　庚午除夕前韻索諸同學和》，四庫全書存目叢書補編第30冊，第552頁。
〔註237〕參見（清）方觀承：《述本堂詩集·燕香集下》，《送三弟之任秀水並懷錢香樹
　　　　樸山兩先生》，四庫全書存目叢書補編第30冊，第558頁。
〔註238〕方傳理：《桐城桂林方氏家譜》卷18。
〔註239〕（清）張廷玉：《澄懷主人自訂年譜》卷三，雍正十一年。轉引自白新良：《乾
　　　　隆傳》，瀋陽：遼寧教育出版社1990年版，第61頁。
〔註240〕（清）王先謙：《東華錄》，乾隆六年十二月乙未。轉引自白新良：《乾隆傳》，
　　　　瀋陽：遼寧教育出版社1990年版，第61頁。
〔註241〕《清高宗實錄》卷一五六，乾隆六年十二月乙未，北京：中華書局1985年版，
　　　　第1226頁。

登仕籍者，甲於天下」〔註242〕從而在一定程度上構成了對乾隆皇帝
統治的威脅。〔註243〕

方苞因與鄂、張二人過從甚密，有結黨的嫌疑，所以被乾隆帝免官。方觀承
曾隨同鄂爾泰治水，又與張廷玉是同鄉，但他未參與到任何一個派別中，因
此頗受乾隆帝賞識。至於他這樣做的原因，恐與其飽經憂患、處事謹慎有關。
但方觀承對這一問題的具體心態尙難以從其詩文中檢出。

〔註242〕司馬烈人主編：《乾隆大帝一〇八則才智》，北京：中國華僑出版社2001年版，
　　　　第14頁。
〔註243〕白新良：《乾隆傳》，瀋陽：遼寧教育出版社1990年版，第61頁。

第七章　桐城桂林方氏家族的文化貢獻

　　桐城桂林方氏家族自明朝興起以後，瓜綿椒衍，子嗣流佈，族大枝繁。在明清時期，其家族不僅在政治史上留下了引人矚目的一頁，而且在文化史上書寫出燦爛的篇章。其與明清時期政治之緊密關係，已如上述。同時，該家族屬於典型的文化世家，雖兩度罹禍，卻屢僕屢起、愈挫愈奮，這背後家族文化的強大力量有待探討。其深厚的家族文化，既有對傳統文化的繼承發展，又有適應時代發展的新要素。概言之，其家學、家規、家訓、家風等，呈現出濃厚的理學色彩；方氏族人多能以詩書繼世，忠孝傳家，為官清廉，忠君愛民，在中國傳統文化的基礎上，利用明末以來中西文化交流的契機，形成了博大精深的家族文化。然而，全面總結和論述其家族文化顯然非筆者所能勝任。方氏家族文化中的文學部分，從前幾章其族人的詩文已可見一斑，下面試以其實學與西學兩大特色入手，對其家族文化特徵略加探討，重在闡發其文化貢獻。

第一節　桐城桂林方氏家族文化的實學特色

　　桐城桂林方氏家族是明代中葉以來，在學術文化與道德上影響最大的家族之一，其家族文化博大精深，具有多維度、多層次的面相。筆者通過對明清之際的文化特點和學術思潮的考察發現，桐城桂林方氏家族文化多與時代脈搏相一致，具體而微地表徵和見證了那個時代的文化走向。

　　二十世紀八十年代以來，明清實學思潮逐漸成為研究熱點。學界對其在思想史上的重要地位有了越來越清晰的認識。有學者認為：「中國哲學的發

展，除了先秦『子學』，兩漢『經學』，魏晉『玄學』，隋唐『佛學』，宋明『理學』外，還應在宋明『理學』與近代『新學』之間補上『明清實學』。〔註1〕在明清時期的實學思潮中，桐城桂林方氏家族勇立潮頭。方氏實學堪稱明清實學百花園中一朵絢麗的奇葩。學界目前僅有對方以智實學思想的初步探討，〔註2〕以該家族爲考察對象的研究尚付諸闕如。筆者不揣譾陋，做此掛一漏萬之闡釋，祈求方家不吝賜教。

一、方氏士人的實學——以方以智爲例

桐城方氏家族族人眾多，實學思想豐富。筆者按其實學思想形成時的主要身份，大致劃爲士人、流人和官員三類。

方以智以哲學家著稱，其著述和實踐中包含著豐富的實學思想。他的實學思想是隨著晚明實學思潮的興起，受其家學、師學的哺育，通過自己的讀書、實踐而逐漸形成的。他在學術分類、考據學、語言學及物理、化學、醫學等方面均有傑出的思想和成就，影響及於當時及後世。

二十世紀八十年代以來，明清實學思潮逐漸成爲研究熱點。方以智是明清之際「中國的百科全書派大哲學家」，具有豐富的實學思想。學界對他的實學思想有所涉及，但是尚未見將其作爲實學家所作的專門研究。以前輩和時賢的研究成果爲基礎，筆者嘗試做出自己的微末開拓。

（一）方以智實學思想的形成與來源

方以智豐富的實學思想是時代、家學、師學以及自身努力共同造就的。以智生活在時人稱爲「天崩地解」的社會巨變時代。農民起義、市民反抗等危機，震撼著士人的心靈。在思想文化領域，有識之士紛紛批判王學末流「束書不觀，遊談無根」的空疏學風，提倡崇實黜虛的學風，導致實學思潮的興起。而從萬曆年間開始的「西學東漸」，則推動實學思潮進一步高漲。這股實學思潮由顧憲成等東林黨人啓其端，繼起的復社士人使學風進一步趨於健

〔註1〕 葛榮晉：《中國實學研究的回顧與前瞻》，《開封大學學報》1998 年第 4 期，第 7～8 頁。

〔註2〕 學界對方以智實學思想的研究主要見於下列綜合性論著。羅熾：《方以智評傳》，南京：南京大學出版社 1998 年版；劉元青：《道寓於藝》：方以智論天道與實學之關係》，《孔子研究》（學術版）2014 年第 5 期。此外，美國學者余英時、彼得森，臺灣學者張永堂等都有相關論述。目前的專題研究僅見周鋒利：《方以智「實學」觀探微》，《中國哲學史》2012 年年第 2 期。

實。陳子龍等人留心實學，編輯《明經世文編》。至方以智更是發出了「欲挽虛竊，必重實學」〔註3〕的時代強音，結出了《通雅》、《物理小識》等累累碩果。而這些成果的取得與其深厚的家學背景密切相關。

方以智是在桐城桂林方氏家學的文化氛圍中成長起來的。以智曾祖父方學漸以「崇實」爲主旨，開桐城方氏治《易》、研醫之先河。其祖父方大鎮，曾與鄒元標等創首善書院。父方孔炤，官至湖廣巡撫，對醫學、地理、軍事等都感興趣，曾做過光折射的實驗，有《全邊略記》等著作。以智秉承家學，並隨父宦遊蜀、閩等地，讀西書，眼界大開。成年後博覽群書，學問日進。崇禎十三年（1640）以智考中進士，房師傅海峰。此前，以智先後就學於白瑜、王宣。幾位先生皆崇尚實學，比如王宣著有《物理所》，傅海峰則是一位名醫。這對「有窮理極物之僻」〔註4〕的以智產生了很大影響。

身處大變局的時代，有著崇實的家學和師學，以智憑藉自己的才華和努力，成爲明清之際實學思潮的巨擘。

明朝多數士子在八股取士的導向下，埋頭於科舉帖括之學，「不綜當代之務」〔註5〕。可貴的是，帖括之學未能閉塞方以智求知若渴的心靈。27 歲那年，他回憶說：「（自己）九歲能賦詩屬文；十二誦六經，長益博學，遍覽史傳。……窮律呂之源，講兵法之要，意欲爲古之學者，遇時以沛天下」〔註6〕。可見以智讀書廣博，且注重實學，有經世之抱負。多年後他借惠施之口總結說：「士不讀書，而免虛生乎！……書獨簡冊也乎哉！上古以來，乃讀混沌天地之書者也。」〔註7〕這是以智在晚年的夫子自道。他逃禪後仍重視讀書，不僅讀有字之書，而且讀天地這部大書。以智早年隨父親宦遊，成年後遊學四方，社會動盪又使他汗漫南北，這些使以智的學問不是限於書本，而是與實踐密切結合。

〔註 3〕 （清）方以智：《東西均》，北京：中華書局 1962 年版，第 86 頁。

〔註 4〕 （清）方以智：《物理小識》卷 5，《何往非藥》，文淵閣四庫全書第 867 冊，第 839 頁。

〔註 5〕 （清）顧炎武：《日知錄》卷 7，《夫子之言性與天道》，文淵閣四庫全書第 858 冊，第 542 頁。

〔註 6〕 （清）方以智：《浮山文集前編》卷 3，《七解》，續修四庫全書第 1398 冊，上海：上海古籍出版社 2002 年版，第 211 頁。

〔註 7〕 （清）方以智：《藥地炮莊・總論下》，《惠子與莊子書》，中國社會科學院歷史研究所清史研究室編：《清史資料》第六輯，北京：中華書局 1985 年版，第 14 頁。

　　風華正茂的以智曾與陳子龍、夏允彝等會晤，出示所作木牛流馬。分手時，陳子龍有詩云：「衍餘圖馬在，機及木牛來。」原詩注：「密之衍《易解》，作木牛。」〔註8〕中國傳統文化有重道輕藝、鄙視科技的傾向，士大夫階層樂意從事機械製作的可謂鳳毛麟角。在實學思潮和崇實的家學影響下，以智喜好機械之學，確屬難能可貴。多年後，王夫之讀到此詩仍頗爲感慨：「讀陳大樽〔註9〕集，云密翁年十九而知作木牛流馬，欲就青原問之。不克，而密翁逝矣。」〔註10〕

　　在亡命嶺南時，他曾變名吳石公，以采藥爲生。流離湘黔時，則訪求草藥，考察方言。他在寄友人的信中說：「遐方無書可考，所記善忘……今隨野老問草木、方言而已。」〔註11〕可見，儘管讀書條件不好，以智仍能因勢因地，以實踐驗證書本知識，頗有收穫。他還能把所學用於實踐。方氏家族自方學漸起，四世通醫學。以智父親孔炤曾經爲醫所誤，出於孝道觀念，以智開始學醫並爲人療疾。好友黃宗羲回憶說：「己卯，余病瘧，……密之爲我切脈」〔註12〕。而且，醫學成爲他進行自然科學研究的一個重要組成部分。

　　更爲難得的是，以智自幼接觸西學，後來在南京向傳教士畢方濟請教，有詩贈畢氏曰：「先生何處至，長揖若神仙……我厭南方苦，相從好問天。」〔註13〕所謂「問天」，即與畢氏探討西方天文學。中進士後，他又在北京與湯若望一起研究天文學。由於具備了深厚的西學素養，以智在中西文化的比較中，清楚地認識到西方科學重實證的特點，對他實學思想的形成有著重要的影響。以智兼通中西學，借遠西爲鄰子，以西學「核實」之長補中學「逃虛」之短，形成了極富特色的實學思想，給黃宗羲等清初三大儒以及那個時代關心中國文化命運的士人以啓迪。

〔註8〕　（清）陳子龍：《陳子龍詩集》卷11，上海：上海古籍出版社1983年版，第316頁。

〔註9〕　大樽是陳子龍的號。

〔註10〕　（清）王夫之：《搔首問》，編輯委員會編校：《船山全書》第12冊，長沙：嶽麓書社1992年版，第636頁。

〔註11〕　（清）方以智：《浮山文集前編》卷8，《又寄爾公書》，續修四庫全書第1398冊，上海：上海古籍出版社2002年版，第317頁。

〔註12〕　（清）黃宗羲：《思舊錄》，叢書集成續編第28冊，臺北：新文豐出版股份有限公司1992年版。

〔註13〕　（清）方以智：《方子流寓草》卷4，清康熙此藏軒刻本。

（二）方以智實學思想及成就

以智的學術思想博大精深，蘊含於其中的實學思想甚爲豐富。現試舉數條，權當管中窺豹。

1、「質測」、「通幾」和「宰理」

方以智以唯物論爲基礎，對學術做了清晰的分類，這是其實學思想的獨特之處。他說：「盈天地間皆物也。……寂感之蘊，深究其所自來，是曰通幾；物有其故，實考究之，大而元會，小而草木蟲蠕，類其性情，徵其好惡，推其常變，是曰質測。」〔註14〕他又說：「專言治教，則宰理也。專言通幾，則所以爲物之至理也。」〔註15〕這樣，以智在中國歷史上第一次把學術分爲「質測」、「通幾」和「宰理」三類。用今天的話說，「質測」研究物理，約爲今自然科學；「通幾」研究「所以爲物之至理」，即今哲學；「宰理」研究「治教」，約爲今社會科學。

爲了扭轉當時空疏的學風，以智大力提倡「質測」之學，將其作爲「通幾」的基礎。他說：「質測即藏通幾者也。有竟掃質測而冒舉通幾，以顯其宥密之『神』者，其流遺物。」〔註16〕可見，他主張把哲學建立在實證科學的基礎上。但是，另一方面，「通幾護質測之窮」。科學不是萬能的，它要受哲學的指導。三百多年前的以智慧夠把科學與哲學的關係分析得如此深刻，表現了他務實求眞的科學精神和敏銳的學術眼光。

尤其可貴的是，以智慧運用他的學術精神，實事求是地對西學做出分析。他說：「萬曆年間，遠西學入，詳於質測而拙於言通幾。然智士推之，彼之質測猶未備也。」〔註17〕他還說：「太西質測頗精，通幾未舉」。〔註18〕有了上述關於「質測」與「通幾」之間辯證關係的認識，他以哲人的智慧發現西學「拙於言通幾」的哲學貧困。

2、考據學和「小學」

如前所述，明代以八股及《四書》、《五經》取士，使得士子重時文，造

〔註14〕 （清）方以智：《物理小識》，《自序》，文淵閣四庫全書第867冊，第742頁。

〔註15〕 （清）方以智：《通雅》卷首三，《文章薪火》，文淵閣四庫全書第857冊，第51頁。

〔註16〕 （清）方以智：《物理小識》，《自序》，文淵閣四庫全書第867冊，第742頁。

〔註17〕 （清）方以智：《物理小識》，《自序》，文淵閣四庫全書第867冊，第742頁。

〔註18〕 （清）方以智：《通雅》卷首二，《讀書類略提語》，文淵閣四庫全書第857冊，第30頁。

成「科舉盛而儒術微」的後果。有識之士於是發奮研究典籍的文字音義和名物制度，促使考據學和語言學的興起。正是在這種背景下，以智提出「欲通古義，先通古音」，〔註19〕且身體力行，做出了巨大貢獻，清人對此予以高度評價：「惟以智崛起崇禎中，考據精覈，迥出其上，風氣既開，國初顧炎武、閻若璩、朱彝尊等沿波而起，始一掃懸揣之空談」〔註20〕。

可見，明代由楊慎開端的考據學和語言學至以智集其大成。以智何以能取得如此大的成就呢？

其原因固然很多，但最主要的應是方以智的崇實精神。他在《通雅》一書中流露出強烈的經世致用的用心，比如考訂歷朝建都，均明注古今，以通古今形勢之變。其意圖是由此而明各朝遷遞之跡，地理重心變遷之大勢。中國自隋唐以來，經濟重心逐漸南移。元明清三朝均定都於北京，遂形成南糧北運之勢。「此中遞嬗，頗有興味，而明代南北兩都形勢，影響及於全朝，恐亦密之關心之所繫也，用心深遠，令人敬佩。這些都是其前之考據家，所未顧及者。」〔註21〕這也與乾嘉學者為考據而考據大異其趣。

以智以實事求是的態度對待古籍，最大限度地發掘其價值。他說：「即如《素問》、《本草》，業者沿加，豈可以漢郡名而疑神農、周公？《爾雅》，學者隨時增益，自是通訓，豈可以張仲而黜之、不列十三經乎？」〔註22〕漢朝人羼入某些內容，則以漢朝的典章制度加以考辨，並不因此而疑古、非古，很懂辯證法。

近三四十年來，《通雅》包含的豐富的語言學思想引起了專家的興趣。何九盈先生把《爾雅》、《廣雅》和《通雅》列為三部研究古代詞彙的必讀之書。此外，孫欽善、蔣紹愚等先生也從各自的角度發掘該書的寶藏。〔註23〕有學者認為，方以智在中國語言學史創下多個「第一」〔註24〕。

3、物理、化學和醫學

物理、化學等自然科學即以智所謂「質測」之學，其成果主要見於《物理

〔註19〕（清）方以智：《通雅》卷首之一，《方言說》，第 21 頁。

〔註20〕（清）紀昀等：《四庫全書總目提要》，北京：中華書局 1981 年版，第 1028 頁。

〔註21〕劉君燦：《方以智》，臺北：東大圖書股份有限公司 1988 年版，第 48 頁。

〔註22〕（清）方以智：《通雅》卷首一，第 9 頁。

〔註23〕周遠富：《〈通雅〉古音考》，鄭州：河南人民出版社 2008 年版，第 133 頁。

〔註24〕周遠富：《〈通雅〉古音考》，第 18 頁。

小識》和《通雅》。書中記載了一些以智通過親身觀察所得的重大發現，比如，他寫道，「智見牛首塔影，寓白門塔樓而悟，人不自察耳。凡寶石面凸則光成一條，有數稜則必有一面五色。」〔註 25〕光的色散現象的發現幫助人類去掉了光的神秘色彩。以智的這一發現至少比牛頓早二十年。他還介紹傳教士熊三拔的「蒸花露法」〔註 26〕，「後來這種新方法促進了中國古老製藥術的改革」。〔註 27〕以智在中醫理論基礎上吸取西醫學說，形成「身內心、肝、腦爲貴」〔註 28〕的「三元論」。他糾正《本草》、《本草綱目》諸書的錯誤。乾嘉時期的藥學家趙爾敏撰《本草綱目拾遺》，大量吸收了他的成果。〔註 29〕

（三）方以智實學思想的影響

在明末這個學術日裂的時代，他自豪於「承諸聖之表章，經群英之辯難，我得以坐集千古之智，折中其間，豈不幸乎！」〔註 30〕他滿懷信心地要集古今中西學術之大成。然而清軍入關，中原板蕩。他逃禪以示不與新朝合作。但他出家不忘救世，不廢所學。在爲其父盧墓期間，他向諸子侄傳授學問；在江西主持青原山法席時，他講學弘道，追隨其問道求學者絡繹不絕。康熙十年（1670），以智受粵案所累被押往嶺南。十月初七，舟抵萬安惶恐灘，他投水自盡〔註 31〕。巨星就此隕落，時代未能給一代文化巨人以從容的坐集千古之智的機會，令人扼腕。聊以慰藉的是他的實學思想在當時已產生很大影響，其部分實學思想通過其著述得以傳播，通過其子孫、學生得以傳承。比如其次子中通、學生揭暄等均成爲著名的科學家。

以智著作等身，據統計，他著書數百萬言。構成對「虛竊」的理學的有力衝擊，引領了那個時代的實學潮流。王夫之評論說：「密翁與其公子爲質測之學，誠學思兼致之實功。蓋格物者，即物以窮理，惟質測爲得之。」〔註 32〕

〔註 25〕　（清）方以智：《物理小識》卷 8《器用類‧陽燧倒影》，第 911 頁。

〔註 26〕　（清）方以智：《通雅》卷 42。

〔註 27〕　任道斌：《方以智簡論》，《清史論叢》第四輯，北京：中華書局 1982 年版，第 271～272 頁。

〔註 28〕　（清）方以智：《物理小識》卷 3，《人身類‧身內三貴之論》，第 813 頁。

〔註 29〕　任道斌：《方以智簡論》，《清史論叢》第四輯，北京：中華書局 1982 年版，第 273 頁。

〔註 30〕　（清）方以智：《通雅》卷首一《音義雜論‧考古通說》，第 7 頁。

〔註 31〕　參見（美）余英時：《方以智晚節考》，北京：三聯書店 2004 年版，第 169 頁。

〔註 32〕　（清）王夫之：《搔首問》，編輯委員會編校：《船山全書》第 12 冊，長沙：嶽麓書社 1996 年版，第 637 頁。

方以智這種學思兼致的實學，集中反映了他「求實」的治學精神。余英時先生說：「船山辨『即物窮理』與『立理窮物』極精。以今語言之，即歸納與演繹之別也。……密之與培根年代相接，持論又復有相似者，則密之誠不愧為中國科學思想史上之新機也。」〔註33〕以智的實學思想影響很大，例如其友人彭士望的學生梁份一生曾三赴西北進行實地考察，著成《秦邊略記》。該書為探討我國西北國防地理的重要著作。其中亦能看出以智的影響。以智的實學思想甚至影響到其房師余颺。余颺說，「藥地常語我曰：『今天下脊脊多事，海內之人不可不識，四方之勢不可不知，山川謠俗、紛亂變故，亦不可不詳也。……』予每然其言」〔註34〕。需要指出的是，以智的實學思想不僅嘉惠當時以及其後的中國，而且影響及於海外。《通雅》於清朝嘉道年間流傳到日本、朝鮮等國，對這些國家文化的發展起到了促進作用。例如新井白石仿《通雅》而著的《東雅》，成為日本語言學的奠基之作。

緣乎此，清代《四庫提要》對其考證學的貢獻評價頗高，謂：「惟以智崛起崇禎中，考據精覈，迥出其上，風氣既開，國初顧炎武、閻若璩、朱彝尊等沿波而起，始一掃懸揣之空談」〔註35〕。評價允當，被後來學者繼承發展。如梁啟超將方以智的治學方法概括為「尊疑、尊證、尊今」，〔註36〕斷言《通雅》是「近代聲音訓詁學第一流作品」。嵇文甫亦沿此思路，提出「晚明時代以讀書稽古著稱的，有胡應麟焦竑陳第方以智等」，而「方氏最後，亦最特出〔註37〕。方以智《物理小識》能有意識地提出一種「質測」方法來，「已經可算是卓絕千古」；而方氏對西學的態度，「表現出他尊重近代的精神……已經超越了一般古學家」，「我們讀方氏書，真覺得元氣淋漓，處處透露出新時代的曙光」。〔註38〕

誠然，方以智的實學思想也有其局限性。比如，他所說的以實事徵實理，以後理徵前理，固然十分精闢，但是，有學者指出，「此所謂『理』，

〔註33〕（美）余英時：《方以智晚節考》，北京：三聯書店 2004 年版，第 71 頁。

〔註34〕（清）余颺：《蘆中全集》卷 5，《送佺兒遊粵序》，清抄本，中國國家圖書館藏。

〔註35〕（清）紀昀等：《四庫全書總目提要》，北京：中華書局 1981 年版，第 1028 頁。

〔註36〕梁啟超：《中國近三百年學術史》，天津：天津古籍出版社 2003 年版，第 171 頁。

〔註37〕嵇文甫：《晚明思想史論》，北京：東方出版社 1996 年版，第 145 頁。

〔註38〕嵇文甫：《晚明思想史論》，北京：東方出版社 1996 年版，第 155～156 頁。

即象數之理。這就把象數當作了裁量萬物的先驗原則和檢驗眞理的唯一標準。」〔註39〕

這些不足是時代的局限和傳統文化中實證科學落後使然。瑕不掩瑜，其主體部分仍然相當寶貴，在當時和後世都發揮了積極作用，以智本人無愧於傑出的實學思想家的稱號。

二、方氏流人的實學成就

明清鼎革之際，與方以智的抵抗、逃禪不同，同屬該家族的方拱乾父子則很快認同清朝統治。但清初尖銳的滿漢矛盾，使江南望族方氏成爲順治丁酉科場案的犧牲品，方拱乾及全家流徙寧古塔，三年後放歸。多年後《南山集》案發，因方孝標的《滇黔紀聞》，家族再次罹禍，其子孫被遣戍卜魁。方氏兩遭奇禍，但其族人不廢詩書，將遣戍途中和遣戍地的自然生態、社會民俗等記錄下來，在東北流人文化中實學特色非常突出，爲提升邊疆文化和內地人民瞭解邊疆文化做出了重要貢獻，這裏僅舉數例。

首先是方拱乾所著《絕域紀略》一書。它撰述了牡丹江一帶的「天時、土地、宮室、樹畜、風俗、飲食」等〔註40〕，是黑龍江地區第一部風物志，爲後人探尋該地傳統文化留下了寶貴的記錄。比如：關於當地佛教信仰、民風、滿族葬俗等，特別是滿族跳神和主神竿等豐富、準確的記載，被後世修《寧安縣志》時引用。〔註41〕

此外，以音譯得名的「了深必拉」、「大阿稽」、「小阿稽」「多洪」〔註42〕等詞彙屢屢出現於《絕域紀略》和方孝標的《鈍齋詩選》中，爲研究滿漢翻譯提供了很好的材料。

其次是方式濟《龍沙紀略》一書。卜魁「北鄰俄國，地處極邊。古昔輿圖，既虞疏漏，近時志乘，只據傳聞」〔註43〕。式濟拜訪耆舊，實地考察兩

〔註39〕羅熾：《方以智評傳》，南京：南京大學出版社 1998 年版，第 340 頁。

〔註40〕（清）方拱乾：《絕域紀略》，李興盛、張傑點校《黑龍江述略》，哈爾濱：黑龍江人民出版社 1985 年版，第 108～113 頁。

〔註41〕馬麗：《清代東北流人方志文獻研究》，東北師範大學 2013 年博士學位論文，第 105 頁。

〔註42〕（清）方孝標撰，唐根生、李永生點校，《鈍齋詩選》，合肥：黃山書社 1996年版，第 103～104 頁。

〔註43〕何秋濤：重刊龍沙紀略序，柳成棟：《東北方志序跋輯錄》，哈爾濱：哈爾濱工業大學出版社 1996 年版，第 560 頁。

國邊界，記述界碑位置，參以文獻，終成《龍沙紀略》一代名志，入選《四庫全書》，並被譽爲黑龍江文化之祖，且受到清人何秋濤的高度讚譽，稱其：「事復語詳，既足訂遼金諸史之僞，並可補《盛京通志》之缺，是編，乃輿地家不可少之書」〔註44〕。

　　眾所週知，清代邊疆史地學基本指西北邊疆，但推其源流，則恐爲東北流人文化。正如梁啓超所說，「邊徼地理之研究，大率由好學之謫宦或流寓發其端。」〔註45〕而方氏恰爲其佼佼者。

三、方氏官員實政中的實學成就

　　方氏受《南山集》案株連者甚眾，但方苞因才免禍，受到康雍乾三帝的任用。他以文人知名，其實學思想卻鮮爲人知。他的《請定徵收地丁銀兩之期箚子》、《論山西災荒箚子》、《請備荒政兼修地治箚子》、《渾河改歸故道議》、《塞外屯田議》、《貴州苗疆議》等奏議，均關乎國政大計，心繫民生，頗具實學思想。此不贅述。

　　作爲《南山集》案正犯的嫡派，方觀承的祖、父等被遣卜魁。時年僅 16 歲的觀承「往來南北，營塞外菽水之費」〔註46〕。他身處逆境但不忘向學。其足跡遍及京師、武昌、岳州等地，雖歷盡艱辛，卻因此眼界大開，終爲一代經世之才。他任直隸總督十九年，勸墾荒地，興修水利，推廣植棉，廣設義倉。其子方維甸、侄方受疇同樣官至總督，繼承家風，同樣以實心行實政，其傳世文獻中有多種實學著作。僅舉數例，以窺一斑。

　　乾隆三十年四月，觀承精選畫師，繪成《棉花圖》，計 16 幅。高宗爲之題寫七言詩一首。《棉花圖》準確地反映出十八世紀中葉冀中地區棉花生產技術居世界領先水平的地位，許多成功的經驗，至今仍在廣泛應用。〔註47〕它是研究我國植棉花史、棉紡織史和農業科技史的珍貴資料。它圖文並茂，加上乾隆詔書，使之成爲清代倡導、推廣植棉和棉紡織技術的優秀科普作品。

〔註44〕何秋濤：重刊龍沙紀略序，柳成棟：《東北方志序跋輯錄》，哈爾濱：哈爾濱工業大學出版社 1996 年版，第 560 頁。

〔註45〕梁啓超：《中國近三百年學術史》，天津：天津古籍出版社 2003 年版，第 357 頁。

〔註46〕（清）袁枚：《太子太保直隸總督方恪敏公觀承神道碑》，錢儀吉纂：《碑傳集》卷 72，北京：中華書局 1993 年版，第 2061 頁。

〔註47〕劉昀華、張慧：《方觀承及其棉花圖》，《河北畫報》2006 年 12 期，第 22 頁。

後來在嘉慶年間改名爲《授衣廣訓》繼續流佈。同治年間徽州胡開文墨莊，將其雕版製模做成墨錠。可見此圖對社會廣泛而深遠的影響。〔註48〕

　　乾隆八年至九年，直隸發生較嚴重的旱災。時任清河道的方觀承爲賑災做了大量細緻的工作，並撰有《賑紀》8卷傳世，成爲法國學者魏丕信《18世紀中國的官僚制度與荒政》這一專著的主要資料來源。該書以這次旱災爲實例，充分利用《賑紀》的統計資料，詳細考察了清政府的救災措施、作用及效果〔註49〕。其侄方受疇任河南巡撫時曾主持荒政，頗有乃伯父遺風，正所謂「一旦舉而措之，雖曰國憲，亦其家規。」受疇著有《撫豫恤災錄》。該書所載，雖曰「紹衣恪敏之燕翼」，但因時、因地變通，有自身特色。〔註50〕

　　觀承長於治水，治河方略奏疏頗多，且邀趙一清、戴震編輯《直隸河渠書》，澤被直隸治水工程。凡此種種，不勝枚舉。

　　綜上，桐城方氏雖以忠孝傳家，理學色彩濃重，但不能遮蔽其寶貴的實學思想。其部分族人無論身爲士人、官員，抑或流人，都能面對現實，與時俱進。將書本知識與實踐密切結合，形成具有自身特色的實學思想，是明清時期的實學思潮的弄潮兒。他們勤於著述，一些著作流傳至今。對其寶貴的實學思想加以發掘，是我們義不容辭的責任。

第二節　明末清初桐城桂林方氏家族與西學

　　桐城桂林方氏家族興盛之時，適逢西學東漸之風吹來。其家族文化與東傳之西學恰有契合之處，這使得以方以智爲代表的族人在明末清初的西學東漸中迎納西學，會通中西，並通過師友、師生關係所構成的學術交流網對西學的流播做出了重要貢獻。

　　明末清初中西兩大文化的首次直接接觸，不僅引發了西學東漸和中學西傳，而且成爲近現代中西文化更大規模交流的濫觴，故頗受學者關注，研究成果迭出。就西學東漸而言，士人與西學的關係尤其引人注目。徐海松先生

〔註48〕劉昀蕐、張慧：《方觀承及其棉花圖》，《河北畫報》2006年12期，第29頁。

〔註49〕（法）魏丕信著，徐建青譯：《18世紀中國的官僚與荒政》，南京：江蘇人民出版社2003年版，《前言》第1頁。

〔註50〕李文海、夏明方主編：《中國荒政全書》第二輯（第三卷），北京：北京古籍出版社2004年版，第1頁。

的《清初士人與西學》堪稱反映士人群體與西學關係的佳作。個案方面，以方以智爲例。由於他的著述和活動對明末清初士林產生過重大影響。因此，有關方以智與西學的研究，取得了豐碩的成果〔註51〕。應該看到，方以智的出現不是偶然的，他是方氏家學的集大成者，是時代產生的會通中西的巨人。若能以方以智爲中心，總結方氏家學與西學的契合點，上溯下延以勾勒方氏家族與西學接觸的軌跡，左拓右展以擴及士林傳播西學的網絡，則庶幾能深化對明末清初西學東漸的認識。在前人研究的基礎上，筆者循著這個思路提出自己的一孔之見。

一、崇實、包容、重《易》的方氏家學

桐城桂林方氏家族文化的實學特徵已如上所述，而且其家族對明末清初會通中西學亦貢獻頗大。欲究其因，仍需追敘其家學。方氏家學的開創者爲方學漸（1540～1615）。學漸十三歲喪父，但勤學勵志，先後拜張甌山、耿定向爲師，文章道德遠近聞名。然而其功名之路卻異常坎坷，竟「七試南闈不售」。於是築「桐川會館,」開門授徒，以布衣振風教。學漸生活的時代，社會的各種矛盾逐漸顯現。在思想領域，程朱理學自南宋晚期定於一尊，積久生弊，淪爲禁錮思想的枷鎖。作爲對理學的反撥，王守仁（字陽明）創立王學（心學），起到了解放思想的作用。陽明去世後，王學發生分化。以王畿爲代表的「現成」派主張頓悟，排斥理性的工夫。這固然孕育了突破綱常名教的批判意識，但晚明空疏學風的形成與此不無關係。王學末流蹈空凌虛的學風令其內部的有識之士深感憂慮，於是開始補偏救弊。方學漸就是其中的佼佼者。黃宗羲《明儒學案》中將學漸列入「泰州學案」，蓋因其早年師承耿定向，以學派而言當屬王門左派。但他主張「藏陸於朱」，以「崇實」爲主旨，與顧憲成等人思想有諸多契合之處，頗受顧憲成、高攀龍等人推許。此外他還研究《易經》，著有《心學宗》、《易蠡》等。他的《易》學研究及恪守的「崇實」主旨，成爲方氏家學的基礎。其長子方大鎮爲萬曆十七年

〔註51〕 任道斌：《方以智年譜》，合肥：安徽教育出版社 1983 年版；任道斌：《方以智簡論》，《清史論叢》第 4 輯，北京：中華書局 1982 年版；蔣國保：《方以智哲學思想研究》，合肥：安徽人民出版社 1987 年版；侯外廬：《方以智的生平與學術貢獻》，《方以智全書·前言》，上海：上海古籍出版社 1988 年版；羅熾：《方以智評傳》，南京：南京大學出版社 1998 年版；此外，美國學者余英時、彼得森（W. J. Peterson），臺灣學者張永堂等都有相關論述。

（1589）進士，承繼乃父衣缽，亦以性善爲宗。天啓元年（1621），與鄒元標、馮從吾創立首善書院，後書院被閹黨所毀。天啓四年大鎮辭官歸里，建荷薪館，與門人講述道學，著有《易意》、《詩意》等數百卷。他引《易傳》典故爲其孫取名以智〔註52〕。其子方孔炤同樣於天啓四年受閹黨陷害而被削職除籍。方孔炤對醫學、地理、軍事等都感興趣，曾做過光折射的實驗。孔炤官湖廣巡撫時與楊嗣昌不合，因香油坪之敗而下獄。他在獄中置生死於度外，與黃道周論《易》不輟。以智探監，得以聆聽兩位晚明《易》學大家的切磋，受益匪淺。爲救父，以智懷血書訟冤，其孝心打動崇禎帝，孔炤得以免死而被遣戍紹興。明亡，孔炤歸隱白鹿莊，深刻反思明亡之教訓：「天下無人也，不講實學，不達實變」〔註53〕。於是他更加重視實學。孔炤事功卓著，且勤於著述，所著《全邊略記》12卷，分述洪武至天啓邊防守備情況、山川形勢，攻守得失等，體現其實學傾向；《周易時論》22卷，則是他發展了家傳《易》學的結果。以智稱其父親曰：「重編《時論》，衍究百原，《易蠡》、《易意》，統辨親傳。……中理旁通，宗一三圓。（先外祖吳觀我公應賓有《宗一聖論》、《三一齋學庸釋》。）虛舟河洛，合先後天。（王先生宣衍圖爲洛書，秩序變化，寂歷爲宗）二無張公，入淇澳室。同寅深交，叩兩貞一。西庫黃公，墓據相得」〔註54〕。

　　這段話包含若干重要信息。首先，文中「吳觀我」爲以智的外祖父吳應賓（號觀我）。他「年二十二，登萬曆十四年進士。授編修。」〔註55〕其著作主要有：《宗一聖論》、《學易齋集》等。觀我儒學功底深厚，且對佛教有精深的體悟，故其學術頗具「三教合一」的特色。馬其昶說：「其學則通儒釋、貫天人，宗一以爲歸……」〔註56〕。應當說，吳應賓的學術取向符合當時的主流思潮。明嘉靖後，持三教合一論者既有名儒焦竑，又有名僧株宏、智旭等。在三教合一已盛行的學術背景下，孔炤將家學與其岳父之學術精華彙於一爐，著成《周易時論》這一力作。

〔註52〕　（清）方以智：《物理小識》，《總論》。
〔註53〕　（清）方昌翰：《桐城方氏七代遺書》附鄭三俊：《方貞述先生墓誌銘》，中國國家圖書館藏。
〔註54〕　（清）方以智：《合山櫟廬詩》，《慕述》，安徽省博物館藏手抄本。
〔註55〕　（清）馬其昶：《桐城耆舊傳》卷4，《吳觀我先生傳弟三十四》，續修四庫全書第547冊，上海：上海古籍出版社2002年版，第535頁。
〔註56〕　（清）馬其昶：《桐城耆舊傳》卷4，《吳觀我先生傳弟三十四》，續修四庫全書第547冊，上海：上海古籍出版社2002年版，第535頁。

　　可見方氏易學逐漸走上博採眾家之路：學漸釋《易》，思想資源限於儒家內部，大鎮亦力辨儒釋之別，孔炤則打破三教界限，利用自然科學，包括西方傳來的天文學及數學。

　　其次要注意王宣的影響。王宣，字化卿，號虛舟。曾師事方學漸，後為以智業師。他喜研物理，精通醫道，於《河》、《洛》造詣極深。其學術思想既影響到孔炤，又成為以智《河》、《洛》象數易學的直接來源之一。除王宣之外，以智還曾師事崇尚實學的白瑜。有了這些著名學者的啓沃和深厚的家學，以智得以博採眾長，融會古今。

　　再次，「黃公」指黃道周。黃道周，晚明儒學大師。天啓二年進士，歷仕明天啓、崇禎、弘光、隆武四朝。崇禎時曾因直諫而入獄，在獄中與方孔炤論《易》不輟。隆武時率兵抗清，被俘就義。道周著作宏富，易學著述較著名的有《易象正》、《易本象》等。

　　由此可以看出，方氏家學具有很強的包容性。吳應賓、王宣、黃道周以及下文將提到的以智好友和門人揭暄等眾多士人的長處都能被吸收到方氏家學中來。此外，崇實、重《易》也構成方氏家學的特點。唯其崇實，才對西方自然科學有很強的親和力；而其世代研《易》，至以智父子形成了「核物究理」、「深求其故」的易學思想，更在本質上與重實證的西學一致。

　　馬其昶對方以智的評價是：「方氏自先生曾祖明善為純儒，其後廷尉、中丞篤守前矩，至先生乃一變而為宏通賅博，其三子中德、中通、中履並傳父業，於是方氏復以淹雅之學世其家矣！」〔註57〕

二、方以智與西學

　　馬氏的評論揭示了以智在傳承家學中的核心作用。我們這裏要強調的是，他抓住了中西文化交流的歷史契機，跨越中、西學的鴻溝，鎔鑄中西之智，成為會通中西的巨匠，並影響到其後代、師友和學生，為西學的流播做出了重要貢獻。

　　15 世紀以來，西方人駸駸東向，耶穌會士用「科學傳教」的方式最先踏上了中國這片古老的土地。而此時的中國正處於一個被稱為「天崩地解」的時代。明末思想界已經開始批判王學末流空談心性，提倡崇實黜虛的學風。

〔註57〕（清）馬其昶：《桐城耆舊傳》卷 6，《方密之先生傳第六十》，續修四庫全書
　　　　第 547 冊，上海：上海古籍出版社 2002 年版，第 567 頁。

明亡清興，心學更被目爲空談誤國，由此實學益盛，爲西學的傳播創造了條件。

（一）方以智與西學的接觸

方氏家學崇實致用，西方科學重實證，兩相契合使它們之間具有一種天然的吸引力。以方以智爲首的部分方氏族人鑽研西學，並致力於會通中西，爲西學的傳播做出了貢獻。學漸和大鎮雖未與傳教士直接接觸，但他們與顧憲成等東林黨人學術旨趣相近，對西學持接納的態度。孔炤則與西學造詣很深的熊明遇〔註 58〕有密切的交往。家學的積澱和一時之際遇使方以智攀上了吸納西學的高峰。

方以智自幼秉承家學，且很早就對西學產生了興趣。據他自述：「西儒利瑪竇……著書曰《天學初函》，余讀之，多所不解。」〔註 59〕。他曾隨父宦遊，至四川嘉定、福建福寧。在福寧，方以智「親炙壇石先生，喜其精論」〔註 60〕，得到熊明遇的指點。母親去世後，受仲姑方維儀撫育。十七歲拜王宣爲師，收集天文、地理、醫藥等材料。崇禎七年移居南京，與陳貞慧等主盟復社，爲「四公子」之一。崇禎九年，在南京結識傳教士畢方濟，請教西學，有詩贈畢氏，「先生何處至，長揖若神仙。言語能通俗，衣冠更異禪。不知幾萬里，嘗說數千年。我厭南方苦，相從好問天。」〔註 61〕此後，他讀傳教士金尼閣所著《西儒耳目資》，並於崇禎十一年撰成《旋韻圖》，開始了會通中西語言文字的努力。三十歲中進士，任翰林院檢討。在北京，他與傳教士湯若望一起研究天文學。據其子中通說，湯若望「與家君交最善，家君亦精天學。」〔註 62〕湯若望曾親自演示實驗：「其取硇水法，以琉璃窯燒一長管，以煉砂取其氣，道未公爲余言之。」〔註 63〕同時，以智在整理早年搜集的各種資料時大量吸收西學，寫成《通雅》和《物理小識》初稿。以後又經多次修改和補充，西學成爲他修訂的

〔註 58〕 熊明遇（約 1580～約 1645），字良孺，號壇石，晚明熱心傳播西學的人物之一。官至兵部尚書。曾爲耶穌會士熊三拔所著《表度說》作序，爲龐迪我著《七克》作序。熊氏另著《格致草》也大量引用西學。

〔註 59〕 （清）方昌翰：《桐城方氏七代遺書》，《膝寓信筆》，光緒十四年（1888）刊本，中國國家圖書館藏。

〔註 60〕 （清）方以智：《物理小識》卷 1，《天類》，第 753 頁。

〔註 61〕 （清）方以智：《方子流寓草》卷 4，《贈畢今梁》，清康熙此藏軒刻本。

〔註 62〕 （清）方中通：《陪詩》卷 2，《與西洋湯道未先生論曆法》，清刻本，中國國家圖書館藏。

〔註 63〕 （清）方以智：《物理小識》，卷 7，《金石類》，第 886 頁。

重要內容。據統計，《物理小識》中約有 5% 的篇幅援引了當時傳教士譯介的資料，其中 54 處引文摘自艾儒略《職方外紀》。除卷 4、卷 5 外，其它 10 卷（《物理小識》共 12 卷）均有摘引的西學資料進行論述、對比和參證。《通雅》中亦不下數十處徵引了西學資料。〔註64〕這兩部巨著於康熙初刊行，對西學流播士林起了很大的推動作用。甲申之變，他被農民軍俘獲，後乘間逃回南京，繼而亡命嶺南。在南明永曆政權中過了一段亦仕亦隱的生活後，遭清軍逮捕。面對威逼，他堅守遺民之志，剃髮為僧。雖顛沛流離，與西學的接觸大為減少，仍著述不輟。康熙十年（1670），以智受粵案所累，被押往嶺南。舟抵萬安惶恐灘，以智投水自盡，〔註65〕一顆會通中西學術的巨星就這樣隕落了。以智九歲即問學於熊明遇。童年結緣西學，求知欲強，可塑性大。以後無論是流寓南京，還是仕宦京師，都虛心向教士求教。即使晚年逃禪之後，仍令中通從教士習西學，以智對西學可謂「幼好此奇服，年既老而不衰」。在與西學的長期接觸中，經過自己的思考，以智形成了獨特的西學觀。

（二）方以智的西學觀

就像一對青年男女初次見面，有人一見鍾情，把對方看得完美無缺；有人一眼即生反感，無意再會。有人則冷靜平和，分辨優劣。東西文化首次接觸，士人對西學的態度也可分為三種：徐光啟等「三柱石」把「泰西」作為未來社會的理想，黃貞等則對西學必逐之而後快。方以智屬於第三種人。

如上所述，方以智家學的崇實、包容，他一生與西學結緣，啟蒙思想家的熱情和百科全書派的哲學家的眼光，這一切使他對西學既迎納，又能理智地分析，從而形成比較辯證的西學觀。其西學觀集中體現在下列論述中：「萬曆年間，遠西學入，詳於質測而拙於言通幾」〔註66〕；「太西質測頗精，通幾未舉」〔註67〕。按照以智對學術的分類：「質測」研究物理，約為今自然科學；「通幾」研究「所以為物之至理」，即今哲學；「宰理」研究「治教」，約為今社會科學。以智不僅在理論上做出如此清晰的學術分類，而且身體力行，為

〔註64〕羅熾：《方以智對西學的批判吸收》，《湖北大學學報（哲學社會科學版）》1988年第 2 期，第 8〜9 頁。

〔註65〕此處方以智自盡說採用余英時先生的說法。參見（美）余英時：《方以智晚節考》，北京：三聯書店 2004 年版，第 169 頁。

〔註66〕（清）方以智：《物理小識》，《自序》，第 742 頁。

〔註67〕（清）方以智：《通雅》，卷首二，《讀書類略提語》，第 30 頁。

新興的「質測之學」增加實際的內容。通過觀察他發現了光的色散現象。方以智首倡並付諸實踐的「質測之學」在明清之際產生了深遠的影響。

如前所述，明末清初，王學衰而實學興，重實證的西學恰在此時傳入。這對力圖使學術由虛返實的啓蒙學者來說，不啻一股從異域吹來的清風。作爲對中國傳統文化有精深造詣的方以智，他會通中西很自然地以中華文化爲本位。於是提出「借遠西爲郯子」〔註68〕，以展開中西學的比較。

首先，他肯定西學的長處是「詳於質測」，並以此來觀照中國傳統「曆數律度」科學「核實難，逃虛易」的弊端〔註69〕。比較中西天文學關於天河的認識之後，他認識到中國文獻所載「乃寓言耳」，而「西學以窺天鏡窺之，皆爲至細之星」〔註70〕。他著書介紹可資實用的西方奇器，如地球儀、測量器等，就是力圖用西學的實證實測之長補中學之短。親歷異質文化的交匯，以智敏銳地意識到溝通中西語言文字具有「使萬世奉同文之化」的重要性。爲此首先要借鑒西方語言學，提高漢語的明確性。他說：「字之紛也，即緣通與借耳。若事屬一字，字各一義，如遠西因事乃合音，因音而成字，不重不共，不尤愈乎！」〔註71〕

借鑒西學的同時，他以哲人的智慧發現西學「拙於言通幾」的哲學貧困。因而對天主教的宇宙觀加以明確地拒斥。比如他發現湯若望《主治群徵》介紹人體的生理知識時，宣揚了上帝「造化人身」的宗教觀點。〔註72〕。因而他在引述時有意略去，表現出對外來文化能夠取其精華、棄其糟粕的理智態度。

在明清之際興起的實學思潮中，方以智借鑒西學，發出了「欲挽虛竊，必重實學」〔註73〕的時代強音，取得了豐碩成果。正當他欣喜於「承諸聖之表章，經群英之辯難，我得以坐集千古之智，折中其間，豈不幸乎！」〔註74〕，因而滿懷信心地要進一步會通中西學術之時，出現了明清鼎革的重大變局。忠於明朝的方以智逃禪以示不與新朝合作，最後被迫害而死。時代未能給他

〔註68〕　（清）方以智：《物理小識》，《總論》，第 745 頁。
〔註69〕　（清）方以智：《物理小識》卷 1，《天類》，第 751 頁。
〔註70〕　（清）方以智：《通雅》，卷 11，《天文・曆測》，第 279 頁。
〔註71〕　（清）方以智：《通雅》卷 1，《疑始》，第 73 頁。
〔註72〕　（清）方以智：《物理小識》卷 3，《人身類》。參見羅熾：《方以智評傳》，南京：南京大學出版社 1998 年版，第 117～119 頁。
〔註73〕　（清）方以智：《東西均》，《道藝》，北京：中華書局 1962 年版，第 86 頁。
〔註74〕　（清）方以智：《通雅》卷首一《音義雜論・考古通說》，第 7 頁。

坐集千古之智的機會，令人感歎。但他的西學思想由後代和學生繼承下來，繼續影響清初的士林。

三、方氏家族與明末清初西學流播網絡

自傳教士把西學傳入中國，部分士人對其持歡迎的態度。他們研究西學，並通過友人、師生、家族等形成的網絡將西學傳播開來。這一點通過方氏家族得到典型的體現。

如前所述，方孔炤在福建爲官時與熊明遇探討西學，以智隨父聆聽，「喜其精論」。熊明遇爲了使西學這種異質文化容易被士人接受，把士人研究西學比作仲尼問官於郯子。他的這一提法首先在方孔炤的《崇禎曆書約》中得到呼應，以後更被方以智繼承發展，形成了影響深遠的「禮失求野」的思想。方以智對比中西文化之後宣稱：「太西質測頗精，通幾未舉，在神明者之取郯子耳。」〔註75〕他在給遊藝《天經或問》寫的序中以及他自己的《物理小識》中不斷重申這一思想。〔註76〕此外，方以智在《物理小識》中經常引熊氏《格致草》的內容。有趣的是，熊明遇之子熊人霖亦通西學，且與方以智保持終生的友誼。

以智幼年隨父宦遊，青年外出訪學，明清之際的政治動亂又使他走出書齋，從社會實踐中汲取營養，並回饋社會。除《通雅》與《物理小識》嘉惠士林外，他還言傳身教、講學授徒、訪學交友，將他所掌握的西學傳給後代、學生和友人。方氏父子及學生、友人接觸和傳播西學所構成的學術交流網頗具典型性。這些人主要有以智次子中通、三子中履和學生揭暄、遊藝等。

方中通（1635～1698），以智次子。字位伯。據他自述：「余少遭難失學，長從泰西穆氏遊，好西學，……逮侍老父合山，始知通幾貴乎質測。」〔註77〕可見，穆尼閣的西學傳授和乃父重視質測之學對中通具有重要影響。《數度衍》就是他鎔鑄中西數學的百科全書式的著作。該書卷首《幾何約》相當於利瑪竇、徐光啓譯《幾何原本》前六卷的節本。其它大部分內容取材於李之藻譯《同文算指》和《崇禎曆書》。該書介紹了西方的筆算（納白爾）、籌算和尺

〔註75〕　（清）方以智：《通雅》，卷首二，《讀書類略提語》，第30頁。

〔註76〕　參見韓琦：《明清之際「禮失求野」論之源與流》，《自然科學史研究》2007年第3期。

〔註77〕　（清）方中通：《陪集》，卷1，《南畝記》，康熙繼聲堂刻本，中國國家圖書館藏。

算。又介紹了「倍加隔位合數法」，實則對數。因此方中通是中國最早論及對數的學者之一。《數度衍》幾乎涵蓋了當時剛傳入的西算知識，它的刊行，對於傳播西方先進的數學知識，發揮積極的作用。

方中履（1638～1688），以智三子。字素伯。著有《古今釋疑》、《汗青閣文集》等。其中《古今釋疑》，於西學有多處引用。爲了說明地球形狀，他說：「自泰西浮海入中國，至晝夜平線，已見南北二極，皆在平地，略無高低。」〔註78〕歷代典籍對二十八宿的度數記載不一，中國科學家未能很好地解決這一難題，而「今湯道未以西曆詳考黃赤經緯變易」〔註79〕。中履認爲湯若望的解釋很圓滿；他對傳教士創制的拉丁字母漢語拼音方案讚賞有加：「泰西入中國，立字父母，即以父母爲切響，而翻字無漏，何其便乎」〔註80〕，然後詳述金尼閣《西儒耳目資》中的有關論述，其以西方語音學爲參照，對漢語音韻加以研究的思想與乃父一脈相承。

揭暄（1613～1695），字子宣，廣昌（今江西廣昌縣）人。明亡後在家鄉組織義兵抗清，又在唐王政權任職。失敗後隱居家鄉，潛心實學，成爲著名的軍事著述家、天文學家和數學家。其傳世之作有《璿璣述遺》、《揭子兵經》等。著名曆算學家梅文鼎稱讚他「深明西術，而又別有悟入」〔註81〕。

揭暄的突出成就與方以智的啓發和他與方中通的切磋密切相關。中通有詩曰：「世外逢高士，相依不問禪。叩鐘曾受業（自注：一見老父，即拜爲弟子），班草竟忘年（自注：子宣年長於予）。好我同推步（自注：後成《揭方問答》一書），知君獨寫天（自注：子宣著有《寫天新語》）。圖書成經緯，絕學與誰傳（自注：又有《經天緯地圖》）〔註82〕。揭暄與方氏父子互相啓發，相得益彰，後方以智爲《璿璣遺述》寫序並作注。

〔註78〕（清）方中履：《古今釋疑》卷12，《天地之形》，續修四庫全書第1145冊，上海：上海古籍出版社2002年版，第301頁。

〔註79〕（清）方中履：《古今釋疑》卷12，《經星移動》，續修四庫全書第1145冊，上海：上海古籍出版社2002年版，第313頁。

〔註80〕（清）方中履：《古今釋疑》卷17，《切韻當主音和》，續修四庫全書第1145冊，上海：上海古籍出版社2002年版，第427頁。

〔註81〕（清）梅文鼎：《勿庵曆算書記》，《寫天新語》鈔存一卷，戴逸主編：文津閣四庫全書清史資料彙刊子部七，北京：商務印書館2006年版。戴念祖著：《中國力學史》，石家莊：河北教育出版社1988年版，第47頁。

〔註82〕（清）方中通：《陪詩》卷4，《惺恐集·贈揭子宣》，清刻本，中國國家圖書館藏。

　　遊藝（1614～1684），字子六，建寧（今福建建寧縣）人。曾師從黃道周和熊明遇。讀方氏三世《易》學著作，又讀以智《鼎薪》，致書以智求教。以智告之以實證科學與哲學應相輔相成，他說：「勿以質測壞通幾，而昧其中理；勿以通幾壞質測，而荒其實事」〔註83〕。之後，他又總結了自己借鑒西學但不為其所拘的思想。他說：「萬曆之時，中土化洽，太西儒來，脬豆合圖，其理頓顯，膠常見者駴以為異，不知其皆聖人之所已言也。特其器數甚精，而於通幾之理，命辭頗拙，故執虛者辟之。子曰：『天子失官，學在四夷』。猶信……」〔註84〕。方以智的這些思想對遊藝產生了重要影響。

　　以方以智為核心，中通、中履與揭暄、遊藝等人，因共同的遺民立場和相似的學術旨趣而形成了一個重要的學術流派——方氏學派。他們互為師友，切磋學問，相得益彰。揭暄與方中通辯論，編成《揭方問答》一書。〔註85〕而以智對揭、游兩人悉心指點，二人為方氏「質測之學」的發展作出了重要貢獻。

　　方氏父子與清初曆算名師梅文鼎互相切磋亦為學林佳話。康熙十年（1671），以智寄書梅文鼎「徵象數之學」〔註86〕。而梅氏則「私淑青原虛此心」〔註87〕。梅氏還與方以智後人交往密切，他作詩《復柬方位伯》，小序云：「方子精西學，愚病西儒排古算數，著《方程論》，謂雖利氏無以難，故欲質之方子。」〔註88〕梅氏在與方中通辯論中，會通中西的路子越走越廣。他作詩云「我亦中西兼考訂，誰期與子共編摩」，「幾欲遺書相討論，憑君為我一參同」。〔註89〕而方中通也在與梅文鼎的切磋中受益匪淺。

〔註83〕　（清）方以智：《浮山文集後編》卷2，《遊子六天經或問序》，中國社會科學院歷史研究所清史研究室編：《清史資料》第六輯，北京：中華書局1985年版，第50頁。

〔註84〕　（清）方以智：《浮山文集後編》卷2，《遊子六天經或問序》，中國社會科學院歷史研究所清史研究室編：《清史資料》第六輯，北京：中華書局1985年版，第50頁。

〔註85〕　（清）阮元：《疇人傳》卷36，續修四庫全書第516冊，上海：上海古籍出版社2002年版，第355頁。

〔註86〕　（清）梅文鼎：《續學堂詩鈔》卷1，《浮山大師哀辭》小序，續修四庫全書第1413冊，上海：上海古籍出版社2002年版，第458頁。

〔註87〕　（清）梅文鼎：《續學堂詩鈔》卷2，《復柬方位伯》小序，續修四庫全書第1413冊，上海：上海古籍出版社2002年版，第468頁。

〔註88〕　（清）梅文鼎：《續學堂詩鈔》卷1，《復柬方位伯》，續修四庫全書第1413冊，上海：上海古籍出版社2002年版，第458頁。

〔註89〕　（清）梅文鼎：《續學堂詩鈔》卷2，《寄方位伯》，續修四庫全書第1413冊，上海：上海古籍出版社2002年版，第468頁。

　　特別值得一提的是，黃宗羲和王夫之是清初著名的啟蒙思想家，也是以智的好友。他們在西學方面也明顯受到方以智的影響。有學者發現在現存黃宗羲著作中，惟獨提及的西教士就是與方以智相交的畢方濟和湯若望，認爲「方以智無疑是黃宗羲瞭解西士和西學的中介之一。」〔註90〕王夫之對方以智提出並踐履的「質測之學」由衷欽佩，他說：「密之與其公子爲質測之學，誠學思兼致之實功。蓋格物者即物以窮理，惟質測爲得之。若邵康節、蔡西山立一理以窮物，非格物也」〔註91〕。他還把這種質測之法用於自己的學術研究。比如他評論宋朝大儒張載關於海水潮汐的假說，認爲它「不及專家之學，以渾天質測及潮汐南北異候驗之之爲實也」〔註92〕。王夫之還利用光的色散現象的發現來批評朱熹對於彩虹成因的錯誤解釋，他說：「朱子謂虹霓天之淫氣，不知微雨漾日光而成虹。」〔註93〕這充分反映出方以智鎔鑄中西所提出的質測之學對時代思潮的重大影響。

　　此外，以智與遺民學者魏禧、丘維屏等交往密切，西學是他們交流的重要內容。據方以智回憶：「三魏相過，邀上『易堂』……丘邦士來語象數，有神解，因以研極望之。」〔註94〕方氏的回憶與魏禧的記載恰好相符。魏氏記曰：「丘維屏，字邦士，寧都河東人，禧之姐之壻也……晚尤精泰西，算《易》數曆法，皆不假師援，冥思力索而得之。桐城方公以智，以僧服來易堂，嘗與邦士布算，退而謂人曰：『此神人也。』……」〔註95〕

餘論　家族在明末清初西學傳播中的作用

　　總之，崇實的方氏家學與重實證的西學兩相契合，使得方氏家族在西學

〔註90〕　徐海松：《清初士人與西學》，北京：東方出版社2000年版，第280頁。

〔註91〕　（清）王夫之：《搔首問》，編輯委員會編校：《船山全書》第12冊，長沙：
　　　　　嶽麓書社1992年版，第637頁。

〔註92〕　（清）王夫之：《張子正蒙注》卷1，編輯委員會編校：《船山全書》第12冊，
　　　　　長沙：嶽麓書社1992年版，第52頁。

〔註93〕　（清）王夫之：《張子正蒙注》卷8，編輯委員會編校：《船山全書》第12冊，
　　　　　長沙：嶽麓書社1992年版，第327頁。

〔註94〕　（清）方以智：《浮山文集後編》卷2，《遊梅川赤面易堂記》，中國社會科學
　　　　　院歷史研究所清史研究室編：《清史資料》第六輯，北京：中華書局1985年
　　　　　版，第41頁。

〔註95〕　（清）魏禧：《魏叔子文集外篇》卷17，《丘維屏傳》，續修四庫全書第1409
　　　　　冊，上海：上海古籍出版社2002年版，第158頁。另，參見張舜徽：《清人
　　　　　文集別錄》，北京：中華書局1963年版，第40頁。

東漸中卓有成效地進行了會通中西的嘗試。尤其是方以智，特殊的家學際遇
使他脫穎而出，提出了辯證的西學觀並付諸實踐。通過家族、友人、師生等
形成的網絡，方以智會通中西的成果在知識界傳播開來，對明末清初西學的
傳播作出了重要貢獻。桐城方氏恰爲典型個案，說明家族在明清時期的文化
傳承、尤其是傳播西學方面發揮了重要作用。

　　我國很早就產生了家學，對傳承文化做出了巨大貢獻。自漢武帝「立五
經博士，收弟子員，設科射策，勸以官祿」〔註 96〕，吸引士人明經入仕，家
學即現雛形。當時的文化中心位於都城，西漢爲長安，東漢爲洛陽。其後此
種情況發生重大變化，陳寅恪先生就此分析說：「蓋有自東漢末年之亂，首都
洛陽之太學，失其爲全國文化學術中心之地位……而漢族之學術文化變爲地
方化及家門化矣。故論學術，只有家學之可言，而學術文化與大族盛門常不
可分離也。」〔註 97〕故而，學術文化家門化及學術重鎮地方化成爲六朝時期
文化特色。〔註 98〕隋唐以降，名門望族的家學以科舉爲旨歸，並逐漸形成了
具有家族特點的學術。明清時期，府州縣學乃至書院多淪爲科舉的附庸。這
樣，求索和傳播新知就有賴於具有獨立思想的學者。而其學術往往以家學的
形式加以傳承。桐城桂林方氏家學產生於明朝中後期，其歷史固然無法與中
古世家大族的家學比肩，卻代表了家學發展的新方向。其崇實、包容、重《易》
的特點，使得方以智、方中通父子力倡「精求其故」、「緣數以尋理」的科學
方法，從而「將徐光啓對傳統的狹隘經驗論和神秘主義的思維方法的變革繼
續推向前進，促進了科學精神在中國的傳播。」〔註 99〕

　　明末清初，西學這種異質文化屬於新生事物，只在非常狹小的範圍內傳
播。而家族成員因爲朝夕相處，耳濡目染，因此便於傳承。不僅如此，方氏
族人精研西學，並通過友人、師生等關係形成知識群體及交流網絡，促成新

〔註96〕班固：《漢書》，北京：中華書局 1962 年版，第 3620 頁。

〔註97〕陳寅恪：《金明館叢稿初編·崔浩與寇謙之》，上海：上海古籍出版社 1980 年
　　　　版，第 131 頁。

〔註98〕錢穆先生云：「魏晉南北朝時代一切學術文化，必以當時門第背景作中心而始
　　　　有解答。當時一切學術文化，可謂莫不寄存於門第中，由於門第之護持而得
　　　　傳習不中斷，亦因門第之培育，而得有生長有發展。」見錢穆《略論魏晉南
　　　　北朝學術文化與當世門第之關係》，《中國學術思想史論叢》卷三，合肥：安
　　　　徽教育出版社 2004 年版，第 185 頁。

〔註99〕蕭萐父、許蘇民：《明清啓蒙學術流變》，瀋陽：遼寧教育出版社 1995 年版，
　　　　第 459 頁。

知的產生和傳播。正如美國科學史家托馬斯・庫恩所說：「科學儘管是由個人進行的，科學知識本質上卻是群體的產物，如不考慮創造這種知識的群體的特殊性，那就既無法理解科學知識的特有效能，也無法理解它的發展方式。」〔註100〕在現代專業教師、班級授課制以及學術團體出現之前，家族在傳播異質文化上發揮過獨特的作用。因此，考察明清之際西學在知識界的流播，家族是一個不可或缺的向度。

小結：會通中西，歷史局限

總之，崇實的方氏家學與重實證的西學兩相契合，使得方氏家族在明末清初的西學東漸中卓有成效地進行了會通中西的嘗試。尤其是方以智，特殊的家學際遇使他脫穎而出，提出了辯證的西學觀並付諸實踐。通過家學和師承的關係，以智的思想得以傳播，對明末清初西學的傳播作出了重要貢獻。當然他的某些提法，比如「借遠西為郯子，申禹周之矩積」，有宣傳「西學中源」之嫌；還有，在會通中西的歸宿上，他「泝其原同，則歸於《易》耳」〔註101〕。將複雜的中西文化的共同點回歸到傳統的文化資源，似乎有了一個圓融的解釋，卻限制了他對西學的進一步認識。其家學的影響及中國傳統實證科學的落後使他不可能超越涵泳其內的文化傳統，令人感歎！

但這是歷史的局限使然，我們不能苛求古人。指出這一點，乃是為今天的中西文化交流提供歷史借鑒。

還有一個問題，本人雖無圓滿的解釋，但亦不能迴避，記此以備來日研究，並希望方家指正。梁啟超在《中國近三百年學術史》一書中云：「桐城方氏，在全清三百年間，代有聞人，最初貽謀之功，自然要推密之。但後來桐城學風並不循著密之的路走，而循著靈皋的路走。我說這也是很可惜的事。」〔註102〕梁氏對方以智的首開清代徵實考據之風評價頗高，確有過人之見識。但他對後來桐城學風的走向的判斷似乎亦有漏洞。嚴格地說，方以智後半生

〔註100〕〔美〕托馬斯・庫恩著，紀樹立等譯：《必要的張力・序言》，福州：福建人民出版社1981年版，第7頁。

〔註101〕（清）方以智：《東西均》附《象環寱記》，北京：中華書局1962年版，第160頁。

〔註102〕梁啟超：《中國近三百年學術史》，天津：天津古籍出版社2003年版，第174頁。

的會通中西之路已經走不通。雍正禁教，則使中西文化交流陷入低潮。及至方苞所處的時代，明末清初的實學思潮亦逐漸被考據學所取代。事實上，中一房家族文化自方學漸之後，傳七代而式微。中六房文化亦不振。這似乎說明專制皇權的逐漸加強，確乎對思想界有相當的壓制作用。民國已降，桐城方氏在文化上獨領風騷的是魯宮方，而非桂林方。至於哲學大家方東美融彙百家，深入中西哲學的堂奧，則當屬新時代之契機所催生。而且桂林方眾多的族人中，僅僅方東美一枝獨秀，已不能從整體上再現昔日桂林方的輝煌。

　　不可否認的是，方苞在治學中雖有實學取向，但畢竟其「學行繼程、朱之後，文章介韓、歐之間」的抱負使其學術主要呈現理學色彩。尤其是所創「義法」，使他成爲桐城文派的開山祖。他編選《古文約選》一書，在乾隆初頒行各地學官，遂爲學子作文範式。姚鼐繼承其「義法」說，吸收了劉大櫆的「神氣、音節、字句」的思想，提出「義理」、「考證」、「辭章」的文章理論，其理論體系更加完備。姚鼐通過長期的書院講學，將其古文義法傳給遍佈大江南北的弟子。至晚清，曾國藩仍奉方苞、姚鼐爲「文學正宗」，繼承桐城傳統，並加以發展。「桐城古文的影響遍及天下，在清代文壇佔據了絕對的統治地位。」〔註103〕甚至下迄民國而流風不息，方苞之影響可謂深遠！

　　由此觀之，則不論是外在的政治和學術環境，抑或學術本身的內在理路，桐城學術都和全國一樣，必然走上不同於單純考據的道路。

〔註103〕陳春華：《清代書院與桐城文派的傳衍》，博士學位論文中文摘要，蘇州：蘇州大學，2013 年。

結　語

　　以上各章，首先從區域文化的角度，考察了桐城桂林方氏家族的興起，其發展演變的幾個階段。然後分析了該家族與明清時期的政治及文化之關係。該家族身上彙聚了如此多的歷史信息，堪稱明清時期江南望族的一個代表和典型。回顧方氏家族五百餘年興衰沉浮的歷程，至少可以得出如下認識：

　　其一，科舉成敗是家族興衰的關鍵，科舉又成爲清朝籠絡和打擊望族的工具。

　　唐宋以降，由於科舉制的發達，其對望族和士人的契入日漸深刻，家族的興衰主要取決於科舉的成敗。桐城文化伴隨著科舉的發達而繁盛，一批外來移民隨之崛起爲望族，桂林方氏家族就是其中的傑出代表。方氏興於科舉，而且在其整個興衰歷程中，科舉也是如影隨形，須臾不離。從其五世祖方法明初中舉開始，該家族就走上了一條科舉入仕之路。方氏自七世分房，代表其家族的著房均在科舉上取得成功。事實上，方氏之前冠以「桂林」二字，即源於該家族舉業之出色。方氏十二世進入興盛期，其重要標誌是不僅族大丁眾，而且族人中中舉人、進士者多，達到了科舉鼎盛期。中一房方學漸三子大鎮、大鉉、大欽均爲進士。大震獨子方孔炤以進士累官爲巡撫，方孔炤子方以智以進士官至崇禎朝翰林院編修，以後永曆朝封其爲內閣大學士。在各個房支中，中一房可謂獨佔鰲頭。然而，明清易代之際，中一房對清朝選擇了抵抗和不合作的態度，族人中多不應舉，從而逐漸地衰落下去。中六房則很快認同了清朝的統治，方拱乾次子亨咸於順治四年、長子玄成於順治六年先後登科。其三子方育盛爲順治十一年舉人，四子方膏茂則中順治十二年會試副榜。這樣，原本在明朝遠遜於中一房的六房入清後逐漸取而代之，成爲代表該家族的著房。

　　由此看來，創於隋唐的科舉制，不僅因其取代魏晉時期的九品中正制，表現出一種歷史的進步。而且，到了明清時期，它作為凝聚人心，選拔人才，乃至家族興盛方面發揮著更為重要的作用。因此，這種制度和文化跳出了朝代更替的藩籬，超越了民族和種族的界限，從而對一個家族乃至王朝的發展構成了決定性的影響因素。元朝之所以國祚不久，原因之一即漢化遲滯，對科舉制吸收不夠。而清朝則幾乎全盤接受了漢族的科舉制，並在官制上實行滿漢復職制，保證經由科舉選拔出來的士人得以參政。而入仕當官對於望族乃至普通人而言，則是極為重要的。其原因，恰如王亞南先生所說：「中國人傳統地把做官看得重要，我們有理由說是由於儒家的倫理政治學說教了我們一套修齊治平的大道理；我們還有理由說是由於實行科舉制而鼓勵我們『以學干祿』，熱衷於仕途；但更基本的理由，卻是長期的官僚政治，給予了做官的人，準備做官的人，乃至從官場退出的人，以種種社會經濟的實利，或種種雖無明文確定，但卻十分實在的特權。那些實利或特權，從消極意義上說，是保護財產，而從積極意義上說，則是增大財產。」〔註1〕如果想做官，在明清時期，最主要的就是走科舉入仕之路。

　　這樣，滿漢雙方在科舉制上找到了契合點，換句話說，從某種意義上說，科舉製成為連接滿漢民族的紐帶。雖然明清鼎革不同於歷史上普通的改朝換代，它對漢族士人和望族的震動可以從顧炎武亡國與亡天下之辨中加以體認。但眾多漢族望族和士人畢竟還是要生存和發展，是要保持家聲不墜的。而滿族入關後，欲在廣土眾民的前明統治地區立足並鞏固政權，又急需望族和士人的支持。這種支持表現為漢族士人加入到滿漢聯合政權中來，以及普通百姓認同其統治，停止反抗鬥爭。於是，滿族貴族迅即承襲了前明的科舉制度，取得了一箭雙雕的效果。對此，浙江總督張存仁上疏說，開科取士，「則讀書者有出仕之望，而從逆之念自息。」〔註2〕而士人為四民之首，是明清易代之際反清的中堅力量。士人歸順，則百姓歸順。對此，孟森先生分析說：「明一代迷信八股，迷信科舉，至亡國時為極盛，餘毒所蘊，假清代而盡泄之，蓋滿人旁觀極清，籠絡中國之秀民，莫妙於中其所迷信」〔註3〕。孟先生此說

〔註1〕　王亞南：《中國官僚政治研究》，北京：中國社會科學出版社1987年版，第112頁。

〔註2〕　《清世祖實錄》卷19，順治二年秋七月丙辰，北京：中華書局1985年版，第168頁。

〔註3〕　孟森：《心史叢刊》，北京：中華書局2006年版，第34頁。

固然精闢，但不可否認，在當時的歷史條件下，還找不到一種更好的兼具選拔人才和緩和民族矛盾的制度。應當說，此舉對推動歷史前進是有功績的。張傑先生認為，滿洲貴族之統一中國及鞏固統治，科舉家族的態度至關重要；清代重要執政大臣和地方督撫，大都出於著名的科舉家族。〔註4〕

而且，滿洲貴族的高明抑或狠毒之處在於：不僅利用科舉籠絡望族，還用其打壓望族。清廷抓住科舉制的弊端，利用多數落榜士子的怨氣，將其用作政治鬥爭的工具，屢興科場大案，藉以打擊漢族望族和士子。誠如孟森先生所言：「清代乃興科場大案，草菅人命，無非重加其罔民之力，束縛而弛驟之」，「漢人陷溺於科舉至深至酷，不惜假滿人以為屠戮，以泄多數未遂之人年年被擯之憤，此所謂『天下英雄入吾彀中』」〔註5〕。這正是順治丁酉科場案發生的必然性。所以，科舉使方拱乾的三個兒子躋身滿漢聯合政權，但同時又成為打擊方家、震懾江南望族的工具。清廷迭興科場、通海等大案，對方氏家族等望族加以打擊，與中古時期皇帝剪除對其構成威脅的豪族不同，而與朱元璋借空印案、郭桓案、胡、藍黨獄等打擊豪族勢力頗為相似：即二者均為削弱江南的離心勢力。此外，清朝的舉措還含有民族高壓和征服的成分。換言之，方氏家族是因民族矛盾而成為清廷敲山震虎的犧牲品的。

其二，家族與政治互相依存的關係，通過方氏家族這一標本體現得至為明顯。

首先，在清初，族巨裔繁的方氏家族，在江南有著巨大的影響力。明清鼎革的歷史關頭，其主體中一房堅持民族主義立場，不與滿洲貴族合作，方授的抵抗，方以智的抗清逃禪等，即為顯例。這樣就對清朝的統一和鞏固構成障礙，因而招致清廷的打擊和迫害，喪失其以往的政治勢力、經濟基礎和文化優勢，從而逐漸地衰落下去。中六房則順應歷史潮流，擁護新朝，積極出仕，盡力與滿洲貴族合作。但是，由於滿漢民族矛盾還處於比較尖銳的狀態，清廷對該支亦深懷疑忌，興起順治丁酉江南科場案和康熙五十年《南山集》案，對其加以打擊，使其家族發展屢遭挫折。由於清廷調整策略，方氏族人自強不息，經過磨難後的方氏家族，在文化和政治上重新崛起，出現了桐城派始祖和乾隆朝名臣方觀承，為康乾盛世的出現做

〔註4〕　張傑：《清代科舉家族》，北京：社會科學文獻出版社2003年版，第317～319頁。

〔註5〕　孟森：《心史叢刊》，北京：中華書局2006年版，第34頁。

出了貢獻。接踵而至的「一門三督」的盛況，更是把中六房推上了該家族政治上的巔峰狀態。中六房無可置辯地取代中一房而成爲代表該家族的著支。作爲江南望族的典型，方氏家族中一房和中六房政治立場不同，其遭際則大相徑庭。這一現象對理解清初滿族貴族與漢族望族的關係乃至滿漢民族關係都具有重要的認識意義，可以對滿漢民族艱難的磨合過程提供具體的佐證和「解釋性的洞見」〔註6〕。

那麼中一房與中六房爲何會有如此不同的政治選擇？原因至少有兩點。首先，方以智曾祖方學漸開創的家學重視氣節，對後代影響很大。其次，方以智祖父方大鎮，父方孔炤及方以智本人均出仕明朝，與明政權依附至深。特別是方以智爲其父訴冤的孝行感動崇禎帝，因而方孔炤得以免死的經歷，以及方以智親友不斷有人喪命於清軍之手。凡此種種，使得方以智與清朝合作的機會基本不存在。而中六房則出於家族發展和爲國家培養元氣的考慮而出仕清朝。

桐城張氏家族則由於家族勢力影響不甚顯著，與清廷積極合作，因此家族發展迅速，張英、張廷玉父子均任宰相，煊赫一時。然而因家族勢力過度膨脹而受到乾隆帝的打擊，其後族勢難振。而此時方氏家族因其對行使皇權未構成障礙，則出現「一門三督」的鼎盛局面。當然，道光以降，方氏亦現頹勢，且難以產生名臣。這其實與清朝和整個社會走向衰落是一致的。家族與政治的緊密關係於此可見一斑。

其三，滿漢民族經過磨合，走向互相認同，是歷史的必然。

明清兩代是我國統一多民族國家進一步鞏固的重要時期，並出現了康乾盛世的局面。盛世是由滿漢各民族共同創造的。然而，滿漢民族之間一度發生過嚴重的對立，給雙方帶來了損失和教訓。明清易代那場天崩地坼的巨變之後，滿漢各族處於一個矛盾統一體中。一方面，滿洲貴族建立的是一個滿漢蒙等民族的聯合政權，不可能完全實行大滿族主義，政權的運行離不開漢族的參與；另一方面，即使是最重氣節的漢族望族，如果要生存和發展，也不可能長期堅持華夷之辨。因此雙方雖有矛盾，但也有合作的需要和願望。要保持國家、社會、民族、家族的生存和發展，矛盾的雙方就不得不在維護自己利益和價值觀念的前提下，在一定程度上考慮對方的利益訴求，並求同

〔註6〕 （美）艾爾·巴比著，邱澤奇譯：《社會研究方法》，北京：華夏出版社 2005 年版，第 286 頁。

存異。而且在彼此相處和交往中，不斷加深對對方的瞭解，進而取長補短。尤其是在統治民族的主導下，彼此融合的速度大大加快。這樣，滿洲貴族和漢族望族經過彼此的調整，終於走出猜忌、鬥爭的迷宮，逐漸走上互相認同、合作的道路。這樣，滿洲貴族逐漸調整統治政策，向方氏家族頻搖橄欖枝。以中六房爲代表的方氏家族亦能調整其心態，向清廷靠攏，經過與滿族貴族的磨合，逐漸贏得信任。

其四，滿漢民族的磨合，是一個頗爲複雜的事物。

首先，磨合的基礎是滿漢雙方利益的一致性。以方氏家族兩次族難爲例，發難者分別爲漢官陰應節和趙申喬。他們因身負言官的職責，糾參他們認爲有礙統治秩序的人員。而使方觀承嶄露頭角的是滿洲貴族福彭。又如圖爾泰對滿漢官員不平等的抨擊等等，都說明滿漢官員在一些問題上以大局爲重，其內心滿漢畛域並不明顯。

其次，磨合是一個艱難而複雜的過程。以方氏家族爲例，可以粗略分爲幾個階段。順治時期滿洲貴族對漢族望族的籠絡利用與猜忌、防範和打擊相結合。此時滿漢雙方雖同處共事，但貌合神離，順治丁酉科場案即爲明證。康熙朝爲磨合的反覆期。康熙帝經平定三藩之亂後，滿漢磨合一度順利，但晚期由於《南山集》案而再起波瀾。這表明在滿族入關近七十年後，在滿漢畛域已經大大縮小的趨勢下，滿漢矛盾仍然存在。康熙帝對此案的處理透露出其對漢族望族的疑忌。雍乾時期爲發展鞏固期。方苞爲樹立雍正帝的仁孝形象不遺餘力，在乾隆朝爲融合滿漢文化殫精竭智，雖因迂闊而受排擠，但其拳拳之心則無可置疑。至方觀承爲首的「一門三督」出現，表明滿漢雙方取長補短，相互促進，共同提高，基本上水乳交融，彼此依存，形成不可分割、患難與共、風雨同舟的關係。近代以來，滿漢各族人民同仇敵愾，共禦外侮，充分證明了這一點。

再次，滿漢磨合在不同層次展開。磨合大致可分爲在朝與在野兩個層次。前者如方拱乾、方孝標父子與順治帝，方苞與康雍乾三帝，與徐元夢等滿官，方觀承與福彭，方維甸與福康安等等。後者如訥爾樸與方登嶧祖孫三代的友誼等等。

最後，在滿漢上層的磨合中，由於雙方強弱勢的不同，起主導作用的是滿洲貴族。由於強勢的滿洲貴族在某些問題上採取了高壓政策，致使方氏蒙受冤屈，部分族人對清廷產生離心趨勢。例如，雍正元年，非孝標嫡系的方氏族人被赦之際，方雲泌長子方世舉作《南歸》詩云：

十年來去鬢全霜，舊法新恩淚兩行。

流宥五行思大舜，網開三面戴成湯。

鴻毛死喪累臣分，萱草春秋病母望。

夢斷得歸餘歲月，力田報國詠時康。〔註7〕

世舉之感慨與痛惜，感恩與憤懣，虛實結合，溶於一詩。而其實際舉動則更能說明問題。乾隆元年，開博鴻科，他與其從弟方貞觀均被薦舉，二人均謝不就。〔註8〕方雲泌次子方世舉則因「遭宗禍，深思脫棄，遂薙髮爲僧」〔註9〕

這說明方氏確有離心的族人，說明清廷對方氏家族屢屢加以打壓，在其族人的心裏投下陰影。其實，即使方苞、方觀承等出入廟堂，爲清廷服務的族人，其內心也未必對清廷的殘酷打擊沒有看法，只是爲了家族的生存和發展忍辱負重而已。這也正是滿漢民族磨合過程中所付出的沉重的代價，也是必須吸取的歷史教訓。

其五，入清後的方氏家族史，不僅是一部與滿洲貴族的磨合史，也是方氏族人的心酸史、痛史，還是漢族士人的思想日益受到壓抑的歷史。

方拱乾「累人原血肉，誤我是文章」的憤懣語，方孝標的「悔殺向葵心」的沉痛反思，不過是遭受打擊後的不平與牢騷，但其與清廷合作的態度沒有變。可貴的是，在苦難中他們往往能跳出個人情感的小圈子，關注他人苦難，從而表現了一種博大的悲天憫人。拱乾瞭解到明朝何相國兒媳陳氏被清軍掠奪爲妾，悲其身世，發出了「孤兒寡婦遍天下，豈止區區何香山。薄命不獨紅顏女，地老天荒恨何許。羈人萬死自甘心，轉爲閨娃淚如雨」〔註10〕的感歎。其後，因遭受更爲殘酷的打擊，方氏族人的心態更爲複雜。試看方苞心態的變化：

在《修復雙峰書院記》中，方苞追述雙峰書院的由來之後，借題發揮，引出其對士大夫氣節的看法。他說：「余觀明至熹宗時，國將亡，而政教之僕也久矣，而士氣之盛昌，則自東漢以來，未之有也。」〔註11〕讚賞孫奇逢在

〔註7〕（清）方世舉：《春及堂初集》，轉引自（法）戴廷傑：《戴名世年譜》，北京：中華書局2004年版，第968頁。

〔註8〕（清）方傳理：《桐城桂林方氏家譜》卷18。

〔註9〕（清）方傳理：《桐城桂林方氏家譜》卷18。

〔註10〕（清）方拱乾撰，李興盛整理：《方拱乾詩集》，《俘妾行》，哈爾濱：黑龍江教育出版社1992年版，第16頁。

〔註11〕（清）方苞著，劉季高校點：《方苞集》卷14，《修復雙峰書院記》，上海：上海古籍出版社1983年版，第414頁。

楊漣、左光斗之難中「出萬死以赴之」的氣概，方苞進而說：「夫晚明之事，
猶不足異也。當靖難兵起，國乃新造耳，而一時朝士及閭閻之布衣，捨生取
義，與日月爭光者，不可勝數也」〔註12〕。發表這番感慨時，方苞一定想起
了他的祖先方法投江殉難的壯舉。他接著感歎「五季縉紳之士，視亡國易君，
若鄰之喪其雞犬，漠然無動於中。及觀其上之所以遇下，而後知無怪其然也。
彼於將相大臣，所以毀其廉恥者，或甚於臧獲」〔註13〕。然後，他分析明朝
士氣盛昌、禮義勃興之因，認爲，「高皇帝之馭吏也嚴，而待士也忠。其養之
也厚，其禮之也重，其任之也專。有不用命而自背所學者，雖以峻法加焉，
而不害於士氣之伸也。故能以數年之間，肇修人紀，而使之勃興於禮義如此。」
〔註14〕五代與明朝對於易代改君之態度迥然有別，在於兩代君主對士大夫的
態度截然不同。

　　據《方苞集》，此文作於方苞四十歲至五十歲之間，〔註15〕考慮到他四十
四歲因《南山集》案入獄，則應作於案發之前。其時，方苞雖未登仕途，但
正當壯年，才高氣盛，字裏行間流露出對明朝士大夫崇尚氣節的景仰。方苞
對氣節的追述，從東漢一直到明朝，難道僅僅是發思古之幽情？他很可能要
順勢對比清朝的士氣。但很可惜，對這一問題，沒有見到他在這個時期有任
何文字存世。很可能是懾於文字獄而毀掉了。待到他舊話重提時，已經是七
十歲的滄桑老人了。當時，他已歷仕康雍乾三朝，向高宗上書時，正是乾隆
二年，方苞被擢升爲禮部侍郎，雖以足疾辭，仍頗受信任和重用，「詔許數日
一赴部平決大事：公雖不甚入部，而時奉獨對，一切大除授並大政，往往諮
公，多所密陳，盈庭側目於公。」〔註16〕當時，正當其以爲不世之恩，當思
所以不世之報之時，故而對乾隆帝知無不言：

　　　　臣聞人臣之義，國而忘家，君而忘身。士大夫敦尚氣節，東漢

〔註12〕　（清）方苞著，劉季高校點：《方苞集》卷14，《修復雙峰書院記》，上海：上
　　　　海古籍出版社1983年版，第414頁。

〔註13〕　（清）方苞著，劉季高校點：《方苞集》卷14，《修復雙峰書院記》，上海：上
　　　　海古籍出版社1983年版，第414頁。

〔註14〕　（清）方苞著，劉季高校點：《方苞集》卷14，《修復雙峰書院記》，上海：上
　　　　海古籍出版社1983年版，第414～415頁。

〔註15〕　（清）方苞著，劉季高校點：《方苞集》附錄二《文目編年》，上海：上海古
　　　　籍出版社1983年版，第895頁。

〔註16〕　（清）錢仲聯主編：《廣清碑傳集》卷6，全祖望：《前侍郎桐城方公（苞）神
　　　　道碑銘》，蘇州：蘇州大學出版社1999年版，第399頁。

以後，惟前明爲盛；居官而致富厚，則朝士避之若浼，鄉里皆以爲
羞。至論大事，擊權奸，則大臣多以去就爭；臺諫之官，朝受廷杖，
諫疏夕具，連名繼進。至魏忠賢播惡，自公卿以及庶官，甘流竄，
捐腰領，受錐鑿炮烙之毒而不悔者，踵相接也。雖曰激於意氣，然
亦不可謂非忠孝之實心矣。惟其如是，故正、嘉以後，國政偵於上，
而臣節砥於下，賴以維持而不至亂亡者，尚百有餘年。臣竊見本朝
敬禮大臣，優恤庶官，遠過於前明；而公卿大臣抗節效忠者，寥寥
可數；士大夫之氣習風聲，則遠不逮也。〔註17〕

方苞之意在爲自己矯除積習興起人才的建議樹立靶子，這難免將明清兩代的
士風加以對比。但是在建言中，他還是非常講究策略。他所謂「本朝敬禮大
臣，優恤庶官，遠過於前明」，顯然不是眞心話。本朝雖鼓勵士大夫建言獻策，
但皇帝乾綱獨斷。對士人的思想言論加以種種鉗制，處處有禁區，時時有忌
諱。士人不小心就會碰到無形的高壓線，以方苞家族及其親身經歷而言，這
種體驗太深刻了。爲明哲保身，多數士人會選擇少說爲佳的策略，即使不得
不說，也會挑些不痛不癢的話來敷衍塞責。關愛和先生就此分析說：「庸儒不
立、畏怯不爭的士林風氣的形成，與清王朝文網嚴密、禁忌重重的士林政策
有關，與清王朝矯明代士人聚徒結社、清議論政之弊而過正的政治現實有關。
文網籠罩、言路堵塞、鉗制士口、壓抑士氣的政策與現實，必然造就苟且偷
安、推諉因循、好談嗜利、寡廉鮮恥的士林風氣」〔註18〕。

滿漢矛盾在一定範圍內長期存在，使得最高統治者時刻提防漢族士人，
一發現不利於其統治的思想和言論，即大加伐撻。士風不振，正是清朝高壓
統治的必然結果。

其嚴重後果正如學者所言：「清廷推行的一系列的文化專制政策，不可避
免地爲當時中國社會的發展打上了難以消除的歷史陰影，並且深刻地影響到
未來歷史之演變方向。」〔註19〕

其六，方氏家族在明清時期的文化建設上貢獻良多。

〔註17〕（清）方苞著，劉季高校點：《方苞集·集外文》卷2，《請矯除積習興起人才
　　　　箚子》，上海：上海古籍出版社1983年版，第557頁。
〔註18〕關愛和：《〈南山集〉案與清代士人的心路歷程——以戴名世、方苞爲例》，《史
　　　　學月刊》2003年第12期第26頁。
〔註19〕王思治：《清朝通史》（康熙朝下），北京：紫禁城出版社2003年版，第494
　　　　頁。

　　方氏數代傳《易》，方苞、方觀承精研禮學。方以智在物理、化學和醫學等方面取得了不凡的成就，其實學思想影響到王夫之等著名思想家。他用西學之長補中學之短，卓然成一家之言。代表了先進文化的方向。方氏同時對史學亦極為關注。不幸的是，孝標因留心史事而罹《南山集》之禍。方氏對邊疆文化建設尤其有功。方氏為江南望族，但明清之際特殊的政治及民族狀況使其族人汗漫南北，多年漂泊異地，深入邊疆，傳播中原先進文化，並以文化「他者」的身份審視陌生新奇的文化，經過與中原文化的比較，對其獲得了深刻的認識，且筆錄口傳，將邊疆文化傳播到中原，為文化的雙向交流做出了重要貢獻。方氏兩次遣戍東北，除大量的詩歌記錄和反應了當地的風土人情外，還留下了《絕域紀略》、《龍沙紀略》、《卜魁風土記》等集中反映邊疆文化的專書。反映西南地區文化風俗的有《滇黔紀行》、《滇黔紀聞》、《苗俗紀聞》等；反映西北地區狀況的有方觀承的《從軍雜記》。另外，方以智曾受封永曆朝大學士，並在兩廣等地浪跡多年。讀書條件差，他就從事田野調查，如其自述，「遐方無書可考，所記善忘……今隨野老問草木、方言。」〔註20〕

　　其七，方氏家族歷經劫難而不倒的原因。

　　「君子之澤，五世而斬」之說的局限性早已被潘光旦先生的研究所修正〔註21〕。方氏家族歷二十世而不衰，雖在政治上歷經磨難，卻能屢仆屢起、愈挫愈奮，玄機何在？

　　第一，其族人瓜綿椒衍，子嗣眾多，形成一個龐大的家族。這樣一來，當遭遇某些天災人禍時，族支之間、族人之間可以互通有無，互相幫助，從而戰勝困難，走出谷底。這一點在方氏家族的順治丁酉科場案和《南山集》案中表現得至為明顯。吳兆騫流放寧古塔，靠朋友幫助，歷經二十三年才離開寧古塔。而桐城方氏，僅三年就返回江南。其因可用敬宗收族的原則來解釋。敬宗收族提倡的『親親』原則，「通過族人家庭之間血緣關係上的認同、經濟關係上的互助及地緣關係上的聚居來保持宗族的凝聚力和維繫宗族小社會的整體性」〔註22〕。此外，方氏族人能從家族總體著眼，把最優秀的人才

〔註20〕　（清）方以智：《浮山文集前編》卷八《又寄爾公書》，續修四庫全書第1398冊，上海：上海古籍出版社2002年版，第317頁。
〔註21〕　潘先生統計得出明清兩代嘉興望族平均世澤為215.8年。見潘光旦：《明清兩代嘉興的望族》，第96頁。
〔註22〕　馮爾康：《中國宗族史》，上海：上海人民出版社2009年版，第380頁。

推出來，以光大門楣。例如方苞利用接近高層的機會，推薦了族人方觀承、方世儁。二人日後果然成爲名臣，而自己的子侄資質一般，則未予推介。

第二，就是其家族文化中的忠孝觀念和自強不息的精神

方氏家族在政治上歷經磨難，卻能屢僕屢起，玄機之一就是其家族文化中的忠孝觀念和自強不息的精神和其它美德。

族人自強不息的精神，是方氏家族能愈挫愈奮的動力。以方觀承爲例，其刻苦自勵的精神，其孝行，均足以感動別人，而得到別人的幫助。從當時傳爲美談的「車笠之交」〔註23〕即可見其一斑。他少年時期受過良好的教育，在困境中，能夠比較容易地解決問題。《南山集》案使其家族敗落，方觀承曾經衣食無著，他替一位胡姓屠戶記賬，得其資助而擺脫困境。當上直隸布政使後，方觀承「遣一介以千金報德。且戒曰：『若肯來，即備輿馬迎至署中。』至則門巷蕭條，胡夫婦身歿已久。女適誰氏子，亦不知所終。言至此，公泣數行下」〔註24〕。其感恩圖報之美德，數百年後讀之，仍令人讚賞擊節。

第三，文化世族生命力的頑強。

方氏家族是一個典型的文化世族。所謂文化世族，即「學術昌盛、詩文書翰流佈海內累世不絕的『文獻之族』」〔註25〕。長時間積澱的家學，「隨著時間的推移而漸積豐厚，愈顯優勢」〔註26〕。因此，方氏族人並未因兩次族難而一蹶不振，而是在艱難的環境中薪火相傳，並利用文化優勢，在適當的時機重新崛起。方氏族人方拱乾、方亨咸、方貞觀、方觀承等均以書法知名。

〔註23〕據小橫香室主人撰：《清朝野史大觀》載：「海昌陳專南先生雍正丁未會試，與仁和沈椒園先生共坐一車。每日恒見一少年步隨車後，異而問之，自言桐城方氏子，將省親塞外，乏資，故徒步耳。二公憐其孝，援令登車，而車狹不能容，於是共議每人日輪替行三十里，俾得省六十里之勞。到京別去，不復相聞問矣。後二十餘年，專南先生以雲南守赴都，椒園先生時陳臬山左，亦入覲。途中忽有直隸總督差官來迓，固邀至節署相見。則總督即方氏子，歡然握手，張筵樂飲十日，稱爲車笠之交。一時傳爲美談」。見小橫香室主人撰：《清朝野史大觀》卷6，《記方恪敏公二則》，北京：中央編譯出版社2009年版，第571頁。

〔註24〕小橫香室主人撰：《清朝野史大觀》卷6，《方恪敏公不納故友孫女爲妾》，第573頁。

〔註25〕吳仁安：《明清時期上海地區的著姓望族》，上海：上海人民出版社1997年版，第22頁。

〔註26〕吳仁安：《明清時期上海地區的著姓望族》，上海：上海人民出版社1997年版，第22頁。

方拱乾晚年甚至以賣字為生，方觀承亦一度藉此糊口。方苞因才脫禍，更是顯例。

第四，作為有一定政治地位的家族，方氏獲得了科舉與蔭官的雙重優勢。方維甸、方受疇及其子侄，均為科舉與蔭官迭相為用，因而使其宦勢保持不減。

第五，方氏家族能順應歷史潮流，與時俱進，與清廷合作。而滿洲貴族亦能逐漸擺脫狹隘的民族觀而重用漢族人才。

總之，方氏族人作為士人，其修齊治平的社會責任決定其要肩負政治和文化兩大任務，力圖實現「立德、立功、立言」三不朽的宏願。但明清時期複雜的政治和民族態勢使其實現理想之路布滿荊棘。

需要說明的是，桐城桂林方家族入清以來兩罹奇禍，四代流放，其悲慘遭遇催人淚下，令人同情，亦令人產生此乃極個別案例之錯覺。其實，方氏之遭際雖屬罕見，但並非絕無僅有。作為一個文化世家，方氏與海寧查氏就頗有類似之處。查氏亦遭兩次族難：清初查氏族人查繼佐捲入莊氏《明史》案中；雍正四年，查嗣庭江西科場「維民所止」試題案。由此可見，清代特殊的國情使得滿漢民族磨合之路異常艱險。

但是，方氏、查氏等望族與滿蒙等各族，還是義無反顧地踏上這條路。這條路有坦途，更有坎坷，但他們不離不棄，互相扶持，一起艱難地跋涉，一路走過來，有笑容，有淚水，共同唱響了一曲國家統一，民族團結和社會進步的凱歌。儘管凱歌裏有悲傷的插曲，有低沉的音符，但更顯其意蘊深厚，發人深思。

綜上所述，方氏家族崛起於明朝中後期，有三個鮮明特徵：首先，族人折桂如林、仕途顯赫，是典型的科舉家族；其次，五世祖方法殉義沉江，後裔多篤守節義、踐履忠孝，故可謂忠孝家族；再次，十一世方學漸開方家治《易》先河，為明中葉桐城學術的領軍人物，加以族人科舉應試，形成了深厚的家學，是名副其實的文化家族。

明亡清興，方氏家族能與時俱進，逐漸放棄華夷之辨的陳腐觀念，經過與滿族貴族的艱難磨合，從互相猜忌、鬥爭，逐步走向認同、合作，終至合作默契。方氏族人佐君輔國，惠政頗多。包括方氏家族所屬的漢族在內的各族人民共同努力，不斷走向繁榮，做出驕人的歷史業績。

　　滿族繼蒙古族之後又一次建立了統一的王朝。但元朝未及百年而亡，清朝國祚卻幾近三個世紀。一個重要原因是，經過艱難的磨合，清朝創建了一種政治體制：在高度集中的皇權統攝下，通過開科取士等途徑成功地吸納漢族望族參政，並不斷調整與望族的關係。依靠滿漢等多民族的智慧，不僅在較長的時期內基本保持了國泰民安，而且創造出持續百餘年的康雍乾盛世。所有這些都給後人以思考和啓迪。

　　「家和萬事興」，中華民族這個大家庭只有和睦、和諧相處，才能真正實現民族的偉大復興，而清朝桐城桂林方家族的發展歷程，恰恰給我們提供了珍貴的歷史借鑒。

參考文獻

一、基本史料

1. （清）阿桂等纂修：《盛京通志》，瀋陽：遼海出版社，1997 年。
2. 安徽省地方志編纂委員會：《皖志綜述》，合肥：安徽省地方志編纂委員會，1988 年。
3. （清）陳康祺：《郎潛紀聞初筆二筆三筆》，北京：中華書局，1990 年。
4. （清）陳名夏：《石雲居詩集》，「四庫全書存目叢書」本，濟南：齊魯書社，1997 年。
5. （清）陳維崧著，鍾振振主編：《清名家詩叢刊初集》，揚州：廣陵書社，2006 年。
6. （清）陳維崧：《湖海樓全集》，揚州：江蘇廣陵古籍刻印社，1989 年。
7. （明）陳子龍：《陳子龍文集》，上海：華東師範大學出版社，1988 年。
8. （明）陳子龍：《陳子龍詩集》，上海：上海古籍出版社，1983 年。
9. （明）陳子龍：《陳忠裕公全集》，清嘉慶 8 年刻本。
10. （明）程尚寬：《新安名族志》，北京：全國圖書館縮微文獻複製中心，1992 年。
11. （清）戴笠、吳喬：《流寇長編》，北京：書目文獻出版社，1991 年。
12. （清）戴名世撰，王樹民編校：《戴名世集》，北京：中華書局，1986 年。
13. （法）戴廷傑：《戴名世年譜》，北京：中華書局，2004 年。
14. 戴逸：《文津閣四庫全書清史資料彙刊》，北京：商務印書館，2006 年。
15. 鄧之誠：《清詩紀事初編》，上海：上海古籍出版社，1984 年。
16. （清）丁曰健輯：《治臺必告錄》，清同治 6 年刻本。

17. 竇鎮：《清朝書畫家筆錄》，上海：自強書局，清宣統 3 年（1911）石印本。

18. （清）杜濬：《變雅堂遺集》，清光緒二十年黃岡沈氏刻本。

19. （清）杜受田等修：《欽定科場條例》，「續修四庫全書」本，上海：上海古籍出版社，2002 年。

20. （清）方苞著，劉季高校點：《方苞集》，上海：上海古籍出版社，1983 年。

21. （清）方昌翰：《桐城方氏七代遺書》，光緒十四年（1888）刊本。

22. （清）方傳理：《桐城桂林方氏家譜》，清光緒六年刻本，安徽省圖書館藏。

23. （清）方登嶧、方式濟、方觀承：《述本堂詩集》，「四庫全書存目叢書補編」，濟南：齊魯書社，2001 年。

24. （清）方拱乾撰，李興盛整理：《方拱乾詩集》，哈爾濱：黑龍江教育出版社，1992 年。

25. （清）方拱乾：《絕域紀略》，（清）徐宗亮等撰，李興盛，張傑點校：《黑龍江述略（外六種)》，哈爾濱：黑龍江人民出版社，1985 年。

26. （清）方觀承：《賑紀十五條》，《清經世文編》，《魏源全集》，長沙：嶽麓書社，2004 年。

27. （宋）方回：《桐江續集》，「文津閣四庫全書」本，北京：商務印書館，2005 年。

28. （清）方文：《嵞山集》，上海：上海古籍出版社，1979 年。

29. （清）方孝標撰，李永生點校：《鈍齋詩選》，合肥：黃山書社，1996 年。

30. （清）方孝標著，郭春萍、石鍾揚校點：《方孝標文集》，合肥：黃山書社，2007 年。

31. （清）方以智：《浮山文集前編》，「續修四庫全書」本，上海：上海古籍出版社，2002 年。

32. （清）方以智：《浮山文集後編》，「續修四庫全書」本，上海：上海古籍出版社，2002 年。

33. （清）方以智：《東西均》，北京：中華書局，1962 年。

34. （清）方以智：《方子流寓草》，清康熙此藏軒刻本。

35. （清）方以智：《物理小識》，「文淵閣四庫全書」本，臺北：臺灣商務印書館，1983 年。

36. （清）方以智：《合山欒廬詩》，安徽省博物館藏手抄本。

37. （清）方以智：《通雅》，「文淵閣四庫全書」本，臺北：臺灣商務印書館，1983 年。

38. （清）方以智：《藥地炮莊》，「四庫全書存目叢書」本，濟南：齊魯書社，1995 年。

39. （清）方于谷輯：《桐城方氏詩輯》，道光刻本。

40. （清）方中履：《古今釋疑》，「續修四庫全書」本，上海：上海古籍出版社，2002 年。

41. （清）方中通：《陪集》，康熙繼聲堂刻本，中國國家圖書館藏。

42. （清）方中通：《陪詩》，清刻本，中國國家圖書館藏。

43. （清）馮金伯緝：《國朝畫識》，「續修四庫全書」本，上海：上海古籍出版社，2002 年。

44. （清）龔鼎孳：《定山堂詩集》，「續修四庫全書」本，上海：上海古籍出版社，2002 年。

45. （明）顧起元：《嬾真草堂集》，明萬曆四十二年刊本，臺北：臺灣文海出版社 1970 年印行。

46. （清）顧炎武著，（清）黃汝成集釋：《日知錄集釋》，長沙：嶽麓書社，1994 年。

47. （清）顧炎武：《日知錄》，文淵閣四庫全書本，臺北：臺灣商務印書館，1983 年。

48. （清）顧祖禹：《讀史方輿紀要》，上海：上海古籍出版社，1993 年。

49. （清）韓世琦：《撫吳疏草》，清康熙五年刻本。

50. （清）何紹基：《重修安徽通志》，清光緒七年刻本。

51. （清）黃宗羲：《思舊錄》，「叢書集成續編」本，臺北：新文豐出版股份有限公司，1992 年。

52. （清）紀昀等：《四庫全書總目提要》，北京：中華書局，1981 年。

53. （清）紀昀等：《欽定四庫全書總目》（整理本），北京：中華書局，1997 年。

54. （清）計六奇撰，魏得良、任道斌點校：《明季北略》，北京：中華書局，1984 年。

55. （清）計六奇撰，魏得良、任道斌點校：《明季南略》，北京：中華書局，1984 年。

56. （清）蔣良騏：《東華錄》，北京：中華書局，1980 年。

57. （明）金堡：《偏安排日事蹟》，「臺灣文獻史料叢刊」第五輯，臺北：大通書局，1987 年。

58. 金天翮：《皖志列傳稿》，臺北：成文出版社有限公司，1974 年。

59. （清）孔尚任：《湖海集》，「四庫存目叢書」本，濟南：齊魯書社，1997 年。

60. （明）藍英、（清）謝彬纂輯：《圖繪寶鑒續纂》，臺北：文史哲出版社，1994年。

61. （清）李長祥：《天問閣文集》，「四庫禁燬書叢刊」本，北京：北京出版社，2000年。

62. （清）李桓：《國朝耆獻類徵》，揚州：廣陵書社，2007年。

63. （清）李清撰，顧思點校：《三垣筆記》，北京：中華書局，1982年。

64. 李聖華：《方文年譜》，北京：人民文學出版社，2007年。

65. （清）李雯：《蓼齋後集》，「四庫禁燬書叢刊」本，北京：北京出版社，2000年。

66. 李興盛：《黑水郭氏世系錄》外十四種，哈爾濱：黑龍江人民出版社，2003年。

67. （清）李玉棻：《甌鉢羅室書畫過目考》，「叢書集成續編」本，上海：上海書店出版社，1994年。

68. （清）廖大聞等修，金鼎壽纂：《桐城續修縣志》，臺灣：成文出版社有限公司，1975年。

69. （清）劉啓端等纂：《欽定大清會典事例》，「續修四庫全書」本，上海：上海古籍出版社，2002年。

70. （明）劉湘客：《行在陽秋》，「續修四庫全書」本，上海：上海古籍出版社，2002年。

71. （清）陸以湉：《冷廬雜識》，北京：中華書局，1985年。

72. （清）馬其昶著：《桐城耆舊傳》，「續修四庫全書」本，上海：上海古籍出版社，2002年。

73. （清）冒廣生輯：《如皋冒氏叢書》，清末刻本。

74. （清）梅文鼎：《績學堂詩鈔》，「續修四庫全書」本，上海：上海古籍出版社，2002年。

75. 《明熹宗哲皇帝實錄》，臺北：中央研究院歷史語言研究所，1962年。

76. 《明憲宗純皇帝實錄》，北京：中華書局，1985年。

77. （清）潘江：《龍眠風雅》，「四庫禁燬書叢刊」本，北京：北京出版社，2000年。

78. （清）潘江：《木厓續集》，「四庫禁燬書叢刊」本，北京：北京出版社，2000年。

79. （清）彭遵泗：《蜀碧》，「續修四庫全書」本，上海：上海古籍出版社，2002年。

80. （清）漆緒邦、王凱符選注：《桐城派文選》，合肥：安徽人民出版社，1984年。

81. （清）錢秉鐙：《藏山閣文集》，桐城蕭氏抄本。

82. （清）錢秉鐙：《藏山閣集》，合肥：黃山書社，2004 年。

83. （清）錢陳群：《述本堂詩集序》，方觀承：《述本堂詩集》，「四庫全書存目」本，濟南：齊魯書社，2001 年。

84. （清）錢澄之：《田間文集》，康熙刻本。

85. （清）錢謙益：《列朝詩集》，上海：上海古籍出版社，1983 年。

86. （清）錢士升：《賜餘堂集》，「四庫禁燬書叢刊」本，北京：北京出版社，2000 年。

87. （清）錢撝錄：《錢公飲光府君年譜》，《錢澄之全集》之七，合肥：黃山書社，2006 年。

88. （清）錢儀吉：《碑傳集》，北京：中華書局，1993 年。

89. （清）錢仲聯：《廣清碑傳集》，蘇州：蘇州大學出版社，1999 年。

90. 《清高宗實錄》，北京：中華書局，1985～1986 年。

91. （清）清高宗：《御製懷舊詩四集》，「四庫全書」本，臺北：臺灣商務印書館，1986 年。

92. 《清國史》，北京：中華書局，1993 年。

93. 《清仁宗實錄》，北京：中華書局，1986 年。

94. 《清聖祖實錄》，北京：中華書局，1985 年。

95. 《清世祖實錄》，北京：中華書局，1985 年。

96. 《清宣宗實錄》，北京：中華書局，1986 年。

97. （清）瞿昌文：《粵行紀事》，「叢書集成初編」本，北京：中華書局1985 年。

98. 瞿果行：《瞿式耜年譜》，濟南：齊魯書社，1987 年。

99. （清）全祖望：《鮚埼亭集外編》，「續修四庫全書」本，上海：上海古籍出版社，2002 年。

100. 任道斌：《方以智年譜》，安徽：安徽教育出版社，1983 年。

101. 任繼愈主編，（清）吳翌鳳編：《中華傳世文選清朝文徵》，長春：吉林人民出版社，1998 年。

102. （清）阮大鋮撰，胡金望、王長林校點：《詠懷堂詩集》，合肥：黃山書社，2006 年。

103. （清）阮元：《疇人傳》，清嘉慶刻本。

104. （清）薩英額：《吉林外記》，北京：中華書局，1985 年。

105. （清）邵子彝修，（清）魯琪光纂：《建昌府志》，清光緒五年刻本。

106. （清）沈壽民：《姑山遺集》，「四庫禁燬書叢刊」本，北京：北京出版社，2000 年。

107. （清）孫霈方纂修：《懷寧縣志》，民國二十五年刻本。

108. （清）孫枝蔚：《溉堂集》，上海：上海古籍出版社，1979 年。

109. （清）談遷：《國榷》，北京：中華書局，2005 年。

110. （清）唐夢賚：《志壑堂詩集》，「四庫全書存目叢書」本，濟南：齊魯書社，1997 年。

111. （清）唐夢賚：《辛酉同遊倡合詩餘後集》，陸隴其：《三魚堂日記》，「續修四庫全書」本，上海：上海古籍出版社，2002 年。

112. 《桐城桂林方氏家譜·前刊家譜原序》，光緒六年刊本。

113. （清）汪懋麟：《百尺梧桐閣集》，上海古籍出版社，1980 年。

114. （清）汪師韓撰：《上湖文編補鈔》，「續修四庫全書」本，上海：上海古籍出版社，2002 年。

115. （清）汪琬：《堯峰文鈔》，李興盛著：《流人名人文化與旅遊文化·增訂東北流人史》，哈爾濱：黑龍江人民出版社，2008 年。

116. （清）王昶：《方恪敏公詩集序》「續修四庫全書「本，上海：上海古籍出版社，2002 年。

117. （清）王夫之：《搔首問》，編輯委員會編校：《船山全書》，長沙：嶽麓書社，1992 年。

118. （清）王世德：《崇禎遺錄》，「四庫禁燬書叢刊」本，北京：北京出版社，2000 年。

119. （清）王士禛著，趙伯陶點校：《古夫于亭錄》，北京：中華書局，1988 年。

120. （清）王應奎：《柳南隨筆》，北京：中華書局，1983 年。

121. 王鍾翰點校：《清史列傳》，北京：中華書局，1987 年。

122. （清）魏禧：《魏叔子文集》，「續修四庫全書」本，上海：上海古籍出版社，2002 年。

123. （清）魏源：《魏源全集》，顧祖禹：《論湖廣》，長沙：嶽麓書社，2004 年。

124. （明）文秉等著：《烈皇小識》（外一種），《研堂見聞雜記》，北京：北京古籍出版社，2002 年。

125. （清）吳偉業撰，李學穎點校：《綏寇紀略》，上海：上海古籍出版社，1992 年。

126. （清）吳兆騫：《秋笳集》，李興盛主編：《黑水叢書》（外二十一種），哈爾濱：黑龍江人民出版社，1997 年。

127. 吳忠匡校訂：《滿漢名臣傳》，哈爾濱：黑龍江人民出版社，1991 年。

128. （清）西清：《黑龍江外紀》，全國圖書館文獻縮微中心。

129. 小橫香室主人撰：《清朝野史大觀》，北京：中央編譯出版社，2009 年。

130. （清）徐鼒：《小腆紀傳》，「續修四庫全書」本，上海：上海古籍出版社，2002 年。

131. （清）徐芳：《懸榻編》，「四庫禁燬書叢刊」本，北京：北京出版社，2000 年。

132. （清）徐世昌編，聞石點校：《晚清簃詩彙》，北京：中華書局，1990 年。

133. （清）楊賓：《柳邊紀略》著，楊錫春，李興盛編：《寧古塔歷史文化》，哈爾濱：黑龍江人民出版社，2004 年。

134. （清）姚永樸輯：《桐城姚氏碑傳錄附補遺》，光緒三十一年素園叢稿本。

135. （清）葉紹袁：《啓禎記聞錄》，見樂天居士輯：《痛史》，上海：商務印書館，1917 年。

136. 佚名：《桐城方戴兩家書案》，民國間鉛印本。

137. （清）余颺：《蘆中全集》，清抄本，中國國家圖書館藏。

138. （清）張楷纂修：《安慶府志》，康熙六十年刻本，中國國家圖書館藏。

139. （清）張其淦：《明千遺民詩詠》，寓園叢書本。

140. （清）張廷玉：《明史》，北京：中華書局，1974 年。

141. （清）張維屏：《聽松廬詩話》，李桓輯《國朝耆獻類徵初編》，揚州：廣陵書社，2007 年。

142. （清）張貞：《杞田集》，「四庫未收書輯刊」本，北京：北京出版社，2000 年。

143. （清）趙爾巽：《清史稿》，北京：中華書局，1988 年。

144. （清）趙弘恩、黃之雋：《江南通志》，「文津閣四庫全書清史資料彙刊」本，北京：商務印書館 2006 年。

145. （清）昭槤：《嘯亭雜錄》，北京：中華書局，1980 年。

146. 中國第一歷史檔案館編：《康熙起居注》，北京：中華書局，1984 年。

147. 中國人民大學清史研究所編：《清史編年》（順治朝），北京：中國人民大學出版社，1985 年。

148. （清）周壽昌：《思益堂日箚》，長沙：嶽麓書社，1985 年。

149. 周退舟：《鈍齋詩選跋》，（清）方孝標撰，唐根生、李永生點校：《鈍齋詩選》，合肥：黃山書社，1996 年。

150. （清）朱珪：《福寧府志》，乾隆二十七年修、光緒六年重刊本，臺北：成文出版社，1967 年。

151.（清）朱書：《方盦山先生傳》，附見於《盦山續集》，上海：上海古籍出版社，1979 年。
152.（清）朱彝尊著，黃君坦校點：《靜志居詩話》，北京：人民文學出版社，1990 年。
153.（清）朱彝尊：《明詩綜》，北京：中華書局，2007 年。
154.（清）朱之英、舒景蘅：《懷寧縣志》，民國七年鉛印本。
155.（明）鄒元標：《願學集》，「文津閣四庫全書」本，北京：商務印書館，2005 年。

二、學術著作

1.（美）艾爾·巴比著，邱澤奇譯：《社會研究方法》，北京：華夏出版社，2005 年。
2. 安作璋：《中國古代史史料學》，福州：福建人民出版社，1998 年。
3. 白新良：《乾隆傳》，瀋陽：遼寧教育出版社，1990 年。
4. 常建華：《清史十二講》，北京：中國廣播出版社，2009 年。
5. 陳垣：《陳垣集》，北京：中國社會科學出版社，1995 年。
6. 陳寅恪：《柳如是別傳》，上海：上海古籍出版社，1980 年。
7. 程根榮：《桐城派名家文選》，合肥：安徽人民出版社，2008 年。
8. 戴念祖：《中國力學史》，石家莊：河北教育出版社，1988 年。
9. 樊樹志：《崇禎傳》，北京：人民出版社，1997 年。
10. 樊樹志：《崇禎皇帝傳》，西安：陝西師範大學出版社，2009 年。
11. 馮爾康、常建華：《中國宗族社會》，杭州：浙江人民出版社，1994 年。
12. 馮爾康等著：《中國宗族史》，上海：上海人民出版社，2009 年。
13. 馮至：《論歌德》，上海：上海文藝出版社，1986 年。
14. 高陽：《高陽作品集》，上海：上海三聯書店，2003 年。
15. 顧城：《南明史》，北京：中國青年出版社，1997 年。
16. 郭謙：《影響百年中國的文化世家》，海口：海南出版社，2006 年。
17. 何偉成：《樅陽風雅》，合肥：安徽人民出版社，2006 年。
18. 侯外廬：《方以智全書》，上海：上海古籍出版社，1988 年。
19. 胡金望：《人生戲劇與戲劇人生——阮大鋮研究》，北京：中國社會科學出版社，2004 年。
20. 胡忠良：《康熙王朝》，北京：中國青年出版社，2009 年。
21. 黃壽祺、張善文：《周易研究論文集》，北京：北京師範大學出版社，1990 年。

22. 江慶柏：《明清蘇南望族文化研究》，南京：南京師範大學出版社，1999年。

23. 蔣國保：《方以智哲學思想研究》，合肥：安徽人民出版社，1987年。

24. 賴惠敏：《清代的皇權與世家》，北京：北京大學出版社，2010年。

25. 李國榮：《清朝十大科場案》，北京：人民出版社，2007年。

26. 李興盛：《中國流人史》，哈爾濱：黑龍江人民出版社，1990年。

27. 林存陽：《三禮館：清代學術與政治互動的鏈環》北京：社會科學文獻出版社，2008年。

28. 凌郁之：《蘇州文化世家與清代文學》，濟南：齊魯書社，2008年。

29. 劉君燦：《方以智》，臺北：東大圖書股份有限公司，1988年。

30. 羅熾：《方以智評傳》，南京：南京大學出版社，1998年。

31. 馬大勇：《清初廟堂詩歌集群研究》，長春：吉林人民出版社，2007年。

32. 孟森：《明清史講義》，北京：中華書局，1981年。

33. 孟森：《心史叢刊》，北京：中華書局，2006年。

34. 南炳文、湯剛：《明史》，上海：上海人民出版社，1991年。

35. 潘光旦：《明清兩代嘉興的望族》，上海：上海書店1991年重印本。

36. 彭迎喜：《方以智與〈周易時論合編〉考》，廣州：中山大學出版社，2007年。

37. 錢王剛：《方以智傳》，合肥：安徽人民出版社，2008年。

38. 任道斌：《方以智簡論》，《清史論叢》第四輯，北京：中華書局，1982年。

39. 沈志佳編：《余英時文集》，桂林：廣西師範大學出版社，2006年。

40. 司馬烈人主編：《乾隆大帝108則》，北京：中國華僑出版社，2001年。

41. 宋豪飛：《明清桐城桂林方氏家族及其詩歌研究》，合肥：黃山書社，2012年。

42. 汪福來主編：《桐城文化志》，合肥：安徽人民出版社，1992年。

43. 王大良：《姓氏探源與取名藝術》，北京：氣象出版社，1996年。

44. 王戎笙：《清初科場案研究》，《清史論叢》編委會編：《清史論叢》1995年號，瀋陽：遼寧古籍出版社，1996年。

45. 王思治：《清朝通史》（康熙朝下），北京：紫禁城出版社，2003年。

46. 王亞南：《中國官僚政治研究》，北京：中國社會科學出版社，1987年。

47. （法）魏丕信著，徐建青譯：《18世紀中國的官僚與荒政》，南京：江蘇人民出版社，2003年。

48. 吳晗、費孝通等著：《皇權與紳權》，天津：天津人民出版社，1988 年。

49. 吳仁安：《明清時期上海地區的著姓望族》，上海：上海人民出版社，1997年。

50. 謝國楨：《明末清初的學風》，上海：上海書店出版社，2004 年。

51. 徐海松：《清初士人與西學》，北京：東方出版社，2000 年。

52. 許琅光：《宗族・種姓・俱樂部》，北京：華夏出版社，1990 年。

53. 徐茂明：《江南士紳與江南社會》，北京：商務印書館，2004 年。

54. 許水濤：《從桐城望族的興盛看明清時期的宗族制度》，《譜牒學研究》第 1 輯，北京：書目文獻出版社，1989 年。

55. 徐揚傑：《中國家庭制度史》，北京：人民出版社，1997 年。

56. 嚴迪昌：《清詩史》，杭州：浙江古籍出版社，2002 年。

57. 楊錫春、李興盛編：《寧古塔歷史文化》，哈爾濱：黑龍江人民出版社，2004 年。

58. （日）伊能嘉矩：《臺灣文化志》，臺北：臺灣省文獻委員會，1985 年。

59. （美）余英時：《方以智晚節考》，北京：三聯書店，2004 年。

60. 袁義達、鍾蔚倫：《當代百家姓》，南昌：江西人民出版社，2005 年。

61. 張宏生：《明清文學與性別研究》，南京：江蘇古籍出版社，2002 年。

62. 張傑：《清代科舉家族》，北京：社會科學文獻出版社，2003 年。

63. 張舜徽：《清人文集別錄》，北京：中華書局，1963 年。

64. 趙園：《明清之際士大夫研究》，北京：北京大學出版社，1999 年。

65. 周遠富：《〈通雅〉古音考》，鄭州：河南人民出版社，2008 年。

66. 周中明：《桐城派研究》，瀋陽：遼寧大學出版社，1999 年。

67. 周作人：《知堂書話》，長沙：嶽麓書社，1986 年。

三、相關論文

1. 白新良：《乾隆朝臣工疑年錄》，《歷史檔案》2009 年第 1 期。

2. 常建華：《二十世紀的中國宗族研究》，《歷史研究》1999 年第 1 期。

3. 常建華：《宋明以來宗族制形成理論辨析》，《安徽史學》2007 年第 1 期。

4. 常建華：《近十年明清宗族研究綜述》，《安徽史學》2010 年第 1 期。

5. 陳君靜：《近三十年來美國的中國地方史研究》，《歷史學》2002 年第 5 期。

6. 關愛和：《〈南山集〉案與清代士人的心路歷程——以戴名世、方苞為例》，《史學月刊》2003 年第 12 期。

7. 郭春萍、石鍾揚：《〈鈍齋文選〉與〈南山集〉案》，《安徽史學》2006 年第 2 期。

8. 韓琦：《明清之際「禮失求野」論之源與流》，《自然科學史研究》2007 年第 3 期。

9. 何鳳奇：《方觀承的〈竹枝詞〉與卜魁親情》，《齊齊哈爾大學學報（哲學社會科學版）》1989 年第 6 期。

10. 黃天弘、夏友仁：《方姓溯源》，《中州古今》2002 年第 4 期。

11. 江慶柏：《清代蘇南望族與家族文獻整理》，《清史研究》1999 年第 2 期。

12 鞠明庫：《試論方觀承的農業貢獻》，《農業考古》2007 年第 1 期。

13. 來新夏：《法國學者筆下的〈南山集〉案》，《北京日報》2004 年 11 月 1 日。

14. 李良玉：《關於皖江文化》，《安徽師範大學學報（人文社會科學版）》2009 年第 5 期。

15. 李聖華：《朱倓〈明季桐城中江社考〉補正──兼與魏中林、鄭雷諸先生商榷》，《社會科學集刊》2009 年第 2 期。

16 李興盛：《〈南山集〉文字獄案及桐城方氏向東北的遣戍》，《北方文物》1988 年第 2 期。

17. 劉昀華、張慧：《方觀承及其棉花圖》，《河北畫報》2006 年第 12 期。

18. 劉守安：《一個矛盾而痛苦的靈魂──方苞生平與思想探微》，《首都師範大學學報（社會科學版）》2005 年第 5 期。

19. 羅熾：《方以智對西學的批判吸收》，《湖北大學學報（哲學社會科學版）》1988 年第 2 期。

20. 馬大勇：《流放詩人方拱乾》，《黑龍江社會科學》2003 年第 2 期。

21. 麻守中：《清初桐城方氏兩次遣戍東北考》，《史學集刊》1984 年第 4 期。

22. 史五一：《明清會社研究綜述》，《安徽史學》2008 年第 2 期。

23. 宋豪飛：《明末桐城方以智與阮大鋮兩大家族交往考述》，《安慶師範學院學報（社會科學版）》2009 年第 8 期。

24. 宋豪飛：《方以智與桐城澤社考論》，《安徽大學學報（哲學社會科學版）》2009 第 6 期。

25. 宋豪飛：《從方以智「主盟復社」看國門廣業社與復社的關係》，《安慶師範學院學報（社會科學版）》2010 年第 1 期。

26 汪寶樹：《方觀承治理永定河》，《水利天地》1992 年第 2 期。

27. 汪軍：《關於皖江文化：從朱書〈告同郡徵纂皖江文獻書〉說起》，《安慶師範學院學報（社會科學版）》2005 年第 1 期。

28. 汪謙幹：《皖江文化的内涵及其特點》，《安徽史學》2005 年第 4 期。

29. 王列生：《桐城地域文化耙梳》，《東南文化》1992 年第 2 期。

30. 王興亞：《崇禎的用人與明王朝的覆亡》，《河南師範大學學報》1990 年第 2 期。

31.《「文章甲天下 冠蓋滿京華」──從新編〈桐城縣志〉看桐城文化興起》，《中國地方志》1997 年刊號第 4 期。

32. 吳大琨：《筆談吳文化》，《文史知識》1990 年 11 期。

33. 夏柯：《順康雍正三朝滿漢臣工的磨合研究》，南開大學博士學位論文，2009 年。

34. 蕭啟慶：《元明之際士人的多元政治抉擇──以各族進士爲中心》，《臺大歷史學報》第 32 期，臺北：國立臺灣大學歷史系，2003.12）。

35. 謝明陽：《方以智與明代復古詩學的承變關係考論》，《成大中文學報》2008 年第 21 期。

36. 徐凱：《雍乾樞要之臣張廷玉》，《北京大學學報（哲學社會科學版）》1992 年第 4 期。

37. 姚念慈：《再評「自古得天下之正莫如我朝」──〈面諭〉、歷代帝王廟與玄燁的道學心訣》，《清史論叢》2009 年號，北京：中國廣播出版社，2008 年。

38. 張雙田：《簡析方苞對清政權由離心變爲向心》，《文學教育（上）》2008 年第 8 期。

39. 張兵：《〈南山集〉案與桐城方氏文化世族的衰落》，《西北師大學報（社會科學版）》2009 年第 4 期。

40. 趙秉忠：《桐城張氏父子並躋相位論》，《清史研究》1995 年第 4 期。

41 中國第一歷史檔案館：《戴名世〈南山集〉案史料》，《歷史檔案》2001 年第 2 期。

42. 中國社會科學院研究生院學位辦公室編：《博士文萃（1998～1999）》社會科學文獻出版社，2000 年。

43. 朱洪：《皖江文化的特點──與淮河文化、徽州文化比較》，《學術界》2008 年第 5 期。

四、外文類

1. Pamela Kyle Crossley, Orphan Warriors: Three Manchu Generations and the End of the Qing World. Princeton: Princeton California press, 1999.

2. Hilary J.Beattie, Land and lineage in China: A study of Tunq Cheng County, Anhwei, in the Ming and Ching dynasties, Cambridge: Cambridge University Press, 1979.

3. Willard J. Peterson: Bitter gourd: Fang I-chih and the impetus for intellectual change, New Haven and London: Yale University Press, 1979.

附　錄

一、方氏族人功名及任官統計簡表 〔註1〕

世系	族人姓名	進士	舉人	貢監生	任　　職	備註
五世	方法		✓		四川都司斷事	
七世	方祐	✓			四川道御史，桂林府知府	
	方琳				陰陽術訓	
八世	方印		✓		浙江天台縣知縣	
	方向	✓			瓊州知府	
	方進				義官	
九世	方克	✓			陝西苑馬寺少卿	
	方綽			✓	浙江布政司理問	
十世	方效		✓			
	方夢暘			✓	福建南安縣丞	
	方點			✓	湖廣都指揮司經歷	
	方可			✓	光祿寺監事	
	方良			✓	武陵縣主簿	

〔註 1〕 主要根據顧廷龍主編：《清代朱卷集成》（臺灣：成文出版社，1992 年版）的
方顯允朱卷履歷，結合（清）方傳理：《桐城桂林方氏家譜》,《桐城續修縣志》
（臺灣：成文出版社有限公司，1975 年版）統計編製而成。

世系	族人姓名	進士	舉人	貢監生	任　　職	備註
十世	方更				安慶衛指揮僉事	
	方至				鴻臚寺署丞	
	方所				鄉飲大賓	
十一世	方學漸			✓		
	方之綱		✓		雲南曲靖府推官	
	方學亮			✓	鹽運司運判，鄉飲大賓	
十二世	方大鎮	✓			大理寺少卿	
	方大美	✓			河南北直巡按，太僕寺卿	
	方大普		✓		建寧縣知縣	
	方大任		✓		順天巡撫遼薊總督，兵部尚書	
	方大鯤			✓	鄉飲大賓	
	方大鉉		✓		戶部郎中	
	方大生				侯選州同	
十三世	方孔炤	✓			湖廣巡撫	
	方孔一			✓	廣東清遠縣知縣	
	方象乾			✓	廣西按察司副使，分巡左江兵備道	
	方拱乾	✓			詹事府詹事，兼翰林院侍讀學士	
	方若廷	✓			戶部浙江司郎中，監督揚州鈔關，戊子山西副主考	
	方在廷			✓	候選教諭	
	方慶餘			✓	山東曹州州判	
	方仲嘉				天啓辛酉武舉參將	
十四世	方其義			✓	保舉監紀推官	
	方畿			✓	漢中府同知	
	方幟			✓	興化縣教諭	

世系	族人姓名	進士	舉人	貢監生	任　　職	備註
十四世	方奕箴			✓	候選郎中	
	方元成	✓			內宏文院侍讀學士	
	方亨咸	✓			陝西道監察御史	
	方將			✓	孝豐縣知縣	
	方兆盤			✓		
	方兆及		✓		山東按察司僉事，分巡濟寧道	
	方兆弼			✓		
	方以智	✓			翰林院簡討	
	方鈿				候選縣丞	
十五世	方中發			✓		
	方嘉貞			✓	候補中行評博	
	方嘉會			✓	吳縣訓導	
	方嵩齡		✓		候選鹽運判	
	方嵩年			✓	定遠縣教諭	
	方邃		✓		山西嶽陽縣知縣	
	方登嶧			✓	工部都水司主事	
	方日岱			✓	秦寧縣知縣	
	方日嵩			✓	歸安縣主簿	
	方玉麟	✓			江蘇華亭縣知縣	
	方念祖				浙江青田縣知縣	
	方雲旅				候選同知	
	方雲倬				光祿寺典簿	
	方雲既				候補同知	
	方溥				候選通判	
	方日嵋				候選縣丞	
十六世	方澤		✓		候選知縣，借補兩淮鹽大使，壬子浙江鄉試同考官	

世系	族人姓名	進士	舉人	貢監生	任　　職	備註
十六世	方曾祜			✓	休寧縣訓導，廣德州學正	
	方舟			✓		
	方貞觀			✓		博學宏詞
	方式濟	✓			內閣中書	
	方大埈		✓		沭陽縣教諭	
	方辛元			✓		博學宏詞
	方世儁		✓		兵部右侍郎，貴州湖南巡撫	
	方世舉			✓		博學宏詞
	方世壯		✓		山西泰安州知州	
	方世熙			✓	延慶州訓導	
	方聯芳			✓		
	方世仁		✓		湖南邵陽縣知縣	
	方夢袍		✓		江西安遠縣知縣	
	方士衡			✓	候選縣丞	
	方諸			✓	候選訓導	
	方原博			✓	定遠縣訓導	
	方正瑾			✓	山西五臺縣知縣	
	方正瓀			✓	候選訓導	
	方正潞			✓	考授州同	
	方正玭			✓	青浦縣訓導	
	方正玢		✓		福州府同知	
	方正琫			✓	候選訓導	
	方正珠			✓	候選知縣	
	方正琇			✓	候選州同	
	方正璆			✓	舉賢良方正	
	方正瑗		✓		陝西潼商道	

世系	族人姓名	進士	舉人	貢監生	任　　職	備註
十六世	方正管			✓	蕭縣訓導，盱眙縣教諭	
	方曾衢				湖廣都司	
	方曾衡				理藩院知事	
	方世充				河工同知	
	方中				江西都昌縣知縣	
	方世萃				湖南衡州府通判	
	方世輔				理藩院知事	
	方樹仁				碭山縣典史	
	方世盤				候選州同	
	方世清				候補州判	
	方正玉				江西信豐縣知縣	
十七世	方道希			✓		舉博學宏詞
	方道永			✓	順天府糧馬通判	
	方嵋			✓	湖北孝感縣知縣	
	方求義			✓	江西上猶縣知縣	
	方國柱		✓		廣東澄海縣知縣	
	方國寶			✓	湖南永順府通判	
	方觀永			✓	翰林院待詔	
	方求晉		✓		來安縣教諭	
	方保升	✓			翰林院庶吉士充全唐文館協修	
	方勳			✓	廣西思恩府經歷	
	方建踵	✓			吏部考功司主事	
	方潮			✓	布政司理問	
	方觀鯉		✓		甘泉縣知縣	
	方心簡			✓	江蘇常熟縣知縣	
	方軾			✓	候選訓導	

世系	族人姓名	進士	舉人	貢監生	任　　　職	備註
十七世	方根棠			✓	候選訓導	
	方根樅			✓	候選訓導	
	方杓		✓		候選知縣	
	方南潯				福建上杭縣丞	
	方觀承			✓	欽授內閣中書，官至山東浙江巡撫直隸總督	
	方觀本				浙江秀水縣知縣，候補員外郎	
	方殿寶				候補州同	
	方策				直隸靜海縣知縣	
	方求顯				候補州同	
	方求寅				雲南順寧縣知縣	
	方求鼎				湖北漢陽縣知縣	
	方求巽				浙江候補同知，借補嘉興府通判	
	方觀海				浙江歸安縣丞	
	方求鶴				候選縣丞	
	方岳				貴州獨山州同	
	方嶷				山東單縣典史	
	方泰來				湖北補用巡檢	
	方春澍				浙江橫浦場鹽大使	
	方杞				候選州同	
	方愷				江蘇上元縣丞	
	方根本				考授州同，借補浙江海沙場鹽大使	
	方霖				陝西三原縣知縣	
	方定成				山東東平州判	
	方張登				甘肅平羅縣知縣，候補主事	乾隆壬申經魁甲午明通榜

世系	族人姓名	進士	舉人	貢監生	任　　職	備註
十七世	方顧				候選州同	
	方根權				江西新城縣極高司巡檢	
	方桂				候選從九	
十八世	方賜豪		✓		四川清溪縣知縣	
	方蓮			✓	署陝西華陰縣丞	
	方崇鼎		✓		休寧縣訓導	
	方于華		✓		國子監教習	
	方維甸	✓			陝西巡撫，閩浙總督，署直隸總督	
	方遵轍		✓		湖北天門縣知縣	
	方浩	✓			江西饒廣九南道，調吉贛南道	
	方超		✓		英山縣教諭	
	方春暉			✓	江西德興縣丞，署永興縣知縣	
	方兆科		✓		湖北沔陽州知州	
	方奎炯	✓			陝西藍田縣知縣，四川打箭壚同知，癸卯陝甘鄉試同考官	
	方奎煥			✓	河南補用知縣	
	方鏞			✓	署河南唐縣知縣，陝西膚施縣知縣	
	方于泗		✓		浙江武康長興晉雲蕭山等縣知縣，浙江鄉試同考官	
	方于谷			✓		
	方于訓				山西朔州吏目	
	方受疇				直隸大名府知府，河南巡撫，直隸總督	
	方其畇				直隸保定府知府清河道	
	方曾畬				山西潞安府知府	

世系	族人姓名	進士	舉人	貢監生	任　職	備註
十八世	方應綸				順天宛平縣知縣，遵化州知州	
	方輔悟				江蘇上元縣知縣	
	方輔梧				浙江寧海縣知縣	
	方夢鯉				候選衛千總	
	方裕曾				雲南姚州知州，白鹽井提舉	
	方榮曾				山東濟寧州吏目	
	方佐				江蘇上海縣知縣	
	方際盛				江蘇通州吏目	
	方健				河南府經歷	
	方爲霖				湖南益陽縣知縣	
	方之翰				廣東南澳司巡檢	
	方奎焯				廣東高要縣丞	
	方江				同知銜，四川候補知縣	
	方晉德				同知銜，福建福鼎縣知縣	
	方遵路				候選縣丞	
	方晉蕃				直隸完縣典史	
	方恩榮				陝西三原縣丞	
	方南				玉牒館議敘候選州吏	
	方于疆				八品職銜	
	方于泰				候選從九	
十九世	方和		✓		旌德縣教諭	
	方仲梓		✓		山東費縣知縣	
	方傳科			✓	國史館謄錄候選知縣	
	方傳穆	✓			湖南辰沅道署按察使司	
	方傳秸			✓	刑部湖廣司郎中	
	方傳穗			✓	江西龍泉縣秀洲司巡檢	

世系	族人姓名	進士	舉人	貢監生	任　　職	備註
十九世	方傳傑			✓	署潁上縣教諭	
	方鑄		✓		戶部山西司主事	
	方旭			✓	江蘇候補知縣	
	方權			✓	保舉候選訓導	
	方椿森		✓		湖北京山縣知縣	
	方性鎔			✓	候選訓導	
	方性蘇			✓	候選巡檢	
	方召			✓	候選巡檢	
	方性嶽				候選巡檢	
	方性恒				福建建安縣丞	
	方馥				江西安福縣典史	
	方應闓				浙江衛州府司獄	
	方性晉				江西雩都縣知縣	
	方性豫				河南裕州吏目，候選鹽大使	
	方相袞				湖南邵陽縣黑田司巡檢	
	方相宸				廣西撫標右營參將	
	方相衷				四川西昌巡檢	
	方吉甫				雲南嘉崿州判	
	方傳秉				山東珠梅閘官	
	方傳穋			✓	福建汀漳龍道，調浙江寧紹臺道	
	方傳和				南河宿遷主簿	
	方傳谷				山東東昌府通判	
	方傳榮				山東滕縣縣丞，候選補判	
	方秉				浙江處州府知府	

世系	族人姓名	進士	舉人	貢監生	任　　職	備註
十九世	方傳秩				山東兗州府泇河同知	
	方傳植				戶部浙江司主事，山東臨清直隸州知州，署萊州府知府	
	方同穎				長蘆石淵場鹽大使	
	方傳琪				候選縣丞	
	方錫慶				道銜，江西臨江府知府	
	方傳理				同知銜，陝西安康縣知縣	
	方祖彥				河南武陟縣典史	
	方祥				江西候補通判	
	方傳質				同知銜，湖南綏寧縣知縣	
	方傳賡				湖北巡檢	
	方作愷				湖南雲夢縣知縣	
	方傳禮				候選同知	
	方寅				山西聞喜縣典史	
	方兆雙				廣東縣丞	
	方性淦				四川樂山縣典史	
	方傳獲				同知銜，甘肅化平廳通判	
	方祖蔭				署臺灣新竹縣知縣，補直隸州知州	
	方祖培				福建潯美場大使，補用知縣	
	方祖建				候選從九	
	方傳彝				福建莆田縣典史	
	方誠				廣東佛岡廳司獄	
	方銘				候選縣丞	
	方碩				浙江縣丞	
	方祖獲				陝西綏德州吏目	

世系	族人姓名	進士	舉人	貢監生	任　　職	備註
十九世	方祖祐				候選同知	
	方昌兆				甘肅華亭縣典史	
	方希林				甘肅補用知府，借補昌吉縣知縣	
	方皋				候選鹽大使	
	方遇春				候選衛守備	
	方傳穎				翰林院待詔	
	方性芳				山東福山縣巡檢	
	方蘭實				江蘇通州州同	
	方性貞				議敘八品	
二十世	方寶慶	✓			翰林院庶吉士，刑部郎中福建漳州府知府	
	方寶彝		✓		三品銜，刑部督捕司郎中	
	方寶質			✓	江蘇武進縣知縣，候補同知	
	方命爵			✓	候選訓導	
	方勤			✓	布政司理問	
	方長庚	✓			翰林院庶吉士，刑部主事	
	方長衡			✓	候選訓導	
	方長治			✓	河南候補知州	
	方廷瑞			✓	湖北武黃同知	
	方慶泰			✓	五品銜，署山東德平縣知縣	
	方廷梁			✓	容縣訓導	
	方彬			✓	候選巡檢	
	方煥			✓	候選從九	
	方璋				四川富順冕寧縣知縣	
	方命恩				湖北黃岡縣巡檢	

世系	族人姓名	進士	舉人	貢監生	任　　　職	備註
二十世	方命卿				候選州吏目	
	方立功				廣西全州吏目	
	方樹德				通濟閘官	
	方長春				山東單縣知縣	
	方長慶				湖北荊宜施道	
	方長豫				四川崇寧縣知縣	
	方琛				雲南阿迷州知州	
	方成佩				兩淮鹽大使	
	方長澤				江蘇候補知府	
	方惠				河南淅川廳同知	
	方豫功				潛山營游擊	
	方聖功				候選鹽大使	
	方臻				候選部政司理問	
	方眉壽				山西候補知縣	
	方壬壽				陝西巡檢	
	方延禧				陝西寶雞縣知縣	
	方寶善				同知銜，直隸雄縣知縣	
	方長晉				河工候補同知	
	方爕				江蘇從九	
	方致祥				陝西撫標中軍參將	
	方寶初				山西絳州吏目	
	方宗源				浙江富陽縣丞	
	方宗齡				山東東阿縣丞	
	方寶珍				候選從九，鄉飲大賓	
	方宗寅				候選從九	
	方誠				候選從九	
	方榮棠				兩淮鹽知事	

世系	族人姓名	進士	舉人	貢監生	任　職	備註
二十世	方華				候選主簿	
	方卿				盡先都司借補樅陽把總	
	方元瑞				浙江鹽大使	
	方璈				河南候補從九	
	方道成				江蘇候補通判	
	方寶琨				廣東遂溪縣丞	
	方駿生				山西候補鹽經歷	
	方命康				補用副將	
	方文瀚				五品銜，湖北鶴峰州州判	
	方光裕				候選從九	
	方德滋				候選從九	
	方命昌				五品翎頂	
	方慶元				浙江玉泉場大使，江蘇候補同知	
	方寶泰				江蘇候補巡檢	
	方芝				候選從九	
	方詠莪				候選從九	
	方慶文				六品頂戴，盡先把總	

二、部分方氏族人詩文等著作簡表 〔註2〕

世系	作者	著　　　作
七世	方祐	《省庵集》
八世	方向	《素亭稿》、《一庵稿》、《昨夢錄》、《蟭螟集》
	方璽	《一得稿》
九世	方克	《西川文集》

〔註2〕 本表根據《明史》，柯愈春《清人詩文集總目提要》（北京古籍出版社 2001 年版），李靈年《清人別集總目》（安徽教育出版社 2000 年版）等資料綜合編製而成。

世系	作者	著　作
九世	方見	《空石遺音》、《南涼集》
	方絢	《海航稿》
十世	方效	《石洲集》
	方可	《唱和集》
十一世	方學漸	《心學宗》、《桐彝》、《東遊記》、《孝經繹》、《桐川語錄》、《桐川會言》、《易蠡》、《崇實會紀》、《崇本堂稿》、《庸言》、《邇訓》、《治平十二箴》、《性善繹》
	方學御	《左傳紀略》
	方學箕	《拳石山房詩稿》
十二世	方大鎮	《荷薪義》、《田居乙記》載入《四庫全書》、《易意》、《詩意》、《禮說》、《居敬論》、《寧澹語》、《寧澹居文集》，《寧澹居詩集》
	方大普	《歸田錄》、《指南集》
	方大任	《易解囈語》、《霞起樓集》
	方大晉	《碧荷亭集》
	方大瑋	《貫蕊集》
	方大鯤	《易蕩》
	方大階	《逸叟隨筆》
	方大鉉	《聽峽齋草》、《搴蘭館集》
	方大欽	《思逮錄》、《思善錄》、《盛唐山人詩集》
十三世	方孔炤	《周易時論》、《春秋竊論》、《全邊紀略》、《撫楚疏稿》、《職方舊草》、《環中堂詩文集》、《尚書世論》、《詩經永論》、《禮記節論》、《知生或問》、《西庫隨筆》
	方拱乾	《何陋居全集》、《絕域紀略》、《蘇庵集》、《寧古塔志》
	方若斑	《井田圖考》、《宮室圖考》、《繇山詩文集》
	方里	《栗村集》
	方孟圖	《槿園遺稿》
	方式玉	《石照詩稿》
	方無隅	《抑抑齋集》

世系	作者	著　　　作
十三世	方若洙	《閩津草》、《江瑟草》
	方孔一	《擊析集》、《抱樸齋集》
	方孟式	《紉蘭閣集》
	方維儀	《歸來歎》、《宮閨文史》、《清芬閣集》、《楚江吟》、《閨範》、《尼說七惑》
	方文	《說文條貫》、《訊雅》、《嵞山集》
	方維則	《茂松閣詩集》、《撫松閣集》
十四世	方其義	《詩術堂遺集》、《西變紀略》、《西陵雜詠》
	方畿	《四松齋集》
	方子耀	《寒香閣訓子說》
	方兆及	《五經繹》、《歷代官制考》
	方幟	《馬溪詩文集》
	方亨咸	詩文:《塞外樂府》、《邵村詩文集》、《黃谷紀聞》、《怡寧雜記》、《楚粵使草》、《苗俗紀聞》;畫作:《雲橫翠嶺圖》、《竹石圖》、《深山垂綸圖》
	方育盛	《栲舟詩集》、《其旋堂詩集》
	方膏茂	《餘齋集》
	方兆弼	《江南遊草》、《時令故事集》
	方日新	《佚老詩集》
	方日奎	《四書闡微笑》
	方鉥	《月村詩稿》、《凝香連韻詩集》
	方以智	《通雅》、《物理小識》、《藥地炮莊》、《學易綱宗》、《易餘古今》、《稽古堂文集》、《浮山文集前編》
	方授	《三奔浙江草》、《浙遊四集》、《奉川草》
	方孝標	《光啓堂文集》、《鈍齋文選》、《鈍齋詩選》
十五世	方爰發	《存餘草》
	方于宣	《蘭雪齋稿》
	方仲舒	《逸巢焚餘草》

世系	作者	著　　作
十五世	方超宗	《東溪詩集》
	方中德	《經學撮鈔》、《古事比》、《易爻擬論》、《性理指歸》
	方中通	《揭方問答》、《數度衍》、《篆隸辨從》、《繼善錄》、《心學宗續編》、《陪集》、《易經深淺說》
	方中履	《理學正訓》、《汗青閣詩文集》、《古今釋疑》、《切字釋疑》、《學道編》、《四詩鼓吹》
	方中發	《白鹿山房詩集》、《樓碧堂文稿》、《杜詩評注》
	方御	《且鳴閣集》
	方登嶧	《依園詩略》、《垢硯吟》、《葆素齋集》、《如是齋存稿》《星硯齋存稿》
十六世	方澤	《吳越吟太華》、《吟涵齋文稿》、《謙牧堂詩集》
	方舟	《百川文集》
	方貞觀	《南堂詩鈔》
	方式濟	《龍沙紀略》、《五經一得》、《出關詩》、《陸塘詩稿》
	方大埈	《立誠文集》
	方世舉	《春及草堂詩鈔》、《蘭叢詩話》、《韓昌黎詩集編年箋注》
	方中	《擇識錄》
	方世壯	《說書錄》
	方聯芳	《錦州集》
	方夢袍	《過亭集》
	方諸	《嶺南詩文集》、《漫興集》
	方原博	《航海生涯集》
	方正璟	《稽古編芥帆詩文集》
	方正瑌	《題衣錄》、《管見錄》、《百結鶉源莊集》、《義史》、《杜詩淺說》、
	方正玉	《鶴州集》
	方正泌	《益齋詩概》
	方正潞	《定齋意說》、《劍南遊草》

世系	作者	著　　　作
十六世	方正玭	《醉經堂集》
	方正玢	《梁研齋詩文鈔》
	方正瑃	《四書深淺說》、《培風軒詩文集》
	方正珠	《乘除新法》、《至性錄考書》、《約平齋詩集》
	方正琇	《篆字彙》、《乾馬山房詩文集》
	方正璆	《原始經緯》、《音義類編》、《五峰集》
	方正瑗	《方齋補莊》、《連理山人詩抄》、《白沙文集》、《連理山人詩鈔》、《方齋文集》
	方正管	《柴林詩鈔》、《陶詩集》
	方城	《綠天書屋詩鈔》
	方苞	《方望溪全集》、《周官集注》、《禮記析疑》、《春秋通論》
十七世	方鼎	《秋潭詩鈔》
	方元醴	《寄巢詩文集》
	方道章	《定思文集》
	方觀承	《卜魁風土記》、《宜田彙稿》、《述本堂詩集》十八卷（編）《述本堂詩續集》五卷、《入塞詩》、《懷南草》、《看蠶詞》等
	方保升	《經說一隅》、《損齋詩存詩話》
	方元壹	《是巢集》
	方潮	《袪疑錄》、《靜遠詩鈔》
	方觀鯉	《碧梧軒草》
	方軾	《觀枰山房文稿》
	方根檖	《杜軒瞉音稿》
	方根茂	《用拙齋集》
	方張登	《褚堂文集》、《好影軒詩集》
	方根椅	《仰天軒詩集》
	方杓	《夢香軒文稿》
	方傑	《信芳齋詩集》
	方桂	《紅藥山房詩稿》

世系	作者	著　　作
十七世	方機	《善佛齋詩鈔》
	方求義	《話桑麻圖》、《樂巢寄興篇》
十八世	方琮	《周易儀禮》、《周禮補箋》、《四書典制考》、《讀史隨記》（以上各書均佚）
	方賜豪	《味佳居文鈔》
	方賜吉	《藝香樓文鈔》
	方芙航	《物理小識補》
	方賜藩	《金香齋文鈔》
	方崇鼎	《擬園文鈔》、《沁香室詩草》、《密鹽齋語》
	方受疇	《撫豫恤災錄》、《來青詩鈔》
	方維甸	《心蘭室稿》、《勤襄公詩稿遺存》（3卷，附孝思留翰）
	方遵軾	《荊南楚些稿》
	方漢	《篆猗堂集》
	方輔讀	《北坨集》
	方惟寅	《浣思齋詩鈔》
	方維選	《珆池詩文集》
	方維聰	《聽園詩鈔》
	方裕曾	《芝稼軒集》
	方鏏	《四書典故證辨》、《禹貢彙說》、《醉六草堂》、《制藝圓枕編》
	方奎炯	《酌雅軒文存》
	方江	《家圓記嚼云詩鈔》
	方于飛	《竹村文稿》
	方于陵	《雪香詩存》
	方于鴻	《南坨詩鎬》
	方于谷	《稻花齋詩鈔》、《桐城方氏詩輯》
	方南	《紅鵝館詩鈔》
十九世	方殿邦	《非願齋待裁集》
	方若徽	《閒雲閣詩鈔》

世系	作者	著　　　作
十九世	方若衡	《鏡清閣集》、《鏡清閣詩鈔》
	方寰	《諫果園詩集》
	方和	《柘詩草》
	方壺	《知不足齋詩鈔》
	方宮聲	《東溪詩鈔》、《講書隨見錄》
	方賡鏞	《太乙船詩文集》
二十世	方錦衍	《唾餘集古文》

後　記

　　本書是以我的博士論文爲基礎略加修訂而成的。十六年前，命運之神使我有機會走進南開大學。在這座名聞遐邇的史學重鎮，我接受了基本的史學訓練，以「求眞致用」爲鵠的，開始了自己的學術探索。雖嚮往清人錢大昕所云：「書有一卷傳，亦抵公卿貴」，但至今所獲寥寥，思之汗顏。現斗膽拿出這一點點不成熟的東西，祈盼讀者不吝賜教。

　　我是北方人，因論文寫作也曾去安徽，但寫起來每每苦於缺乏現場感。勾勒江南望族方氏族人的行實尙可勉爲其難。欲借助詩文剖析其思想、揭示其心態則惴惴不安。雖曰：「人同此心，心同此理」，但以己之心，度人之腹則在所難免。更大的隔膜是時間上的。明清時期的政治生態、帝王將相的言論行爲等等，雖有文獻記載，但要把梳考辨，揆以情理，均困難重重，舉步維艱。

　　書中種種不足之處，已見於緒論部分。此外，尙需指出，本書部分內容引用史料較多而顯臃腫，曾擬對其加以綜合，用自己的語言敍述。但最終還是保留下來。出於兩個考慮。其一，對史料的解讀不免見仁見智。我的解讀是否到位，合理，讀者可以做出自己的判斷，更多地讓史料說話，讓讀者取捨。其二，在史學大眾化的形勢下，此舉或可爲一般讀者省去翻檢史料之勞。

　　本書即將出版之際，首先要感謝我的博士導師，著名清史專家白新良先生。先生治學嚴謹，成果豐富，在清史界素有盛譽。2008 年春季，白師爲我確定了該選題。其後不時指點迷津，並將許多資料相送，給我的研究以極大便利。本書從立意到結構設計、從初稿到定稿，都傾注著先生的心血。對於本人在寫作過程中出現的幼稚和走樣，先生一方面提出改進建議，一方面又

予以充分的寬容和理解，使我感受到先生待己以嚴、待人以寬的高尚人格。

同樣感謝我的學術引路人林延清教授。當年我考到先生門下，攻讀中國古代史專業碩士研究生。林師授業解惑，使我初識治學門徑。多年來，先生一直關心我的工作和學習。本書出版之際，兩位恩師又在百忙中賜序，令我沒齒難忘！

感謝杜家驥教授。我兩入南開，均從杜師的講課受益匪淺。而杜師對我第一篇小論文的細緻修改和指點，則使我進一步體會到思維周密的重要。感謝常建華教授。常師的家譜講座，關於地方史料的研讀，關於清代國家認同的觀點，對我的論文均有著寶貴的價值。常師還數次提到美國學者貝蒂的專著，使我在做綜述時不致出現大的疏漏。感謝李世愉先生、肖立軍先生參加我的論文答辯，對拙文稱許有加，並提出寶貴意見。

感謝南炳文先生、李小林、何孝容、王利華、王昊、張傳勇、丁見民等師友的鼓勵。尤其感謝龐乃明師兄。多年來，師兄給我以兄長般的關懷。選題確定後，師兄將自己搜集的有關方孔炤和《青原志略》的資料慨然相送。

感謝侯詠梅等院系圖書館、資料室老師們在查閱資料上的無私幫助和付出的艱辛勞動。感謝好友汪東川博士在諸多方面不厭其煩的幫助。

感謝吳仁安、樊樹志、戴廷傑、任道斌、李聖華等先生。他們的研究成果為拙文提供了寶貴的借鑒和極大的便利。書中參考的眾多專家學者的成果，在參考文獻列出。但仍有源於網絡資源的線索，當時未能及時標注，以至於事後無從尋覓，在此對原作者深表歉意。

感謝我的妻子呂豔環和兒子金鑫。多年來，我一面教書，一面鑽研。大部分家務和輔導孩子的重擔都壓在妻子肩上。選題確定後，從相關資料錄入電腦，到初稿、定稿的引文核對，參考文獻的編排，家譜世系等附表的編製，都是由妻子一人完成的。兒子略顯內向，聰明好學，常常向我發問。天文地理，古今中外，不一而足。雖不能一一作答，亦感求知的愉悅，為枯燥的書齋生活增添了些許快樂。

感謝我所在單位的領導和同事們的支持與鼓勵。我校雖是職業技術學院，但鼓勵教師搞科研。高建立、韓寅鵬、孫敬東、李強等領導，馮光、孫連傑、白志傑、邵世翠等老師給予我不同形式的幫助，使我的研究之路少了許多坎坷。感謝花木蘭文化出版社諸多先生、女士的辛勤勞動，使本書得以順利出版。

　　我的親人都樸實善良，他們在背後的默默支持使我有了今天。因工作和讀博，陪親人的時間越來越少了。每念及此，輒深感愧疚。然一介書生，無以回報，謹在此祝願親人們健康平安，天天開心！

　　在學術和人生之路上給予我多方面幫助的人太多太多，恕不能一一列舉姓名，但我對他們一直心存感激。他們的培育和關愛已然化為我克服困難的勇氣和動力。學術之路漫長艱難，我會堅定地走下去。

金衛國

2016 年 1 月 30 日於天津金環里